JN106087

哲学者・木田元

編集者が見た稀有な軌跡

大塚信一

作品社

哲学者・木田元——編集者が見た稀有な軌跡　目次

装幀　高麗隆彦
装画　桂川　潤

哲学者・木田元——編集者が見た稀有な軌跡

凡　例

一、人名やギリシア語表記について、木田元氏の著作により異なる場合がある。ただ著作毎に表記は統一されているので、原則的にそれに準じた（重要な表記については、その都度本文中に注記してある）。

一、邦語文献の出典は、初出時に書名・出版社・刊行年を記し、二回目以後は書名のみを記した。

一、論文は「　」で表し、著作や雑誌名は『　』で示した。

一、本文中の〔　〕は著者（大塚）の注記である。

一、本文中では、木田元氏をはじめ、すべての敬称を省略した。

序章　最初の著者

第一節　木田元との出会い

新米の新書編集部員に与えられる仕事は、重版の事務作業ときまっていた。私が岩波新書の編集部に異動したのは、一九六九（昭和四四）年のことだ。当時は出版産業の絶頂期といっても過言ではない頃だったので、重版する新書の数は、毎月一〇〇冊前後もあったと記憶している。

重版の作業を行うだけで通常の勤務時間の半分は費やされてしまう。残された時間の範囲内で企画を考え、候補の著者に接触しなければならない。おまけに、先輩たちが残していった企画が新米編集者に回されてきた。

最初に担当させられたのは、I・ドイッチャー著の『非ユダヤ的ユダヤ人』（鈴木一郎訳、一九七〇年）だった。次に担当させられたのは、小田切秀雄著『二葉亭四迷―日本近代文学の成立』（一九七〇年）である。

この二冊を刊行することと毎月の重版作業だけでほぼ一年が経過した。

その時点までの私の履歴は次のとおりである。一九六三（昭和三八）年、岩波書店に入社した私は、編集部の雑誌課に配属され、『思想』の編集部員になった（詳しくは、拙著『理想の出版を求めて―一編集者の回想　一九六三―二〇〇三』〔トランスビュー、二〇〇六年〕を参照していただければ幸いである）。

四年後に単行本の編集部に異動し、主に講座「哲学」を担当するように指示された。講座が完結したのは一九六九年で、すぐ新書編集部に回されたのだった。

雑誌『思想』や講座「哲学」の編集を担当させられたことが、私の最初の新書の自主企画が木田元著『現象学』であることに深く関わっていた、と言えるであろう。

少し詳しくその間の事情を探ってみることにしたい。まず『思想』から始める。

この雑誌は、その名称が示すように、哲学や思想、社会科学に関わる研究論文を掲載している。数多くの著者の中の一人に、当時新進気鋭の哲学者と目されていた生松敬三《いきまつ》がいた。一九二八（昭和三）年生まれで、後に分ったことだが木田と同年齢であった。東京大学の哲学科卒であったが、彼の関心は広く、洋の東西に亙り、また文学にも造詣が深かった。

一九六五年三月の『思想』の特集「ヨーロッパの歴史意識」で、生松は巻頭論文を書いた。また当時、ソ連と中国の間で理論闘争が激しかったので、私はG・ルカーチに執筆依頼し、「中ソ論争について―理論的・哲学的覚書」を書いてもらった（一九六五年一月号掲載）が、その邦訳も生松に依頼した。ちなみにルカーチの執筆承諾の手紙は、長い間私の宝物であった。

そんなわけで、その頃私は生松とよく会っていた。当時生松は三七、八歳で、大学を卒業して間もない私は、生松のことを何でも相談できて教えてもらえる、ありがたい存在だと思っていたようだ。

加えて右の特集を編集するに際して相談にのってもらった飯塚浩二（『日本の精神的風土』一九五二年、『東洋史と西洋史のあいだ』一九六五年などで知られる）も、生松のヨーロッパだけにかた寄らぬ姿勢を高く評価していた。

その生松に、しばらくたってから同じ中央大学文学部にいる、当時助教授の木田を紹介してもらった。以後三人でよく飲み歩くことになる。最初は池袋でのことが多く、やがて本郷へと飲む場所が広がった。本郷で飲むと最後に行きつくのは酒場ではなく、本郷三丁目のマンションに住んでいる斎藤忍随《にんずい》（古代ギリシア哲学、東大教授）のところだった。斎藤が大切に本棚の裏に所蔵している高級ドイツワインを三人で飲んでしまう傍若無人の振舞いに及ぶこともしばしばだった。

生松と木田は同年の生まれということもあって、無二の親友になる。がそのことは追々書いていくことにしよう。

次に講座「哲学」について。ここでも多くの哲学者に会った。私の生涯の編集の師ともいうべき林達夫に出会ったのも、この場に於いてであった。この講座はかつて書いたように、「アカデミズム、マルクス主義、分析哲学、そしてちょっぴり実存哲学などの学派が並存する形で立案され」（『理想の出版を求めて』）ていて、決して当時の日本の哲学を有機的にまとまりのあるものとして捉えたものではなかった。その証拠に、なんと新人の私の提言によって『言語』の巻を新たにつけ加えるという驚くべき事態さえ生じたのであった（同右）。

とはいえ、当時の優れた哲学者の殆んどがここに結集していたのも事実である。この講座でも生松は大活躍していた。鶴見俊輔と共に『文化』の巻を、古田光と共に『日本の哲学』の巻を編集したのだった。

忘れられないのは、この講座の編集に携わることによって、私は梅原猛、上山春平《うえやましゅんぺい》、橋本峰雄、山下正男、坂本賢三といった関西在住の哲学者と知りあえたことだ。梅原は『地獄の思想』などを書いていたが、後に〝梅原日本学〟とでも称すべきユニークな仕事を展開するとは誰も想像していなかった。むしろ藤沢令夫《のりお》などと比較するなら、京大哲学科の落こぼれのようにさえ思われていたようだ。

しかし梅原のアカデミズムに対する批判は鋭く、私はそれが面白くて、彼が上京する度に会っていたように思う。当時梅原が評価していた関東の哲学者は少なく、「生松君と中村（雄二郎）君だけだね」

とよく言っていた。梅原は私が生松や中村と親しくしているのを知っていたので、よく彼らに対するメッセージを託された。さすがに林達夫は梅原の才能を見抜いていて、友人の和辻哲郎と比較しながら、「やがて大きく開花するだろう。ただもう少し脇を固めないとね」と言っていた。

この梅原が独自の日本論を展開して論壇の寵児になった後、晩年に至って『人類哲学序説』（岩波新書、二〇一三年）を書いた。この本については終章で詳しく触れるので、覚えておいていただければ幸いである。

ところでこの講座の編集作業から得た私の教訓はといえば、既に『言語』の巻について述べたように、当時の日本の哲学界では二〇世紀哲学にもっとも大きな影響を与えたソシュールの言語論やウィトゲンシュタインの言語論に対する感受性が非常に低い、ということであった。

同様に、現象学についても、それと深く関係していたサルトルなどの実存主義は一種の流行になりつつあったものの、その持つ深い意味は全く理解されている状況ではなかった。しかし例えば精神医学の分野では、ミンコフスキー、ビンスワンガー、メダルト・ボスらによって独自の方法論構築の基礎として現象学が考えられていた。また社会科学においても、A・シュッツはマックス・ウェーバーの社会学と現象学に架橋する試みを行い、大きな影響を与えていた。

にもかかわらず、この講座で現象学がとり上げられることはなかった。つまり私には、この講座は哲学の現状を正確に反映しているとはとても思えなかったのだ。三〇歳になるかならないかの新米編集者が何を偉そうに、と批判されるかもしれない。私もそれはもっともな批判だと思わないでもない。しかし、そうした状況を正すべく刊行した『言語』の巻は、講座の中でもっともよく読まれ、累計一一万部に達した。そしてこれから述べる木田元著『現象学』は数十万部のベストセラーになったのである。

少し先走りすぎたので、話を戻そう。生松に木田を紹介されて三人でよく飲み歩いたことは既に書いた。皆若かった。生松と木田が四〇歳前後、私は三〇歳前後の頃だ。ようやく出回り始めたカラオケで、生松は尾崎紀世彦の「また逢う日まで」を熱唱した。彼は謡《うたい》をやっていたので声量があり迫力があった。木田はといえば、後に沢山のレパートリーを誇るようになるが、当時は定番の曲すらない状態だった。

しかし歌ったり飲んだりしつつも話し合うのは、やはり思想や哲学のことだった。そこから私は多くのヒントを与えられた。後に丸山圭三郎の『ソシュールの思想』(一九八一年)を出し、よく読まれたが、そのきっかけも三人で飲んでいる時に、木田と生松から「丸山君が大学の紀要に書いているソシュールは面白いよ」と教えられたからである。丸山も中央大学文学部で二人の同僚だったのだ。

私はずっと生松に新書を書いてもらいたいと思っていた。しかし生松の守備範囲の広さが、逆に新書という四〇〇字で三〇〇枚足らずの小著にテーマを絞ることを難しくしていた。というわけで、生松から木田を紹介されてしばらく経つと、木田に現象学をテーマに書いてもらいたいと思うようになる。それは何よりも私自身が、ミンコフスキーやビンスワンガーそして社会学のA・シュッツに深い興味を抱いていて、彼らにどうして現象学が大きな影響を与えたのか知りたかったからだ。

木田に話を向けても、最初は全くとりつく島もなかった。なぜなら当時の岩波新書は、特定の学問分野の第一人者が、一般読者を対象に分り易くその学問について解説するというスタイルを取ることが多かったからだ。四〇歳になるかならぬかの殆んど無名の私立大学助教授が執筆者になることなど、想像することも難しい時代だった。

それはしばらく後に、臨床心理学の河合隼雄に『コンプレックス』(一九七一年)の執筆依頼をした時も同様だった。河合は初対面の時に私に言った。「岩波新書は、私たち若手研究者にとっては読むものであって、書くものだとは思えません」と。

しかし、飲んだり歌ったりしている間に、少しずつ、〝現象学について書くなら、あなたは最適の筆者だ〟と木田に思い込ませるように仕向けた。と言えば格好よすぎるが、その間の事情は自分で言うのは恥しいので、木田が後に何回も書いてくれた（『猿飛佐助からハイデガーへ』岩波書店、二〇〇三年、他）ので、それらを参照していただきたい。実は何を隠そう、私は木田が少し前に出した最初の著作『現代哲学—人間存在の探究』（日本放送出版協会、一九六九年、後に『現代の哲学』と改題して講談社学術文庫、一九九一年）を読んで、これなら間違いなく内容の充実した新書ができる、と確信していたのだった。

結局、根負けした形で木田は私の執筆依頼を受け、目次を作成してくれた。しかし実は、それからが大変苦労したのである。毎週水曜日の午前中に開かれていた新書の編集会議で提案したものの、五、六人いる編集部員の誰一人として〝現象学〟なんて見たことも聞いたこともなかったからだ。私は必死に説明したが、フッサールやハイデガーなど生かじりの知識を披露すればするほどわけが分らなくなる。

一回目はそれで終り、翌週の会議で再挑戦した。しかし、説明すればするほど混乱は増すばかり。私の最初の企画は沈没かと観念しはじめた。その時いつも新書編集会議に参加していた編集顧問の粟《あわ》田《た》賢三が発言した。それまでずっと黙って私の説明を聞いていたのだが、私が沈没しかかっているので助け舟を出してくれたのだ。

粟田は言った。「大塚君の言うように、現象学は哲学のみならず、社会科学や精神医学へも多大な影響を与えている。その影響は増々大きくなるに違いない。戦前に一度、現象学が話題になったことがあるが、新カント派全盛の時代で定着しなかった。今度新しい文脈で事情をよく知る著者にまとめてもらえるなら、多くの読者に迎えられるだろう」と。

続けて「木田さんは若いが非常に優秀な哲学者だと、三宅剛一さんに聞いている。適任だと思う」と援護してくれた。三宅は東北大学哲学科の重鎮として、長い間木田を指導してきたのだった。

おかげで『現象学』の企画は決った。原稿をもらうのに多少の苦労はあったが、その経緯についても、木田自身が後に面白おかしく（少し面白すぎるが）何回も語っているので、ここでは省略する。それにしてもマルクス主義者として知られている粟田が、現象学について正当に評価しているのは驚きだった。私は今でも粟田に感謝している。

こうして木田元著『現象学』は一九七〇年九月二一日に刊行された。

今、私の手元に二〇二〇年一月二四日に発行された第四三刷の『現象学』があるが、初版刊行後五〇年近く増刷され続けていたことが分る。

第二節　『現象学』の波紋とその後

『現象学』が刊行されるとたくさんの書評が出た。殆んどの書評が、これによって従来難解だとされてきた現象学の意味がはっきりした、と評した。また現象学を一つの思想運動として把握し、それがフッサール以来、ハイデガー、そして戦後のサルトルやメルロ＝ポンティにどのように継承されていったかを明快に解説しているので、現象学の与えた影響の大きさもよく分る、といった類の好意的なものであった。

一つだけ私が直接聞いた評を記しておきたい。それは当時、日本における近代経済学の生みの親ともいわれる安井琢磨に初めて会った時のことだ。安井は初対面の私に言った。「最近の新書の中では、『現象学』がとても面白かった。西欧の哲学をあのように生きいきとした一つの運動として捉える姿勢に圧倒された」。一五年近く後に、私は安井にショースキーの大著『世紀末ウィーン』（一九八三年）を翻訳してもらうことになる（詳しくは拙著『理想の出版を求めて』前出、参照）が、晩年の木田がマッハをはじめとする世紀末ウィーンの思想家に深い関心を寄せるようになるとは、当時思ってもみなかった。

しかし批判的な書評が皆無というわけではなかった。私が唖然としたのは、その批判の内容が〝これでは分り易すぎる〟というものだったからだ。その頃にはまだ、哲学とは難解なもので、そこにありがた味がある、という奇妙な風潮が残存していたのだ。

ところで、当時はまだマルクス主義の影響が強かった。私はマルクス主義陣営から批判が出るのは当然だと思っていた。現象学では意識の志向性などということが重要なテーマになっていたからだ。しかし一方で、日本でも人気の高いサルトル、メルロ＝ポンティ、アルチュセールといった、現象学の影響を受けたフランスの哲学者たちは、マルクス主義との間で微妙な位置をとっていた。だからマルクス主義側としても、簡単に否定し去ってしまうことはできないようだった。

木田の『現象学』が一躍ベストセラーになると、マルクス主義陣営としても黙っているわけにはいかなくなる。一九七一年三月の『思想』（第五六一号）には、竹内良知《よしとも》が「現象学とマルクス主義㊤」を発表する。続いて第五六四号に㊥を、第五六六号に㊦を発表した。めったにない三回続きの長篇論稿で、竹内はマルクス主義側を代表する形で現象学を論じたのだった。が、ここでも竹内が公式的なマルクス主義者ではなかったこともあって、いっそう微妙な論調になっていることは否めない。

ここで『現象学』の内容について簡単に触れておくことにしよう。

序章「現象学とは何か」の冒頭で、木田はサルトルがはじめて現象学と出会った時の感動的な情景から書き始めている。一九三二年、ドイツでフッサールを研究中のレーモン・アロンがパリに帰ってきて、あるカフェでサルトルやボーヴォワールと話をしている折のことだ。

つまり木田は、現象学を当時のフランスの若い世代にとっても一つの知的な運動であったと捉え、本書でその輪郭を描こうと考えたのだ。したがって創唱者であるフッサールの現象学だけを描くのではなく、ハイデガーやサルトル、更にはメルロ＝ポンティの現象学まで含めて、その展開を追体験しようと試みたのである。

この点にこそ、従来の現象学研究には見られなかった開かれた現象学理解の方法が示されていた。それは次に述べるように、既に木田がメルロ＝ポンティの主著の『行動の構造』その他を訳出し、現象学の展開の内実について十分に理解していたから可能になったことだった。

木田はフッサール哲学の概要を三期に分けて考える。『論理学研究』（一九〇〇―〇一）に代表される初期、『純粋現象学および現象学的哲学の構想《イデーン》』第一巻（一九一三）を中心とする中期、それに『ヨーロッパ諸学の危機と超越論的現象学』（一九三六）にその集約を見る後期である。

それら三期についてそれぞれ一章を当てて解説した後に、第Ⅳ章「実存の現象学」としてフッサールとハイデガーの関係と、ハイデガーの『存在と時間』について述べる。更に第Ⅴ章では、二人に影響を受けたサルトルの思想について考える。

そして第Ⅵ章で「メルロ＝ポンティと現象学の現状」を書いた。終章「何のための現象学か」では、ヘーゲル現象学との関係について考えることから始めて、現象学とレヴィ＝ストロースの構造主義との関連、ベトナム出身の哲学者トラン・デュク・タオによる批判などを検討し、「現象学とは、世界のなか、歴史のなかでのわれわれの経験に問いかけ、その意味を解読しようとする果てしない努力である」と結んだ。それは「開かれた方法」であり、人文科学・社会科学への深い影響もその点にこそある、とした。

ところで一躍注目を浴びるようになった木田が何をしていたかと言えば、それまでと変らぬ着実な翻訳の仕事を続けていたのである。木田は既にみすず書房からメルロ＝ポンティの『行動の構造』（一九六四年、滝浦静雄と共訳）、『眼と精神』（一九六六年、滝浦と共訳）、『シーニュ1・2』（一九六九―七〇年、竹内芳郎ほかと共訳）を出していた。またその他にF・ジャンソン『現象学の意味』（せりか書房、一九六七年）、ルカーチ『若きヘーゲル』（白水社、一九六九年、生松敬三ほかと共訳）を出し、一九七一年にはラクロワ『カント哲学』（白水社、渡辺昭造と共訳）を刊行すべく準備をしていた。

一九七二年、教授に昇進した木田は、自宅でメルロ＝ポンティの講義録の読書会を始める。後にはハイデガーの講義録を読んだ。途中で場所は変ったものの、読書会は毎週行われ、その成果は信頼できる翻訳書の出版となって結実した。それと同時に、若くて有為な研究者を数多く世に送り出す重要な場となっていった。

その頃私は、相変らず生松・木田と一緒に飲み歩いていた。が、次第に木田の仕事がふえて、時間をとるのが難しくなってきた。生松との対話『理性の運命―現代哲学の岐路』（中公新書、一九七六年。後に『現代哲学の岐路―理性の運命』と改題して講談社学術文庫、一九九六年）を出す頃には、木田は読売新聞の読書委員を務めるようになり、いっそう多忙になった。私の方も新書編集の仕事で多忙をきわめ、生松と木田になかなか会えなくなっていった。

その間も木田は着々と翻訳の仕事を進めていった。メルロ＝ポンティについては、みすず書房から『弁証法の冒険』（一九七二年、滝浦ほかとの共訳）、『知覚の現象学2』（一九七四年、竹内芳郎ほかとの共訳）を出版した。他にティリエット『メルロ＝ポンティ―あるいは人間の尺度』（大修館書店、一九七三年、篠憲二との共訳）、ショーペンハウアー『ショーペンハウアー全集12　哲学小品集Ⅲ』（白水社、一九七四年、生松ほかとの共訳）、フッサール『ヨーロッパ諸学の危機と超越論的現象学』（中央公論社、一九七四年、細谷恒夫と共訳。後に中公文庫、一九九五年）、クリストフ『フッサール―事象への帰還』（大修館書店、一九七四年、本間謙二と共訳）を出している。

いずれ詳しく書くが、こうした地味でやっかいな翻訳の仕事こそ、哲学者としての木田の一番の橋頭堡であった。メルロ＝ポンティをはじめとする哲学者たちが、何を言おうとしているのか、正確に理解し、分り易い日本語に定着させること。後に木田は、その作業をハイデガーにも広げていく。その結果、ハイデガーの未完の大著『存在と時間』の再構築にまで至るのだが、それについては第三章で詳述することにしよう。

一方、私の方はと言えば、その頃新書編集の傍ら「都市の会」という研究会の事務局としても働いていた。詳しくは拙著『理想の出版を求めて』（前出）を見ていただきたいが、そのメンバーは創立者の中村雄二郎（哲学）をはじめ、山口昌男（文化人類学）、多木浩二（美術批評）、前田愛（国文学）、市川浩（哲学）、そして後に加わる河合隼雄（臨床心理学）であった。彼らは自らの専門分野を越えて、当時擡頭しつつあった新しい文化現象を追究しようとしていた。

スポンサーもない手弁当の研究会だったが、月に一回数年間に亙って実に活発な議論が続けられた。河合はこの会に出るためだけに、毎回京都から上京したのだった。

そしてしばらく後に私は、「例の会」と称する芸術家と学者の合せて十数人の会合も隔月毎に開くようになった。やがて「例の会」と「都市の会」を合体させるような形で、私は「叢書・文化の現在」（全一三巻）をつくることになった。〝芸術と学問に架橋し、新しい文化の方向を探る〟とうたった「叢書・文化の現在」は、お堅いイメージの岩波書店が出版した異色のシリーズとして、若い世代の人々によく読まれた。

話が少し先走りすぎたが、新書編集の方では、私はむしろこの頃から社会科学の方に重点を置くようになっていた。二、三の例をあげるなら、宇沢弘文『自動車の社会的費用』を一九七四年に、その翌年には松下圭一『市民自治の憲法理論』やハロッドの『社会科学とは何か』（清水幾多郎訳）などを出した。

一九七七（昭和五二）年四月に岩波新書青版が一〇〇〇点になった。そこで五月から新しく黄版を発足させることになる。もっとも、黄版出発に当っては宇沢弘文、福田歓一、武者小路公秀《きんひで》といった社会科学者の新書の他に、中村雄二郎『哲学の現在―生きることと考えること』も出しているので、哲学のことを忘れたわけではなかった。青版の最後の方には、滝浦静雄『時間―その哲学的考察』（一九七六年）も刊行していた。

黄版発足のイベントに付合った後、私は単行本編集部へ異動した。そこで数冊の単行本をつくりつつ取り組んだ新企画が「岩波現代選書」というシリーズだった。

現代選書は、一九五一年創刊の「岩波現代叢書」をモデルにつくられた。それは戦後、それまで抑圧されていた自由な学問への希求が解放され、そうした動きに応えるべく、新しく人文・社会科学を中心に質の高い書物がラインアップされたシリーズだった。私も学生時代にむさぼるように読んだ記憶がある。

敗戦から四半世紀近くたつ一九七八（昭和五三）年に、改めて読者の知的要求に応えようと、私たちはその時点までにそれぞれが秘かに抱え込んでいた企画を持ちより、短期間で現実化した。思えばわずか二、三人の編集部員だったが、既成の企画に物足りなさを感じて独自に開発してきた企画が、ようやく日の目をみることができたのだった。

このシリーズは後に〝記号論と現代社会主義論のシリーズだ〟と評されることもあったが、私たちはもっと広い視野で編集しているつもりだった。それは例えば、第一回発売時の書目の中に、大江健三郎『小説の方法』やR・P・ドーア『学歴社会　新しい文明病』（松居弘道訳）、E・ウィリアムズ『コロンブスからカストロまで―カリブ海域史、１４９２～１９６９　１・２』（川北稔訳）などが含まれていることからも、お分りいただけるであろう。

現代選書は一〇年近く続き、書目は一〇〇点を越えた。いずれ詳しく言及するが、一九八四年には木田に翻訳してもらったF・フェルマンの『現象学と表現主義』を出した。

以上、少し立入って木田の仕事の状況と私自身の編集活動を見てきた。それは『現象学』刊行後の木田が、約一〇年間というもののいかに着実にさまざまな思想家の思索を吸収してきたかを、改めて確認したかったからに他ならない。そしてその一〇年間の蓄積の上に、以後三〇年に亙って、木田は他のどの哲学者もなし得なかったユニークな仕事を築き上げたのであった。

一方私の方はと言えば、現代選書や「文化の現在」をつくりながら、実はもう一つの新企画を考えていた。「20世紀思想家文庫」である。ここで『現象学』以来一〇年余の間隔をおいて、私は木田に新たな挑戦をしてもらうことになる。

第一章　一九八〇年代の仕事

第一節　『ハイデガー』(1)――大胆な構想

「20世紀思想家文庫」

一九八三（昭和五八）年一月に「20世紀思想家文庫」は出発する。八〇年代に入ると、二〇世紀とはどんな時代だったか振返る企画がさまざまな形で現れるようになった。私は世紀の問題に身を以て立向った約二〇名の思想家・芸術家を選び、彼らの生き方を追体験し、その思想の筋道を辿ることを意図するシリーズとして「20世紀思想家文庫」を構想した。

その構想を実現するために、右の意図に正面から答えるというのではなく、なるべく鋭角的な切り込み方をしてもらえるだろう著者を選択することにした。その結果、一見したところ、対象の思想家について一番詳しいその道の専門家を選ぶというよりは、おや、と思わせるような著者のラインアップが出来上ることになった。

そのことを理解していただくために、実際に刊行された一七冊のうちから、数点の書目をあげてみよう。

田中克彦『チョムスキー』（一九八三年）
中村雄二郎『西田幾多郎』（〃）

見田宗介《むねすけ》『宮沢賢治―存在の祭りの中へ』（一九八四年）
村上陽一郎『ハイゼンベルク』（〃）
小田実《まこと》『毛沢東』（〃）
坂部恵《めぐみ》『和辻哲郎』（一九八六年）

このような「20世紀思想家文庫」の一冊として、私は木田に『ハイデガー』を書いてもらった。これからその内容を具体的に見ていくが、その前に同じシリーズの一冊として滝浦静雄には『ウィトゲンシュタイン』（一九八三年）を執筆してもらったので、そのことについて触れておきたい。

既に、木田が滝浦との共訳で、みすず書房からメルロ＝ポンティの主要著作を何冊か刊行していたことは見た。滝浦は東北大学の哲学科で木田の先輩（一九二七年生まれ）だったのだ。二人は親密な関係だった。以後、二人はメルロ＝ポンティの著作の大半を共訳することになる。メルロ＝ポンティ思想の日本への定着に大いに貢献したのだった。

私は木田から滝浦を紹介され、東北人（岩手県生まれ）らしいねばり強いその仕事ぶりに感嘆した。以後何回も仙台を訪れ、その度毎に夜になると滝浦とともに酒席から東京の木田に長距離電話をしたものだった。既に見たように、滝浦には新書で『時間―その哲学的考察』を執筆してもらっていた。ドイツ観念論や現象学ばかりでなく、英米系の分析哲学にも造詣の深い滝浦に、私は『ウィトゲンシュタイン』を依頼したのだった。滝浦は見事に応えてくれた。

後に詳しく述べるが、滝浦には一九八五（昭和六〇）年に出発する「新岩波講座・哲学」（全一六巻）の編集委員を木田とともに依頼している（編集委員は二人を含めて一一名）。

ユニークな木田の経歴

さて、木田の『ハイデガー』であるが、通常の哲学書とは異りユニークなのは、彼がなぜハイデガーに興味を抱いたかということから始められている点にある。つまり、木田が最初に関心を寄せたのは、「二十歳前後、まだ哲学などとはなんのかかわりもない農林専門学校（今の学制で言えば農業短大にでも当たろうか）の生徒だった頃であり、その時遠くから垣間見たハイデガーの『存在と時間』をなんとかきちんと読んでみたいという一心から大学の哲学科に入った」（本節及び次節の引用は、断りのない限り、全て『ハイデガー』による）のであった。

ここで、この時点に至るまで木田がどのような足跡を辿ったのかを見ておくことにしよう。一九二八（昭和三）年九月七日新潟市に生まれた木田は、三歳になるかならない時に父の転勤で満州国（現・中国東北部）長春市に移住した。一二歳になると新京第一中学校に入学し、一六歳で繰りあげ卒業。広島・江田島にあった海軍兵学校に入学する。

敗戦後、海軍兵学校を退学したが、長年の満州暮しで日本には身寄りがいない。仕方なく兵学校教官の出身地の佐賀で短期間過ごした後、東京に出て闇屋のまねごとなどをする。一七歳の頃だ。やがて伝手を求めて山形県新庄市の父方の遠縁の家にやっかいになる。

翌年、満洲から引揚げてきた家族（母と姉）とともに、母方の郷里である鶴岡市へ移る。父はシベリアに抑留されていて不在なので、市役所の臨時職員や小学校の代用教員などをして家族を養う。が、それだけでは食べられないので休みの日には闇屋をしてかせいだ。

一九歳になる一九四七（昭和二二）年、商売でかせいだ小金を持っていたので新設された山形県立農林専門学校に入学。九月、父が帰国。ようやく家族を養うことから解放された。

農林専門学校に入ったものの、木田は農業を学ぶつもりなど全くなかったので、「文字通り無頼の生活を送っていた」。一方、「心の憂さをはらそうとして」小説を手当り次第読みあさっていた。そこでドストイエフスキー（後に木田は、ドストエフスキーと記すようになるが、『ハイデガー』ではこれで統一しているので、そのままにする）に出会う。『罪と罰』『悪霊』『白痴』『未成年』『カラマーゾフの兄弟』等々だ。同時にジッド、シェストフ、メレジェコフスキー、ウォリンスキー、日本では小林秀雄や森有正《ありまさ》などのドストイエフスキー論を読みまくる。

そのうち「あるきっかけで私は、キルケゴールの『死に至る病』をドストイエフスキーの小説の注釈書として読むということをはじめた」。つまり、絶望ということについて多角的に考察するキルケゴールの哲学的な表現が、「ドストイエフスキーの作品の登場人物によってさまざまと具象化されているように、木田は思い始めたのである。

そう思い当ると、次には「人間存在の構造を、誰かにもっと明確な言葉で説き明かしてもらいたいという思いも強まった」。そうしてあれこれ探しているうちに、木田は斎藤信治『実存の形而上学』や中川秀恭《ひでやす》『ハイデッガー研究』などを通して、ハイデガーという哲学者がいることを知る。その哲学者は「『存在と時間』という本のなかで、キルケゴールが自己と呼び精神と呼んでいる人間存在のその存在構造を時間性としてとらえ、時間を生きるそのさまざまな仕方を分析しているらしい」というのだ。そういえば、ドストイエフスキーもキルケゴールも「異常な時間体験」について語っているではないか。

とすれば、「ハイデガーこそ、そうした異常な時間体験をなす可能性をもったわれわれ人間の存在構造を完全に解き明かしてくれるにちがいないと思われ、なんとしても『存在と時間』を読まねばすまない気持になっていった」。当時、寺島実仁《じつじん》という人が一九三九（昭和一四）年に訳出したハイデガーの『存在と時間』が古本屋に出回っていた。しかし何度読んでも分らない。実は誤訳だらけの翻訳だから分らないのは当然だったのだが、木田はそんなこととは思わなかった。この本は大学の哲学科できちんと訓練を受けなければ読めないに違いない、と彼は考えた。

幸いにその頃、先に見たように父親がシベリア抑留から帰国し、木田は家族を養うために働かないでもよくなった。こうして彼は農林専門学校を卒業し、大学で学ぶための準備を始めた。そして一九五〇（昭和二五）年に東北大学文学部哲学科に入る。この年木田は二二歳になった。戦争があったとはいえ、通常よりは大分遅い出発だった。

さて、『ハイデガー』に戻ろう。序論では、右に述べたような『存在と時間』とのユニークな出会いから始めて、ハイデガーの生涯と著作について簡単に記される。その上で「本書の構想」で、木田は次のように書く。「ハイデガーの思想の全体についての解説といったことはまったく断念し、私自身のきわめて個人的な興味にしたがって幾つかの論点に話を限ろうと思う」。続けて言う。

一つは、『存在と時間』の既刊の部分で中心的役割を果たしている「世界内存在」という概念であり（第一章）、もう一つは『存在と時間』の書かれないでしまった部分、第一部第三篇にあたる「時間と存在」の章である（第二章）。もっとも、その際、必要な範囲内で『存在と時間』の全体の構成にふれるつもりではいるし、いわゆる後期の思索へもある見通しをつけておこうとは思っている。もう一つ採りあげようと考えているのは、ハイデガーの哲学史についての独自な見方である（第三章）。

『存在と時間』と「世界内存在」

以下、右に書かれた順序で第一章から見ていくことにしよう。

ハイデガーの『存在と時間』は、師のフッサールが主宰する『現象学研究年報』第八巻に掲載されると同時に、単行本としても刊行された。一九二七（昭和二）年のことである。

この本が刊行されると、「まるで稲妻のように閃いて、見る間にドイツ思想界の形成を変えた」と伝えられるように、当時の若い哲学者たちに大きな衝撃を与えた。というのは、第一次大戦敗戦後の混乱の時代にあって、若い世代の知識人たちは人間の存在そのものの解明を求めていたからである。つまり、それまで盛んであった新カント派の認識論や価値論では何とも物足りなく感じられていたのであった。それはヤスパースが命名した「実存哲学」として、一挙に若者たちの聖典となった。

しかし実は、それはハイデガーの意図とは異っていた。彼は本当は、存在一般の意味を究明するつもりであって、人間存在の解明はあくまでその一部でしかなかったのである。つまり、一九二七年に刊行されたのは、本来二部構成であったはずの本の「上巻」部分だけだったのだ。

ハイデガーは「古代ギリシャ以来の存在論の伝統をしっかりと踏まえて哲学しようとして」いたのであって、その企てを自ら「現象学的存在論」と名づけた。それは「文化のまったく新たな可能性を企投せんがために、まさしく現在の歴史的状況において、これまでの一切の存在論に無効を宣言し、存在の問いを根本から問いなおそうとする」試みと言い換えることもできるだろう。

ハイデガーはそうした試みを行うに当って、人間存在を「現存在《ダーザイン》」と呼ぶ。そしてその現存在の根源的な在り方、つまり現存在の「本来的かつ全体的」な在り方を問うことこそが必要だったのである。

ここであらかじめ、ハイデガーの『存在と時間』の本来の構想を確認しておくことにしよう。

第一部　現存在を時間性へ向かって解釈し、存在への問いの超越論的地平としての時間を究明する。

第一篇　現存在の準備的な基礎分析
第二篇　現存在と時間性

第三篇　時間と存在
第二部　テンポラリテートの問題群を手引きとして存在論の歴史を現象学的に解体することの概要を示す。
第一篇　テンポラリテートの問題群の予備段階としてのカントの図式機能論および時間論
第二篇　デカルトの〈cogito sum〔われ思う、われ在り〕〉の存在論的基礎と〈res cogitans〔思惟するもの〕〉の問題群への中世存在論の継承
第三篇　古代存在論の現象的基盤とその限界の判定基準としてのアリストテレスの時間論

一九二七年の『存在と時間』は右の点線の右側、第一部の第二篇までを含む「上巻」であり、点線の左側つまり第一部第三篇および第二部は「下巻」として刊行される予定のものだった。しかし結局一九五三年にハイデガーは断念し、本来の『存在と時間』は未完の書となったのである。とすれば、一九二七年刊の『存在と時間』は、「本論をぬきにして準備作業の部分だけで無理やり完結させられてしまった」ものだと言うことができる。だからこの本が「人間存在の分析を事とする実存哲学の書だと誤解されたのは」当然のことであった。

にもかかわらず、刊行された『存在と時間』が、「アリストテレス以来の存在論の現代的更新というモティーフ、フッサールの現象学のいっそう徹底したかたちでの継承というモティーフ、それにく

わえて、一方ではキルケゴールに、他方では第一次大戦敗戦後の時代の風潮に結びつくような実存的思索のモティーフと、実に多様な動機をふくんだ、しかし、はたして共立が可能かどうかさえ問題になるそれら多様な動機が当時のハイデガーの精神的緊張のなかでみごとに一つに結びつけられた希有な書である」ことは確かであり、それ故に当時の知識人にあれだけの影響を与えたのであった。

ここで「世界内存在（In-der-Welt-sein）」という概念について検討することにしよう。この概念は「現存在の準備的な基礎分析」を行うに当って、現存在の基礎構造を表わす重要なものだ。その形成に際してハイデガーは、当時彼に影響を与えていたさまざまな思想を統合した。その主要なものを列挙すると、(1)フッサールの後期思想、(2)ユクスキュルとシェーラーの考え方、(3)ルカーチの物象化理論、(4)カッシーラーのシンボル概念である。

その内容を簡単に記すと、(1)は後期フッサールの「生活世界（Lebenswelt）」という概念に関わるものであり、(2)は生物学者ユクスキュルの環境世界理論であり、それをハイデガーに示唆したシェーラーの「世界開在性（Weltoffenheit）」概念だったと思われる。(3)はルカーチの『歴史と階級意識』（一九二三年）で展開された物象化理論との関係であるが、一見不自然なマルクス主義者ルカーチとハイデガーを結《つな》げる媒介者として、木田は第一次大戦で戦死した哲学者エミール・ラスクをあげている。(4)はカッシーラー『象徴形式の哲学』（一九二三―二九年）の影響である。ちなみに、後に木田は生松敬三らと共にこの本の翻訳をした（『シンボル形式の哲学』㈠―㈣、岩波文庫、一九八九―九七年）。

このように多元的な影響の下に形成された「世界内存在」であったが、そこでさらに彼は「世界」と「内存在」の構造を分析する。その上で現存在の存在を根源的に捉えようと試みる。「そこでハイデガーは、そこより先にはもはやいかなる可能性も存しない究極の可能性であるおのれ自身の死とのかかわりのうちで現存在をとらえることによって、現存在にその全体性と本来性を与えようとする」。

次にハイデガーはその「先駆的覚悟性という構造、ひいては関心構造を可能ならしめているもの」を時間性（Zeitlichkeit）としてとらえる。そして「ここで経験されるものこそが時間の根源的現象、つまり根源的時間」だと主張する。

この根源的時間は「おのれを時間化する」（sich zeitigen）ものであり、脱自《エクスタシス》的性格を持つ。だから彼は「将来・既在・現在」を時間性の「脱自態《エクスターゼ》」と呼ぶのである。またその特性の第二として、「将来の優位」をあげ、第三として「有限性」をあげるのだ。

ここでハイデガーの時間論を形式的にまとめると次のようになる。

	将来	既在	現在
本来的時間性	先駆——	反復——	瞬間
非本来的時間性	期待——	忘却——	現前

木田は次のように書いた。「可能性と必然性とに引き裂かれ、現在を生きながら同時に将来と既在とをも生きている人間存在の特有な在り方、しかも、いつ来るかわからないが確実にやってくるおのれの死に覚悟をさだめつつ将来と既在と現在とを緊張した統一性のうちに生きているその在り方に、時間の根源的現象を認め、近代物理学が構成した「等質的な今の無限な系列」という時間概念をその派生態として導出してみせるハイデガーの分析は、実に説得的であり、『存在と時間』を最初に読んだ頃の私は、これによって人間存在の秘密が解かれたように感じたものであった」。

第二節　『ハイデガー』(2)——『存在と時間』の再構成と哲学史の新展望

『存在と時間』の再構成

前節で見たように、一九二七年刊の『存在と時間』は未完の書であった。ハイデガーがこの本で意図していたのは、彼自身「基礎存在論」と呼ぶ「存在一般の意味の究明」であった。とすれば、あれほど大きな影響を与えた『存在と時間』は、実は基礎存在論のための準備作業にしかすぎなかったのだから、全くの誤解に基づくものであったと言える。

つまりハイデガーが本当に主張したかったことは、未完に終った下巻の第一部第三篇「時間と存在」で展開されるはずだったのだ。しかしこの「時間と存在」に言及した研究は、これまで殆んど無かった。この点に着目した木田は「その思想を再構成するという無謀な企て」に取り組もうとしたのだった。

「時間と存在」について、ハイデガーは『存在と時間』の序論で触れている。彼は現存在の独特なありようについて、「現存在は、存在しつつ存在といったようなものを了解しているといった仕方で存在しているのである」と言い、「現存在が一般に存在といったようなものを暗黙のうちにそこから了解し解釈しているのは時間（die Zeit）である」とする。つまり、「時間があらゆる存在了解と存在解釈の地平《ホリツオント》であることが明るみに出され、真に会得されねばならないのである。このことを洞察するためには、存在了解の地平としての時間が、存在を了解する現存在の存在としての時間性から根源的に解き明かされる必要がある」のだ。

木田は言う。「現存在の存在としての時間性が存在了解の地平として働くとき、ハイデガーはそれを「テンポラリテート」と呼び、そのゆえに生ずる存在の特有な時間的性格を「存在のテンポラリテート」と呼ぶ。存在のこのテンポラールな規定性を解明してはじめて、存在の意味を問う基礎存在論の第一の課題が達成されることになる」。とすれば「時間と存在」の章が目論んでいたのは「存在のこのテンポラリテートの究明」だったと言えるだろう。

ところでここで木田が着目するのは、「『存在と時間』の既刊部分から「時間と存在」の章のあいだには、当初からある種の「転回」、もっと下世話に言うなら一種の「どんでんがえし」が用意されていた」に違いないという点である。

ハイデガーは一九四七年の『ヒューマニズム書簡』の中でもこの「転回《ケーレ》」について言及しているが、あまりはっきりしない。それはともかく、『存在と時間』上巻刊行後、ハイデガーはこの「時間と存在」の執筆にとりかかり、一応脱稿したらしい。彼はその原稿を焼却したという説と、手元に原稿はあるが全集に収録するつもりはないと言ったとの証言があるものの、いずれにしても我々がそれを目にすることは望めない。

講義『現象学の根本問題』

そこで木田は、『存在と時間』が刊行された一九二七年の夏学期にマールブルク大学で行われた講義『現象学の根本問題』（以下『根本問題』と略記。邦訳は木田元監訳、平田裕之・迫田健一訳、作品社、二〇一〇年）を取り上げる。というのは、この講義の構想と具体的な展開を見るなら、「どう考えてみてもこれは「第一部第三篇」だけでなく、『存在と時間』全体の構想の組み替え――それも、のちに見るように、逆対応の関係にある――としか思われない」からである。

ここで『根本問題』の全体の構成を見ておくことにしよう。この講演は以下のような三部構成で構想されていて、そのそれぞれが四章に分けられている。二五―二六頁の『存在と時間』の構成と比較するためにも、煩瑣なことではあるが、その内容を紹介する。

第一部　存在に関するいくつかの伝統的テーゼについての現象学的批判的論究。
第二部　存在一般の意味についての基礎存在論的問い。存在の基本的諸構造と基本的諸概念。
第三部　存在論の学的方法と現象学的理念。

第一部は次の四章から成る。

第一章　カントのテーゼ「存在はレアールな述語ではない」。
第二章　アリストテレスにまで遡る中世存在論のテーゼ「存在者の存在には本質存在（essentia）と事実存在（existentia）が属する」。
第三章　近代存在論のテーゼ「存在の基本様態は自然の存在（res extensa）と精神の存在（res cogitans）である」。
第四章　論理学のテーゼ「すべての存在者は、それらのそのつどの存在様態にはかかわりなしに〈である〉によって語りかけられ論議される」。繫辞《コプラ》としての存在。

第二部は次の四章から成るが、実際に講義されたのは第一章までである。第二章以下は、『存在と時間』の場合と同様に、何らかの理由で中断されることになった。

第一章　存在論的差異の問題（存在と存在者の違い）。
第二章　存在の基本的分節の問題（essentia と existentia）。
第三章　存在のありうる諸変様とその多様性の統一の問題。
第四章　存在の真理性格。

第三部も四章から成るが、右に見たようにその全体が構想のままで終った。

第一章　存在論の存在者的《オンティッシュ》基盤と現存在の分析論。
第二章　存在のア・プリオリ性とア・プリオリな認識の可能性およびその構造。
第三章　現象学的方法の基本的部分。還元・構成・解体。
第四章　現象学的存在論および哲学の概念。

こうして見てくると、右に述べたように『存在と時間』と『根本問題』は、逆対応の関係にあることが分る。と同時に木田は、左に図示するように逆対応する三つの部分が、『根本問題』第三部第三章で述べられる予定であった現象学的「還元・構成・解体」に対応していることも分る、と言う。この問題はハイデガー理解にとって重要な手がかりを与えてくれるはずだが、実際に講義されたわけではないので、これ以上の言及は控えたい。

『存在と時間』		『根本問題』
序論		
還元　第一部第一、二篇		第三部
構成　第一部第三篇（「時間と存在」）	}	第二部
解体　第二部		第一部

ただ木田は、「してみれば『根本問題』は『存在と時間』全体――未完部分を含めた――の「新たな仕上げ」なのであり、「時間と存在」の章の「新たな仕上げ」に当たるのはその第二部だと見てよいであろう」と言う。

「基礎存在論」とテンポラリテートの問題

ところで、本節冒頭にもあげた「基礎存在論」について、木田は『存在と時間』の既刊部分ではごく簡単にしか触れられていないと言う。むしろ一九二八年夏学期の講義『論理学』で「基礎存在論」と、「時間と存在」の章で扱われるテンポラリテートの問題との関係について明確に語られている、と主張する。なお、『存在と時間』の二年後に発表された『カントと形而上学』（一九二九年）でも、「基礎存在論は現存在の形而上学の第一段階にすぎない」と簡単に述べられているとのことだが。

この『論理学』では覚え書の形式ではあるが、「基礎存在論の理念と機能」が論じられていて、そこではそれは「存在論一般の基礎づけ」をなすものとされている。同時にそれは以下の三つの課題を伴っている、と言う。

一、形而上学の根本問題としての存在への問いの内的可能性を証示し基礎づけること――現存在を時間性として解釈すること。
二、存在への問いのうちにふくまれる根本的諸問題の分析――存在問題のテンポラールな解明。
三、この問題設定の自明性の呈示、この問題設定の限界――転換《ウムシュラーク》。

右の一は『存在と時間』の既刊部分、『根本問題』の第三部に対応する。二、三は『存在と時間』第一部第三篇、『根本問題』の第三部に対応し、これによれば基礎存在論は明らかにテンポラリテートの問題を含むことが分る。そして最後の「転換」は「転回《ケーレ》」と関係しているのではないか。

ハイデガーによれば、「この基礎存在論という問題を設定することによってのみ、われわれは「西洋哲学」という根本的な運動の蔽われた内的な生」を捉えることができるようになる。しかし彼はそれだけでは足りないと言う。さらに「形而上学の概念を形成するのは基礎存在論とメタ存在論とが統一されたもの」だと語る。ただ、このメタ存在論（Metontologie）という概念の詳しい説明はない。

この講義の最終部分で、彼は基礎存在論は存在論の基礎づけの仕上げの全体を意味し、それは㈠現存在の分析論と、㈡存在のテンポラリテートの分析論を含む、と言う。そして㈡は「同時に転回《ケーレ》であり、この転回によって存在論は、おのれが暗黙のうちにいつもそこに座を占めていた「形而上学的存在者論」（metaphysische Ontik）へあからさまに立ちかえる」のだ。

ここで木田は次のような問いを発する。ハイデガーは、基礎存在論を企てることによって存在論の伝統を「反復」し「解体」する。それによって「現存在そのもののうちに存する自然的形而上学」つまりは現存在の存在了解に「おのれを変える」ための機会を提供しようと目指す。しかし、「現存在の存在了解がそうした自己変革を果したとき、基礎存在論という企てそのものも自己止揚を迫られることになる。どうしてであろうか」。

そして以下のように答える。「存在のテンポラールな意味を問いきわめ、現存在の存在了解の転換をはかることによって存在をこれまでとは違ったかたちで企投し、存在者全体の在り方を変え、いわば歴史の転回を企てた揚句の果てに、現存在が存在を規定するのではなく、むしろ存在によって現存在のそのつどの在り方が規定されるのだと考えざるをえなくなり、いわば転回《ケーレ》が起ったということではなかろうか」と。

次に、テンポラリテートの問題を検討することにしよう。ハイデガーは『根本問題』第二部第一章でこの問題を論じている。第一三節「時間と時間性」では「現存在の統一的な存在構造——いわゆる「関心構造」——を可能にしているものが時間性であること、そして、通常「今の継起」として表象されている、時計で測られる時間も実はこの時間性という根源的現象から派生したものにすぎないこと」が論証される。そしてこの時間性が既に見たように「将来と既在と現在との脱自的統一体」であることも明らかにされる。

第一四節「時間性とテンポラリテート」では、現存在が何かを了解するためにおのれを企投する実存的了解と時間性の関係について論じられる。つまり現存在が「おのれを脱け出て世界の内に存在する」ことを「超越」と呼ぶならば、その超越は「時間性にもとづいてのみ可能」なのである。換言すれば、時間性は根源的な〈脱自〉そのものであり、その先に「地平《ホリツォント》」が属している。このようにハイデガーは、時間性が存在了解の地平として働くとき、それをテンポラリテートと呼ぶのである。

第二一節「テンポラリテートと存在」では「プレゼンツ（Praesenz）」という概念を用いて、テンポラリテートの問題を更に追究する。「〈おのれを超え出ること〉それ自体の目指す彼方一般を規定しているもの、それが地平としてのプレゼンツなのである。現在はそれ自体において、脱自的におのれをプレゼンツへ向けて企投する。〔したがって〕プレゼンツは現在と同じものではなく、それは現在というこの脱自態の地平図式の根本規定として、現在という完全な時間構造を共につくりなすものなのである」。

このようにハイデガーは、「世界内部的に出会ってくる存在者の存在は、プレゼンツという場面に、もっと原理的に言うならテンポラールに企投されている、と見る」のだ。つまり、「われわれは存在を、時間性の諸脱自態の根源的な地平図式から了解している」ということである。換言すれば、テンポラリテートとは、「それに属する地平図式の統一態を顧慮してとらえられた時間性」だと言える。

「存在論の歴史の解体」そして「転回《ケーレ》」

さて次に、ハイデガーによる「存在論の歴史の解体」について検討しよう。

これに対する手がかりは、先に見た（二五―二六頁）『存在と時間』構想の第二部の粗描にある。その第二部とは「テンポラリテートの問題群を手引きとして存在論の歴史を現象学的に解体することの概要を示す」というものであった。そこではカント、デカルトそしてアリストテレスの存在論の批判的解体が行われる予定であった。

カントは確かに「テンポラリテートの次元の方向へ向かって進んだ最初の人」であった。しかしデカルトの安易な踏襲による「現存在の存在の主題的分析」の無視と、「依然として伝統的風俗的な時間了解」に沿っていたために、「テンポラリテートの問題群に眼を開くことができなかった」。

ハイデガーによれば、デカルトの場合、「cogito sum（われ思う、われ在り）」の sum の存在意味が明らかにされていない。加えて中世存在論の影響——古代以来の存在＝被造性という考え方——から脱することができなかった。

このように「遡行的な解体作業」が進められ、最後にアリストテレスの存在論が検討される。そこでは「存在者についての古代人の解釈が、〈世界〉もしくはもっとも広い意味での〈自然〉を手引きにしてい」て、「その解釈が実際にその存在の了解を〈時間〉から得ている」つまり「存在の意味がパルーシア〔臨在〕ないしはウーシア〔現在〕として規定されている」ことを明らかにする。ちなみにハイデガーは、この古代存在論の伝統はパルメニデスまで遡って考えられるという。

このように辿ってきた木田は次のようにまとめた。「要するにハイデガーは古代以来の存在論やその基礎に据えられてきた平均的存在了解の全体を批判しようとしている」。更に「存在了解」を「世界了解」と等置するハイデガーからすれば、存在をいかに了解（企投）するかによって「世界の在り方、つまりは文化の構造」も変ってこざるをえない。とすれば、「古代ギリシャ以来の西洋文化を総体となった存在了解を全体として批判するということは、古代ギリシャ以来の存在論の基礎を批判する」ことに他ならない。

そしてこの壮大な解体作業を支えているのは、「本来的な時間性として時熟する存在了解」という考えだろうとする。とすれば、「将来・既在・現在が緊密に結びつき、しかも将来が圧倒的な優位に立つ時間性のテンポラールな地平図式」は恐らく、単に「眼の前にあること」「臨在性」としてではなく「werden（生成）」として「なる」ものとして了解されるはずだと考える。「そして、もし存在が生成として了解されるならば、存在者の全体も生成するものとして、プュシス〔一九九〇年代に入ると、木田は「フュシス」あるいは「ピュシス」と記すようになるが、『ハイデガー』ではこれで統一されているので、そのまま残す。「フュシス」「ピュシス」も著作毎に統一されているので、そのままにする〕として、つまり生きた自然として現成してくる」ことになる。

このような考え方に立てば、人間がそこで主体・基体（subjectum）として登場できるわけはなく、人間も生きた自然の一部としてしか存在しえず、自然を超えた原理に基づく形而上学も成立しえない。

換言すれば、形而上学的思考様式と機械論的自然観、そして「存在＝被造性」という考えは、密接に連動していると言える。

とするならば、ギリシャ（木田は『ハイデガー』では「ギリシャ」と表記しているので、本節では大塚の文章もそれに合わせる）以来の自然観や歴史や文化という人間の在り方を根源的に批判し「近代の超克」を試みるハイデガーの「Destruktion（解体・破壊）」の真意は、この辺りにあったとも言えるだろう。

以上が、「時間と存在」の章に仕掛けられた「どんでんがえし」つまり「転回《ケーレ》」であった、と木田は推測する。そしてその推測を裏づけるものとして、ライプニッツ（これも『メルロ＝ポンティの思想』以降「ライプニッツ」と記されるが、『ハイデガー』ではこれで統一されているので、そのままにする）、シェリング、ニーチェをあげて予告的に粗描するが、それは第三章で詳述されるので省略しよう。

更に転回《ケーレ》以後のハイデガーの後期思想――「存在の明るみ《リヒトウング》」や芸術作品の意味（大地と世界との抗争と統一の場）、そして詩人ヘルダーリンなどに関わる――についても言及されるが、これらはいずれも後に詳しく言及されるのでここでは取り上げないことにする。

哲学史への新たな展望

既に見たように、『存在と時間』の第二部ではカント、デカルト、アリストテレスを取り上げて伝統的存在論の「解体」作業が行われるはずであった。しかしハイデガーに「転回《ケーレ》」が訪れ、当初の基礎存在論は放棄され、むしろメタ存在論ないしは「形而上学の克服」へと向うことになる。そうなるとカント、デカルト、アリストテレスに対する批判は変化し、デカルトはともかくカントとアリストテレスについては「かなり両義的な態度がとられるようになる」。

それと併行するように、一九二〇年代から三〇年代にかけて「転回ののちに彼が垣間見るようになった世界を彼に先んじて見ていた人たち、つまり、アナクシマンドロスやヘラクレイトスをふくむフォアゾクラティカー〔ソクラテス以前の思想家たち〕や、近代のライプニッツ、シェリング、ニーチェといった哲学者には肯定的な評価を与え、彼らの思想の歩みを積極的に辿りなおそうと試みるようになる」のだ。

ここで木田はハイデガーの論文「ニーチェの言葉〈神は死せり〉」(『森の道』一九五〇年、所収)を持ち出してくる。そこでハイデガーは、ニーチェの『ツァラトゥストラ』について、シェリングの『人間的自由の本質』、ヘーゲルの『精神現象学』、そしてライプニッツの『単子論《モナドロジー》』の三つと合わせて考える必要があると言う。

この論文を初めて読んだ時、木田はまだ学生だった。当時はその意味がよく分らなかったのだが、やがてハイデガーの研究を始めてシェリングについての一九三六年夏学期の講義や一九三六―三七年にかけて行われたニーチェについてのいくつかの講義(後に『ニーチェ』一九六一年としてまとめられる)を熟読するに及んで、「この発言の背後には、深い学殖に裏づけられた彼の壮大な哲学史観があり、その視角から見るなら、これら四つの異色な著作のあいだに明らかに緊密な内的連関のあることも呑みこめるようになった」と言う。

ところで、この四人のうちの誰にハイデガーは最初に肯定的な評価を与えるようになったのだろう。講義や論文で取り上げられた順番でいえば、ライプニッツが最初のようだ。一九二八年のマールブルクでの最終講義は『論理学―ライプニッツから出発して』であるし、同年のフライブルク大学就任講義『形而上学とは何か』や一九二九年の『根拠の本質について』でもライプニッツについて多く言及されている。それに比べるとニーチェが講義の主題とされるのは一九三六年以降のことだ。

しかし木田は、ハイデガーにとって最初に決定的な影響を与えたのはニーチェであり、しかもそれは『存在と時間』下巻の執筆にとりかかった頃にまで遡るかも知れない、と考える。とすれば、「むしろニーチェの視角からライプニッツへの肯定的評価が生まれたのではないか」と推測することになる。例えばニーチェの『力への意志』のための草稿（一八八八年）に次のような一節がある。「〈価値〉という着眼点（Gesichtspunkt）は、生成のうちにある生《レーベン》という相対的に持続する複合的な組織に関する維持と昂揚の条件となる着眼点である」。

この文章について、木田は以下の如く解釈する。「すべての存在者を、現にあるよりもたえずより強くより大きくなろうとする生《レーベン》（＝力への意思）としてとらえるニーチェは、その生が現在到達した位置（「現にある」位置）を維持するための目安（＝「着眼点」）と、それよりも「より強くより大きく」昂揚してゆくための目安をつけるための働きが生そのものに本質的にそなわっていると考える。それがつまり価値定立作用であり、それによって定立される目安（着眼点）が「価値」なのである。つまり、ニーチェは、ここで価値というものを徹頭徹尾生に相関的なものとして見ようとしているわけである」。

たしかに、〝Gesichtspunkt〟を通常訳されるように「視点」とするならば、ニーチェの右の文章の意味を理解することは難しくなるだろう。木田は、ハイデガーがニーチェのこの概念によって、一九二八年の講義に出てくるライプニッツの〝Point de vue〟を同じく着眼点と読もうとしたのだろうと言う。つまり「ニーチェの「力への意思」の思想を底に据えてライプニッツの『単子論』を読もうとしていた」のだと。

とすれば、一九三一年夏学期の講義『形而上学の根本問題―世界概念』に出てくるアリストテレスの「デュナーミス」（力の概念）考察の場合にも、ニーチェの「力への意志」という考え方があったと思われるし、翌三二年の講義『西洋哲学の始源（アナクシマンドロスとパルメニデス）』におけるフォアゾクラティカーへの着目には明白にニーチェの影響があったわけで、木田がハイデガーの中でニーチェが「決定的」な役割を果すようになったのは一九二九年以前と考えるのも、妥当なことと言えるだろう。

ところで、先に出てきたハイデガーの『ニーチェ』は四つの講義と六つの論文・覚え書を含む上下二冊の大著である（ちなみに邦訳の『ニーチェ』（Ⅰ・Ⅱ）、細谷貞雄監訳、平凡社ライブラリー、一九九七年は、原著の主要部分を収めるが全訳ではない）。本書でハイデガーは、世に流布する通説、つまりニーチェはアフォリズムや叙事詩の形でしか自説を展開しなかったが、それは「彼が哲学の伝統とはまったく無縁に思考し、体系的な思想などもとうとも思わなかった生の哲学者、詩人哲学者」だったからだ、という見方を確かな論拠によって却けることから始める。

事実、一八八〇年代後半には、体系的な主著の構想を練り始めていた。有名な『ツァラトゥストラ』でさえ、ニーチェにとっては、それによって「私の〈哲学〉のための玄関口を建てておいたから、いよいよこの〈哲学〉の竣工に次の五年間を費す決心がついた」（一八八四年四月七日の友人オーヴァベック宛手紙）とあるように、主屋に入るための玄関口にしかすぎなかったのである。しかし、一八八九年の初頭にニーチェは狂気におかされてしまう。

その主屋（主著）の計画は何回も練り直され、表題も変えられていった。一八八七年春の『力への意志─あらゆる価値の転倒の試み』というプランは、翌年には『あらゆる価値の転倒』に変えられはしたものの、もっとも完成度が高かった。そのため妹のエリーザベトと年少の友人ペーター・ガストは、このプランを基礎にし、表題も『力への意志』として草稿を出版した。しかし彼らの編集方針には多くの疑問が提されれ（ハイデガーも一九三六年には疑問視していた）、その後公刊された三巻の著作集や新しい全集では、全て遺稿は年代順に配列されることになる。

ハイデガーは、一八八七年三月一九日付のプランそのものについてはその価値を認めて、それによってニーチェの体系的思想を明らかにしようとした。そのプランとは以下のようなものだ。

力への意志――あらゆる価値の転倒の試み
第一巻　ヨーロッパのニヒリズム
第二巻　最高の諸価値の批判
第三巻　新しい価値定立の原理
第四巻　訓育と育成

このプランについて、ハイデガーはどのように読み解いたか順番に見ることにしよう。

㈠**「ヨーロッパのニヒリズム」**

ニーチェは、自分が生きている一九世紀後半のヨーロッパ世界を、「もはや偉大な芸術様式が時間をかけてひそかに発酵するために必要な物影の一つもない真昼の砂漠」と見ていた。彼はそうした時代状況を「心理的状態としてのニヒリズム」と診断した。そしてその原因を、これまでヨーロッパ文化を形成してきた最高の諸価値が無価値になったからだと捉えて、「神は死せり」と宣言する。この場合の神はもちろんキリスト教の神も含むが、それだけではなく「超感性的な最高の諸価値の象徴でもあ」った。

では、なぜ無価値になったのか。ニーチェは言う。「――これらすべての価値は、心理学的に検算をしてみるなら、人間の支配機構の維持と昂揚のための有効性という特定のパースペクティヴから生じた結果であり、それが誤って事物の本質のうちに投影されたにすぎない。自分自身を事物の意味や価値基準とみなすのは、あいも変わらず、人間の途方もない素朴さである」。

それにもかかわらず、人間はありもしない「超感性的価値」を設定してしまい、そこからニヒリズムが始まる。その元凶こそプラトンだと、ニーチェは考えた。つまり、プラトン以降のヨーロッパの文化はこの「超感性的価値」の維持につとめてきたわけで、そうだとすればニヒリズムとは「そうした超感性的価値を目指しておこなわれてきたヨーロッパの文化形成の全体を根本で規定してきた歴史的運動」に他ならない。

現在ヨーロッパを覆っている「心理的状態としてのニヒリズム」を克服するためには、「このニヒリズムを徹底する以外に途はない」とニーチェは考えた。つまり「受動的ニヒリズム」を「能動的ニヒリズム」に転ずることだ。こうしてニーチェは病状の診断と病因の確認を行った。

(二)「最高の諸価値の批判」

第二巻では、右の病状への診断と病因の確認を承けて、治療の手段が講じられる。それは「最高価値の批判」であるが、それを積極的・能動的に行い否定する必要がある。木田は言う。「もっとも、ニーチェがこの第二巻において実際におこなおうとしているのは最高価値そのものの批判よりも、そうした最高価値を設定してきたこれまでの価値定立の仕方、つまり形而上学を本質とする哲学、キリスト教に代表される宗教、ストア以来の道徳に対する批判である。つまり「プラトニズムの逆転」「形而上学の克服」がここでは目指されている」と。

とすれば、価値概念そのものが、新らしく定義される必要がある。つまり、価値定立の仕方自体が一新されなければならないはずだ。

(三)「新しい価値定立の原理」

右に見たように、従来の価値定立の仕方に関わって「プラトニズムの逆転」と「形而上学の克服」

が求められるとすれば、残されているのは感性的世界＝自然だけである。だから木田は言う。「ニーチェは、新たな価値定立の原理をこの生ける自然とも言うべき感性的存在者全体の根本性格にもとめる」。そして、その根本性格を「力への意志」と呼ぶ、と。『ツァラトゥストラ』の第三部に初めてあらわれる「力への意志」という概念は、それまでニーチェによって用いられてきた「生《レーベン》」という概念に代わるものだ。「生《レーベン》」は単に有機体の生命を意味するだけでなく、「生きた」自然という場合の「生」を意味する概念であった。

木田は、なぜニーチェが「生《レーベン》」に代えて「力への意志」と言ったのか、その理由をショーペンハウアーの「盲目的な生命衝動」を「生」と捉える立場から自らを異るものとして考えたかったからだろう、と言う。つまりニーチェにとって生とは盲目的なものではなく、「つねに「現にあるよりもより強くより大きくなる」という明確な分節的構造をそなえたものだった」のであり、その構造を「力への意志」という概念で表したというわけだ。

ニーチェがこの生きた自然という考え方をフォアゾクラティカーから学んだことは既に見た。古典文献学者ニーチェが処女作『悲劇の誕生』で描いたのは、ギリシャ悲劇の成立史であった。が同時に彼は、「ギリシャ悲劇時代」の思想家たちにも多大の関心を抱いていた。

彼らは一様に「自然《プュシス》について」というテーマで本を書いたと言われている。その場合の自然とは、外的自然つまり自然科学の対象となるような「存在者の特定領域としての自然」ではなかった。それは「それを超えた超自然的な領域などのありえない、存在者の全体を意味すると同時に、そうした存在者のすべてを存在者たらしめている存在をも意味していた」。しかもそれは、「おのれ自身のうちに生成力を有する生きた自然であった」。古代ギリシャでは「自然《プュシス》」という名詞は、「なる」という意味の「プュエスタイ」という動詞からきていると思われていた。

ニーチェが復権しようとしたのは、まさにこのような生きた自然であった。また彼は、新たな価値定立の原理として「力への意志」を考えたが、それはこの自然の生成の構造に由来する「存在者全体の根本性格」であった。とするなら、価値とは何なのか？　木田は言う。「それは、生成しつつ相対的に持続する生《レーベン》が、おのれの到達した現段階を「維持」し、さらにより強くより大きく「昂揚」してゆくための目安、着眼点にほかならない。価値とは徹頭徹尾生に相関的なものであり、生そのものがその本質的機構として価値定立の働きを有している、というのがニーチェの考え方なのである」。

更にニーチェは価値定立作用を二重のものだと考えた。一つは普通「認識」と呼ばれるもので、現状維持のために現状を見積る定立作用である。そこでは「真理」が定立される価値となる。もう一つは「芸術」と呼ばれる、昂揚のための価値定立作用であり、そこでは「美」が定立される価値となる。

二番目の「芸術」に関しては、ニーチェは「肉体」を重視する。それは「肉体から浄化された精神を「手引き」とする従来の形而上学的存在論を乗り越えるために、肉体を「手引き」とする新しい存在論を構想し」たからであった。とするなら、芸術こそ「生《レーベン》の本来的課題」であり、「生の形而上学的活動」だということになる。換言するなら、ニーチェの「力への意志」が目指したのは「美による救済、芸術によるニヒリズムの克服の企てだった」のだ。

㈣「訓育と育成」

ここでは右に示されたような「美による救済、芸術によるニヒリズムの克服」によって定立される新たな価値体系を、どのようにして大衆に知らせ育むかが論じられる予定であったらしい。

以上、ハイデガーによるニーチェの「力への意志」についての見事な解釈を辿ってみた。先に見たように、ニーチェは単に詩人哲学者、生の哲学者ではないことが、ハイデガーによって論証されたことになる。それを木田は次のようにまとめる。ニーチェの処女作における「アポロン的原理」と「ディオニュソス的原理」という概念は、ショーペンハウアーの「表象としての世界」と「意志としての世界」に結《つな》がる。その『意志と表象としての世界』という著作はカント哲学の捉え直しであり、「表象としての世界」はカントの「現象界」の、「意志としての世界」はカントの「物自体」の独自の解釈であった。加えてライプニッツの「表象」と「欲求」というモナドの二つの根本特性は、カントによる現象界と関わる認識能力としての「理論理性」と物自体界に関わる意志としての「実践理性」と結がっていた。「しかも、彼らにあっては、つねに欲求・意志が根源的存在とみなされている。ハイデガーはこれに、『精神現象学』のヘーゲルと『人間的自由の本質』のシェリングをくわえ、意欲（Wollen）を根源的存在（Ursein）と見る思想の系譜を考える」。

このように見るなら、「ニーチェはドイツ形而上学の歴史に対して十分に根源的な成熟した関係をもっていた」というハイデガーの言葉もよく分る。とすれば、ハイデガーは「時間と存在」の章でSein = Werden という新たな存在概念の構成を考えていたのでは、という木田の推測も納得できる。一方で木田は、ニーチェによる究極の存在概念の規定に関してハイデガーが、それはプラトンやアリストテレスらの存在＝現在性という存在概念から脱却していなかったと指摘しているというのだが、ここではこれ以上触れないことにする。それはともかく、一九二〇年代から三〇年代にかけてかなり長い期間、ハイデガーがニーチェの影響下にあったことは確かだと言えるだろう。

「自然《プュシス》」についても、ハイデガーはニーチェの導きでフォアゾクラティカーに眼を向けた。一九三二年夏学期の講義『西洋哲学の始源』では、アナクシマンドロスとパルメニデスを論じた。三五年夏学期の講義『形而上学入門』では古代ギリシャ早期の思想について、四二―四三年冬学期の講義では『パルメニデス』を、四三年と四四年の夏学期の講義では『ヘラクレイトス』を取り上げている。なお一九四六年の論文「アナクシマンドロス」（『森の道』所収）もある。

ハイデガーが一九三九年に執筆した論文に、「自然の本質と概念について―アリストテレス「自然学」第二巻第一章」(一九五八年にイタリアの雑誌に発表され、後に『道標』に収録)がある。その内容を木田は次のように説明する。

自然という語は対《つい》概念として用いられることが多い。自然と芸術、自然と歴史、自然と精神といった具合に。つまり、それは対になる概念とは別個の「特定の存在者の領域」を意味する。しかし、ドイツ語、ラテン語、ギリシャ語のいずれにおいても、自然という言葉には右に述べた意味とは異なる用法がある。例えば、Natur des Geistes とか Natur der Geschichte といった用法で、それぞれ精神の本性、歴史の本性とでも訳すことのできるものだ。ギリシャ語の「プュシス」の場合には、この用法の方が古い。「ここからハイデガーは、プュシスという言葉は根源的には、存在者の特定領域としての「自然」をではなく、ありとしあらゆるもの、つまり存在者全体のその真の在り方、「存在」を意味していた」と言う。

とすれば、フォアゾクラティカーたちが一様に著作の題にしたと伝えられる『プュシスについて』も、それらは「ある」とは何か、「存在」とは何かを問うものであった、とハイデガーは主張するのだ。またプュシスという名詞が、「なる・生える・(花)開く」という意味の動詞プュエスタイから派生した、更にそこから古代ギリシャ人はあらゆるものをおのずから生成するものと見ていた、ということは既に述べた。

次には、このような「根源的な自然《プュシス》の概念」を視座に据えることから、ハイデガーがライプニッツとシェリングをどう捉えていたか、を見ることにしよう。既に詳しく見たように、当初はハイデガーはニーチェを通してライプニッツを見ていた。しかし、「ニーチェへの共感が、一九三〇年代なかばに最高潮に達し、その後次第に薄れ、批判的になってゆくのと対照的に、ライプニッツに対する関心ははじめ制限つきであったのが、次第に昂まってゆくように思われる」と木田は言う。

一方、シェリングについては、一九三六年夏学期の講義『シェリング「人間的自由の本質について」』がある。既に一九二九年夏学期の講義『ドイツ観念論（フィヒテ、ヘーゲル、シェリング）と現代の哲学的問題状況』があるが、木田が『ハイデガー』を執筆した時点では未公刊だった。

この一九三六年の講義では、シェリングの『自由論』（一八〇九年）の遂行解説が中心に行われるのと同時に、西洋形而上学の歴史全体にわたる参照がなされている（後に木田は迫田健一との共訳で『シェリング講義』新書館、一九九九年を出した）。シェリングの『自由論』は、その二年前一九〇七年刊のヘーゲル『精神現象学』への応答であった。ヘーゲルは、チュービンゲン大学在学中からの友人でイエナ大学へ招いてくれたシェリングに対して、絶交状を突きつけたのだった。この批判をきっかけに彼の哲学は前期と後期に分けられることになるが、それだけ重要な論文だった。

ところが、この後シェリングは論争用のパンフレットを除けば著作活動を行わなかった。それは彼が「自由の体系」の樹立という不可能に挑んだからだと、とハイデガーは言う。元々「自由の概念は体系といったものと両立不可能だというのが古来の常識である。というのも、体系というものは、本質的に理性の体系つまり必然的な基礎づけの連関だからである」。このように言った木田は、シェリングの苦闘の軌跡を明らかにするのだが、ここでは省略したい。

ただ、当時盛んであった「汎神論論争」に関わって、結局シェリングは「汎神論と自由の概念とはけっして両立不可能なものではなく、スピノザ主義が宿命論的であるとしても、それはこの体系が汎神論的だからではなく、それが実在論《レアリスム》だからであり、すべてを事物《レース》として扱うからだ、という結論を引き出」したと木田は言う。シェリング自身はすでにこうしたスピノザの「一面的―実在論的な体系」を観念論によって補正することを初期の自然哲学で行っていた。つまり「スピノザの根本概念は観念論の原理によって精神化され」て、「自然についてのもっと高次の考察様式のなかで、また力動的なものと心情的精神的なものとの統一性を認めることによって、生きた基底を獲得し、この基底から自然哲学が登場した」。シェリングは、フィヒテを決定的に越えるべく「高次の実在論」を取り入れ、自らの「自然哲学」を構築したのだった。

換言すれば、自由論に至るまでのシェリングの努力とは、右のような意味における「実在論と観念論の相互浸透」にあったと言える。その上にシェリングは更に困難な一歩――「もし人間的自由の本質が善と悪とへの能力」にあるとしたら、「最高度に完全な存在者である神から悪への能力が発現したことにな」る、という自由問題の最大の難問に関わっての――を踏み出す。

だから木田は次のように言うのである。「シェリングが神学的思弁の装いのもとに、神――これは「理性」と読みかえられてよい――の根底に生ける根源的自然を見てとり、存在＝生成という新たな存在概念を提出しようとしていたことは、もはや明らかであろう」。しかし結局、シェリングのこの後期哲学の試みも、挫折せざるをえなかった。それが『自由論』以後の沈黙の理由だった、とハイデガーは言う。

最後に木田は、『ハイデガー』全体の記述を踏まえて、偉大な哲学（者）とその挫折の必然性について述べる。シェリングの挫折は右のようなものだったし、ニーチェも『力への意志』では何回もその「思想の内的構成が変わり、造型上の中心が移動している」、つまりは「内的中心点の発見」に失敗したのだった。晩年のメルロ＝ポンティが哲学とはひたすら「問いかけること」だと言ったのも、体系の完成の挫折に関係していたのかも知れない。何よりもハイデガーの未完に終った『存在と時間』こそがその典型であった。

ハイデガーはあるところで次のように書いている。偉大な思想家たちの「偉大な挫折は無能でもなければ、なんら消極的なものでもなく、逆である。それは、まったく別のものの到来の兆しであり、新たな始まりを予告する稲妻なのである」。

以上、『ハイデガー』の概要を見てきた。ここには、前作『現象学』における思想運動としての現象学の見事な粗描といった手法は見られず、むしろ壮大なハイデガー哲学への果敢で独自な挑戦が試みられている。その意味では、「20世紀思想家文庫」という私の企画意図に、木田が真正面から応えてくれた結果だと言えるだろう。

そしてこの後、木田はハイデガーとの格闘を通して、自らの哲学を構築していくことになる。とすれば、木田哲学の主たる淵源はこの『ハイデガー』にあると考えることができるかも知れない。

第三節 『メルロ＝ポンティの思想』(1)――『行動の構造』と『知覚の現象学』

メルロ＝ポンティの名前を私が初めて知ったのは、新進の哲学者・市川浩からだった。一九六五年二月号の『思想』に「人間の行動と世界―言語行為をめぐって」を執筆してもらった時のことだ。後にユニークな身体論を展開していった市川だが、当時はまだ大学院生だった。西荻窪駅近くのこけし屋という喫茶店で原稿をもらった。市川は京大仏文科の出身で、大学卒業後は毎日新聞社に就職した。しかし支局での警察回りなどの仕事が性に合わず、退社して東大（駒場）の大学院に席を置いていたのだった。

当時はマルクス主義の影響が強く、一方でマックス・ウェーバーの社会論が盛んに論じられていた。

市川の論稿はそのどちらとも関係のない新鮮な内容だった。その中心にあったのがメルロ＝ポンティの思想である。今なら市川の論文名を見れば、すぐそのことを推測できるが、当時は何とも奇妙なタイトルだと感じたものだ。それであれこれと質問し、メルロ＝ポンティの仕事の概略を教えてもらった。

そういえば、木田が苦笑まじりに教えてくれたことがある。一九六〇年に木田が中央大学の専任講師になって上京してほどない頃、私も知っている東大哲学科の教授（その頃は助教授だったかも知れない）から初対面の挨拶代りに言われた、と。〝君はフルーツ・ポンチみたいな名前の哲学者を研究しているのだってね〟。もちろん半分は冗談だったのだろうが、メルロ＝ポンティの名前が一般的に知られていなかったのは確かである。木田が滝浦との共訳でみすず書房から『行動の構造』を出したのは一九六四年のことで、それから少しずつメルロ＝ポンティの名前が知られてくるようになる。

ところで、木田の処女作『現代哲学―人間存在の探究』（前出）では、メルロ＝ポンティについて思ったほど言及されていない。目次立ては、Ⅰ 二〇世紀初頭の知的状況、Ⅱ 人間存在の基礎構造、Ⅲ 身体の問題、Ⅳ 言語と社会、Ⅴ 今日の知的状況、である。このうち「Ⅳ 言語と社会」の第二節と第四節でそれぞれ『知覚の現象学』と『行動の構造』における一部の考え方が紹介されているだけだ。

しかし、翌年刊行された『現象学』では、これと異り、既に見たようにフッサール、ハイデガー、サルトルなどが論じられているが、メルロ＝ポンティはそれらを承けて現象学の現代的展開を示すものとして、六〇頁にもわたって論じられている。それは、第Ⅰ章〜第Ⅳ章にかけて論じられる現象学の始祖フッサールが占める分量とほぼ同じである。とすれば、メルロ＝ポンティの名は『現象学』によって一挙に広がった、と言っても過言ではないだろう。

その後一九七三年には、木田はティリエット著『メルロ＝ポンティ―あるいは人間の尺度』（大修館書店）を篠憲二との共訳で出している。この本はメルロ＝ポンティの思想を分り易く解説するというよりは、その後期の存在論思想を中心に論じたユニークなメルロ＝ポンティ論である。本書が刊行された折、本書を含む思想家シリーズの担当女性編集者からもらって私も読んだ。しかし、残念ながら当時の私の実力では、その内容を十分に味わうことができなかったことを覚えている。

なお、二〇〇〇年にちくま学芸文庫で刊行された木田の『現象学の思想』には、「現象学とは何か」（講座「現象学」第一巻『現象学の成立と展開』弘文堂、一九八〇年所収）他一篇と、『中央大学文学部哲学科紀要』に一九六八年から七二年にわたって発表されたメルロ＝ポンティに関わる論文が収められている。「メルロ＝ポンティと構造の概念―覚え書」「メルロ＝ポンティと「制度化」の概念」「現象学と弁証法」の三篇である。これらは『メルロ＝ポンティの思想』の連載以前の論稿なので、日本におけるメルロ＝ポンティの最初の紹介と言うこともできる貴重なものだ。

以後、必要に応じて右の四冊の記述にも言及することにしたい。

『メルロ＝ポンティの思想』のなりたち

この本は、雑誌『現代思想』（青土社発行）に一九七六年七月号から一九八二年二月号まで、何と三六回、足かけ七年にわたって連載されたものを基にしている。それは『現代思想』の編集長になったばかりの三浦雅士《まさし》の依頼によって始まった。

実は当時、私は三浦と毎月会っていた。何故かといえば、私達は〝ダイサンの会〟という集まりを毎月、新宿西口にあった「火の子」というバーで開いていたからだ。それは山口昌男を中心に、編集者（小野好恵、坂下裕明、藤野邦夫、安原顯、間宮幹彦、森和、吉田禎子他）や画廊ガレリア・グラフィカの栗田玲子、フランス映画社の川喜多和子、共同通信社文化部の中村輝子、演劇評論の田之倉稔、文化人類学の井上兼行などがメンバーだった。時には川本三郎、青木保、小松和彦、浅田彰（まだ大学院生だった）、そして大江健三郎や武満徹が加わることもあった。〝ダイサンの会〟という名の由来は、毎月第三土曜日の夜に集まるからだという説と、大塚と三浦が事務局的役割をしていたからという二説があったが、本当のところは分らない。

後に、文芸評論家として次々に独創的な仕事を展開することになる三浦も、当時は明るくエネルギッシュな若手編集者として、皆に好かれていた。連載が完結すると、三浦は〝この膨大な連載は大塚さんの所で出してもらう方がいいのではないでしょうか〟といってきた。確かに三浦の言うとおり、A5判四〇〇頁をこえる学術書は青土社より岩波書店に合っている。そんな次第で私は労せずして、この大作を出版することになった。木田もそれが最善という判断を下した。

ところで、この原稿を書いていて気付いたのだが、拙著『理想の出版を求めて』には、本書についての記述がない。木田が関わったその他の本はすべて出てくるので、三浦やその後を継いだ坂下が苦労して七年間も連載した原稿をまとめた本書を、やはり私は無意識のうちに、自分がつくった本としては認めていなかったようだ（実務は新人のKに依頼した）。書物としては非常に重要な本書なのに、編集者の性《さが》を反省しつつ私自身苦笑を禁じえないのである。

それでは本書の構成から見ていくことにしよう。以下のような七章立てである。Ⅰ 思想の形成、Ⅱ『行動の構造』をめぐって、Ⅲ『知覚の現象学』をめぐって、Ⅳ 戦後のメルロ＝ポンティ、Ⅴ メルロ＝ポンティの言語論、Ⅵ メルロ＝ポンティの社会理論、Ⅶ 後期思想の検討。この順番で内容を検討する。

思想の形成

モーリス・メルロ＝ポンティは、一九〇八年フランスに生まれ、若くして一九六一年に没している。同じ一九〇八年生まれには、レヴィ＝ストロースやボーヴォワールがいた。後に深い関わりを持つことになるサルトル、ポール・ニザン、レーモン・アロンらは一九〇五年生まれだった。若くして亡くなったニザンを除いた彼らが、戦後のフランス思想界を牽引したことはよく知られている。

　彼は幼い時に父親を亡くし、以降パリのトゥール街で母や弟妹とともに過ごす。この親密な関係が彼の性格を形成する重要な要素だった。だから一九五三年に母親が没すると、彼は「楽園喪失」（サルトル）を改めて体験することになった。

ル・アーブルのリセ（高等中学校）からパリのリセに移った彼は、ルイ・ル・グラン校に在学中に哲学を専攻する決意を固めた。一九二四―二六年まで高等師範学校《エコール・ノルマル・シュペリウール》の受験準備中にベルクソンを熱心に読む。二六年に高等師範に入学した彼は、三〇年に卒業するまでにサルトル、ボーヴォワール、ニザンらと知り合っている。

　当時のフランスは、第一次大戦の勝利によって政治的主導権を手にしたとはいうものの、知的にはドイツにおけるハイデガーの出現などと比べるならば、極度の沈滞、「ふさがれた道」に入ろうとしていた。

　彼が、フッサールの現象学について知ったのは、ジョルジュ・ギュルヴィッチの講義によってだった。ギュルヴィッチは二八年から三年間、ソルボンヌで現代ドイツ哲学について講義していたので、そこに彼も出席していたものと思われる。加えて、二九年には、フッサール自身がソルボンヌで「超越論的現象学入門」という題で四回のドイツ語による講義をおこなった。その時、まだドイツ語の分らなかった彼も、出席していたと言われている。

一九三〇年七月には、彼は哲学の教授資格《アグレガシオン》に合格した。この年の一〇月から一年間、兵役に服することになったが、サルトルによれば「私は二等兵だったが、彼は陸軍少尉になった」。翌三一年兵役が終るとともに、彼はボーヴェのリセの哲学教授に任命される。この時代から彼は「知覚の本性」というテーマで学位論文の準備を始めた。そのためにまず「ゲシュタルト心理学」から始めて「行動主義」と「精神分析」の研究に着手する。

ボーヴェはあまり恵まれた研究環境ではなかったようで、三三年から一年間、研究助成を受けて国立科学研究所の研究員となっている。翌三四年四月には研究助成金の更新を申請し、その際「知覚の本性」という長文の研究報告書を添付した。ここから彼の現象学の本格的研究が始まる。

その内容は、序論、Ⅰ 知覚の生理学と病理学、Ⅱ 知覚の哲学、Ⅲ 知覚の心理学、というものだが、ここで問題となるのは「Ⅱ 知覚の哲学」である。木田はその全文を訳出しているが、それによれば彼の現象学に対する立場は「現象学を超越論的哲学としてよりも、あくまで心理学や、実証科学一般の方法論的改革の試みとして受取る」（本節及び次節の引用は、断りのない限り、『メルロ＝ポンティの思想』より）という姿勢であった。それはベルクソンから出発して、ゲシュタルト心理学に深い関心を抱いていた彼が、実証主義批判を目指すフッサールの現象学に着目したということで、今から見ればごく自然なことであった。もっとも当時のドイツや日本での現象学に対する見方は、それは既にハイデガー哲学によって乗り越えられたとしていたので、むしろメルロ＝ポンティの独自性を示すことだったのかも知れない。

ところで、右の助成金更新の申請は却下されてしまう。しかし幸いに、ボーヴェよりパリに近いシャルトルのリセに教授の職を得ることができた。この年彼は学位論文のテーマを二つ公式に登録した。「知覚の本性」と「現象学および〈ゲシュタルト心理学〉における知覚の問題」である。後に、前者は『知覚の現象学』、後者は『行動の構造』へと発展していくのだが、この時点では知覚の問題が中心であったことが分る。

一九三五年には高等師範学校の復習教師に任命され、三九年の兵役召集まで続けた。この間三八年には、『行動の構造』を脱稿している。三五年から三六年にかけて、彼は三本の書評を書いた。「キリスト教とルサンチマン」、「存在と所有」、「サルトル『想像力』」である。

最初の書評は、シェーラーの『ルサンチマンと道徳的価値判断について』の仏訳刊行に際して書かれた。注目すべきは、彼が「最後の部分で一種の信仰告白をおこなって」いることだ。この時点まで彼がキリスト教の信仰を持っていたことは、サルトルやボーヴォワールとは違っていたと言えるだろう。

三六年の「存在と所有」は前年に刊行されたガブリエル・マルセルの同名書についてのものである。高名なカトリックの哲学者マルセルに彼は多く学んだようだが、ここでは最後のところで多少批判的感想を述べている。いずれにしても、この二本の書評はメルロ＝ポンティが「キリスト教からの離反とマルクス主義への接近が同時的に進行している」ことを表していて興味深い。

なお、彼のマルクス主義への接近については、三五年にパリに戻った彼が高等研究所で行われていたアレクサンドル・コジェーヴのヘーゲル『精神現象学』講義に出席していた事実があげられる。この講義にはレーモン・アロン、ジャック・ラカン、ジョルジュ・バタイユなど特異な思想家が多数参加している。そしてメルロ＝ポンティはこれと平行して、マルクスについて研究し、ルカーチの『歴史と階級意識』を熟読していた。

最後の書評は、「デカルトからフッサールにいたるまでの想像力についての諸理論の批判的研究である」サルトルの処女作『想像力』についてのものだ。この書評でも最後の部分でサルトルのフッサール理解に異議を唱えていることが注目される。

一九三九年四月には、彼はルーヴァンのファン・ブレダ神父の所におもむいて、約一週間というものフッサールの遺稿を閲読した。この間フッサールの弟子オイゲン・フィンクにも会っている。彼は更にルーヴァンを訪れ研究を続けたいと思っていたが、九月に始まった戦争のため八月には召集され再び陸軍少尉となった。四〇年九月には解除され、カルノ高等中学校の教授になり、四四年までその職にとどまる。

四一年には「社会主義と自由」というレジスタンス・グループに加わり、そこで彼はサルトルと再会した。四二年に『行動の構造』が、四五年に『知覚の現象学』が公刊された。一方サルトルは四三年に『存在と無』を出している。四四年には、米国への新聞特派員となったサルトルの後任として、彼はコンドルセ高等中学校へと移った。

彼がベルクソンから出発したことは既に見たが、ベルクソンの言う「イマージュ」は彼の「知覚された存在（l'être perçu）に相当し、それを彼は現代の心理学や生理学を援用しつつ「それをいっそう包括的なかたちで仕上げようというのが、彼にとって当初の課題となった」。しかし彼は、「比較的早くからフッサールの後期思想の境位を察知し、『危機』論文において展開される「生活世界の現象学」にベルクソンの「イマージュの総体」についての記述、つまり「知覚世界の生《な》まな存在」の記述を期待していたにちがいない」と木田は言う。

ただ、彼の思想の形成を単純に「ベルクソンからフッサールへ」と言うことはできない。『行動の構造』にはベルクソンの影響が強く見られるのに対して、『知覚の現象学』ではベルクソン離れが見られるからだ。また彼に影響を与えた思想家としてマックス・シェーラー（とりわけその『知識形態と社会』一九二六年）が考えられると、木田は言う。何故ならシェーラーこそ、一九二〇年代、三〇年代の最新の生命諸科学の成果を統合し、一つの方向を指し示した哲学者だったからである。

『行動の構造』

既に見たように『行動の構造』は一九三八年に脱稿されていた。しかし、おそらく世界大戦の影響によって、実際に刊行されたのは四二年のことだった。一方、彼は四五年に学位を取得した時には、この年刊行された『知覚の現象学』を主論文に、『行動の構造』を副論文にしている。この二冊の本の関係についてどう理解すればいいのだろうか。代表的な三人の考え方を見てみよう。

アルフォンス・ドゥ・ヴァーレンの「両義性の哲学」(『行動の構造』第二版以後の序文)によれば、両者は「ある意味で同じ」だと言う。何故なら、「人間の行動」を記述するのも「物の知覚」を明らかにするのも、「人間の自然的経験」を考察するという意味では同じだからだ。とすれば「『知覚の現象学』はすでに『行動の構造』が含意していたものを知覚の用語で展開してみせるだけだ」ということにもなる。

しかし両者の違いは「記述されている経験の型にある」とヴァーレンは書く。つまり『知覚の現象学』では「晩年のフッサールがすでに記述していた自然的で素朴な経験の平面にしっかりと据えられている」のに対して、『行動の構造』は科学的経験の水準にあるものの、この経験そのものは「科学がおのずから採用している存在論的パースペクティヴのなかでは理解できないものだということを証明しよう」としているからだ。

一方ポール・リクールは、両者の基本的な性格はかなり異っていると考える。「つまり、リクールは『行動の構造』を「構造の理論」「自然の哲学」、『知覚の現象学』を「意味の哲学」「実存の哲学」と見て、両者は結局うまく交錯することなく、それぞれの独自性を主張していると考えている」のだ。

三人目は先に見たティリエットである。ティリエットは両者の連続性と交流を主張する。何故なら「両義性・弁証法・制度・現象的身体・共存といった基本用語が二つの著作の連結の役目を果しているだけではなく、知覚意識を論じている『行動の構造』の後半全体が『知覚の現象学』への直接の準備と道程になっている」からである。

さて最後に、メルロ＝ポンティ本人の考えを確かめておこう。一九五二年に彼がコレージュ・ドゥ・フランスの教授に立候補した折に、資料として出した覚え書には次のように書かれている。『行動の構造』の課題は「知覚する有機体とその環境との諸関係を現代の心理学や生理学の示唆を受けつつ描き出す」ことにあった。一方、『知覚の現象学』という著作においては、われわれはもはや知覚行為の出現に立ち合うのではなく、この知覚行為そのもののうちに身を据え、そこで主体とその身体とその世界とのあいだの特異な関係の分析を追求する」のだと。

これから『行動の構造』について検討を始めるが、前半（第一章 反射行動、第二章 高等な行動）は神経生理学の諸説を批判的に分析するものなので、その一つひとつを追うことはしない。ただ、ここでの議論（反射行動やゲシュタルト学説あるいはパヴロフの理論など）の検討から、メルロ＝ポンティが「知覚的世界」とは「もはや生理学的現象の秩序に平行な現象の秩序ではなく、それよりももっと豊かな秩序であるように思われる」ものであり、とすれば「行動の生理学的基体についての研究」ではなく、知覚世界において与えられる「行動の直接的検討」におもむく必要があると考えたことを記憶しておこう。

以下、後半の二つの章を検討する。まず「第三章 物理的秩序、生命的秩序、人間的秩序」から。メルロ＝ポンティはこの三者つまり「物質・生命・精神」の三秩序をそれぞれ異った三つの実体として捉える「実体の哲学」をではなく、これら三秩序を「構造の統合度の異った三つの段階として、つまり、それぞれが先行の秩序をとらえなおし、それをより高次の全体に組みこむことによっていっそう統合度の高い個体性を実現してゆく三つの階層として」考える「構造の哲学」を提唱した。

それは新たな存在論であると同時に、三秩序の支配的特性である「量・秩序・意味」という特性の違いに応じて構造把握を転換させる方法論的立場の基礎としての認識論でもあった。更にそれは、行動の「可換的形態」（生命的秩序）から「シンボル的形態」（人間的秩序）への移行に関わる視点の提示でもあったのだ。とするならば、この『行動の構造』における移行は、「そのまま『行動の構造』から『知覚の現象学』への移行と重なり合うものであ」り、両著作の連続性は明らかであろう。

ところで、メルロ＝ポンティの「構造の哲学」がゲシュタルト学説の批判的展開であることは、前の二章の論述から明らかである。また学習理論の検討を通して、彼は有機体の行動を以下の三つのレベルに分類していた。(1)「癒合的形態」(formes syncrétiques)、(2)「可換的形態」(formes amovibles)、(3)「シンボル的形態」(formes symboliques) である。

(1)は「本能的」な行動であり、(2)は、このレベルで初めて「信号《シグナル》」が出現し、真の学習が可能になる。それはチンパンジーの研究などから明らかにされた。(3)は「諸関係をさらに関係づけ、構造をさらに高次に構造化しうる」行動であり、これをメルロ＝ポンティは人間的な行動のレベルと考えた。

いささか脇道にそれるが、メルロ＝ポンティの言う「シンボル的形態」あるいは「シンボル行動」について、木田は厳しい眼を向けている。後にカッシーラーの『象徴形式の哲学』を全訳することになる木田からすると、メルロ＝ポンティのシンボル概念はどうやらW・S・ハンター（論文「シンボル過程」、一九二四年）とボイテンディク（『人間と動物』一九五八年）ら動物学者の仕事から示唆を受けていると思われるが、「少なからず曖昧」だと言う。この点については、また後に立戻るかも知れない。

それはともかく、次に問題となるのは、行動のシンボル的形態のレベルに達した人間と「意識」の関係である。それを解明しようと試みるのが第四章の「心身の関係と知覚的意識の問題」である。ここでメルロ＝ポンティはそれまでの諸科学の分析から一転して哲学的議論に向かう。デカルト、ベルクソン、カント、スピノザ、ヘーゲル、マールブランシュ、ライプニッツなどの考え方が詳しく検討され、最後に短かく「構造と意味。知覚的意識の問題」が論じられて終る。

それぞれの議論を辿ってはいられないので、木田の総括的記述を引用することにしたい。

構造の哲学がいっさいの因果的思考に逆らって到達した「超越論的態度」は、批判主義的発想の哲学のそれとは「同音異義の関係」にある。そして、その同音異義の関係を、メルロ＝ポンティは次のように敷衍してみせる。つまり、批判主義がその意識を一挙に意味の領域に住まわせ、意識をはじめから知的意識とみなすのに対して、「われわれの出発点となった〈ゲシュタルト〉というもののなかで深い意味をもっているのは〈意味〉という観念よりはむしろ〈構造〉という観念である。つまり理念と存在との見わけがたい合体、素材がわれわれの面前で意味をもちはじめるような〈素材の偶然的な配列〉、生まれ出ようとしている〈可知性〉なのである」が、それにとってゲシュタルトが存在する意識とは、知的意識ではなく知覚意識なのである。

したがって、メルロ＝ポンティにとって、外的観察者の立場を去って意識を内がわから記述するということ、超越論的立場へ移行するということは、けっして「無制約的な反省」の立場に立つということではない。「それに問いかけ、そのうちに決定的解決を求めるべきもの」は、まさしく有機体への内属を体験し、ゲシュタルトに当面している「知覚意識」なのである。

そして最後にメルロ＝ポンティは、「もし〈知覚〉を、われわれに現実存在を認識させる作用という意味に解するとすれば、今触れた問題は、すべて知覚の問題に帰着する。その知覚の問題というのは、〈構造〉や〈意味〉という概念の持つ二重性にあるのである」と書いて、『知覚の現象学』への橋がかりとしたのであった。

『知覚の現象学』

まず、みすず書房から刊行された邦訳書について見る。大部の原書は邦訳書ではⅠ・Ⅱと二冊に分けて出版された。Ⅰは一九六七年に竹内芳郎と小木貞孝《こぎさだたか》の共訳で、Ⅱは竹内、木田元、宮本忠雄共訳で一九七四年に。Ⅰの刊行後七年かかってⅡが刊行されたわけだが、竹内以外の訳者は代っている。「訳者序」によれば、Ⅰの全訳をした竹内はⅡでは第三部第Ⅰ章のみを分担し、他の前半部分を宮本が、後半部分を木田が担当した。しかも木田が訳文全てを原文に当って検討加筆し、竹内が最終的に訳語の統一を行った。いかに困難な翻訳作業であったかがよく分り、担当者のご苦労が偲ばれる。

このような多大の困難と格闘してでも、どうしても訳出したくなる本が『知覚の現象学』である。とりわけその「序文」はメルロ＝ポンティ現象学の宣言とでも称したくなる文章なので、いくつか引用してみよう。

現象学とは本質（essences）の研究であって、一切の問題は、現象学によれば、けっきょくは本質を定義することに帰着する。（中略）ところが現象学とは、また同時に、本質を存在（existence）へとつれ戻す哲学でもあり、人間と世界とはその〈事実性〉（facticité）から出発するのでなければ了解できないものだ、と考える哲学でもある。（中略）それは〔一方では〕一つの〈厳密学〉としての哲学たろうとする野心でもあるが、しかしまた〔他方では〕、〈生きられた〉空間や時間や世界についての一つの報告書でもある。

現象学は世界の開示として、自己自身に根拠を置いており、言い換えると、自己自身を基礎づけている。（中略）したがって哲学は、自分があらゆる知識にさし向ける問いを、自分自身にもさし向けねばならぬであろうし、したがって哲学は、自分を無限に二重化してゆくことだろう。（中略）こうした現象学の未完結性と、いつも事をはじめからやり直してゆくその歩みとは、一つの挫折の徴候ではなくて、むしろ不可避的なものなのであって、それというのも、現象学は世界の神秘と理性の神秘とを開示することを任務としているからである。（『知覚の現象学 I』竹内芳郎・小木貞孝訳より）

この他に、メルロ＝ポンティはこの序文で「純粋記述」「現象学的還元」や「指向性」などのフッサールの主要概念について、あっと言わせるような明晰で魅力的な分析をしている。そういう次第で、木田は「……一九三八年の『行動の構造』脱稿後に、メルロ＝ポンティがこの点である種の回心を経験したことは確かである。そして、これが――ベルクソン的な発想からの離脱ということをもふくめて――フッサールの現象学の受取り方をめぐってのものであったことも疑いをいれない」と書いたのであった。

とすれば、この「回心」の内実とはどのようなものであったのか。まず『行動の構造』と『知覚の現象学』の文献表を見ることで、メルロ＝ポンティの主要な関心のあり方の違いを見ることにしよう。

前者では既に見たように、現象学やフッサールについて言及されることはあまりなかった。文献表でもフッサールでは『イデーン』第一巻、「内的時間意識の現象学講義」、「形式的論理学と超越論的論理学」そして『デカルト的省察』だけである。また現象学関係ではフィンクの「現前化作用と像」（一九三〇年）のみで、ハイデガーの名前すら出てこない。

ところが後者の文献表では、フッサールの右にあげた著作・論文の他に、彼の八つの著作と論文が列挙されているのだ。『論理学研究』、「『イデーン』へのあとがき」、『ヨーロッパ諸学の危機と超越論的現象学』（以後『危機』と略記）第一部、『経験と判断』、「志向史的問題としての幾何学の起源についての問い」（遺稿）、『イデーン』第二巻（遺稿）、「コペルニクス説の転覆、原方舟《ウア・アルケー》としての大地は動かない」（遺稿）、『危機』第二、三部（遺稿）である。またハイデガーの『存在と時間』、『カントと形而上学の問題』やフィンク、ギュルヴィッチ、シェーラー（五本）の論文があげられている。

つまり一言で表わすなら、メルロ＝ポンティの『行動の構造』と『知覚の現象学』におけるフッサールと現象学に対する見方は、明らかに違っているということだ。木田はそれを「彼〔メルロ＝ポンティ〕は、『イデーン』第一巻の時期のフッサールの思想と後期のそれとを截然と区別し、前の超越論的観念論の立場を切り捨ててしまう」と表現する。しかもそのメルロ＝ポンティのフッサール読解は「選択的と言われても仕方のないところがある」と言うのだ。

例えば「現象学的環元」について、メルロ＝ポンティは「フッサールがたとえば『危機』においてなしたように、」それを「科学的に構成された「客観的世界」から「生活世界」ないし「自然的な世界経験」への還帰として捉えようとする」。しかしフッサールは客観的世界から生活世界への還帰を還元とは呼ばずに「超越論的判断中止《エポケー》」と呼び、この判断中止こそ真の環元を可能にするものだと言う。つまり「還元は二段階の作業であり、まず客観的世界からは生活世界へ、次いで生活世界から超越論的主観性への還元がなされねばならないことになる」。

とすればメルロ＝ポンティはフッサールの思想を歪曲したと言われても仕方がないかも知れない。しかし木田は、メルロ＝ポンティは後期のフッサールの考え方を『知覚の現象学』の段階でかなり知っていたのではないかと推測する。例えば『イデーン』第一巻では、「現象学的（ないしは超越論的）還元」とは、自然的態度（「世界を無批判的に在りと断定してかかるわれわれの態度」）から超越論的態度への移行を意味していた。つまり自然的態度は超越論的態度と対立的なものと考えられていた。

しかし『イデーン』第二巻においては、超越論的態度は「自然主義的」（naturalないしnaturalistisch）でないというだけで、「自然的」（natürlich）ではあると言う。つまり現象学的還元は、自然を客体化する自然主義的態度に向けられるべきで、自然的態度に対してではないと言うのだ。それを木田は次のようにまとめる。「自然的態度は、超越論的態度をもふくめて、あらゆる技巧的（künstlich）な理論的態度が、そこではじめて可能になるような根源的場面なのであり、他の態度と並ぶような一つの態度ではない。そして、現象学的還元が目指していたのも、実はこの自然的態度、つまり自然的な世界経験の開示だったのである」。

フッサールはこのことを「エピステーメーの領域からドクサの領域への還帰」と呼んだ。あらゆる認識、理論はこの「根源的ドクサ（Urdoxa）」によって支えられている。とすれば「認識を根源的なドクサの上に基礎づける」ことこそが必要となるのだ。

ところで、メルロ＝ポンティはどうしてフッサール後期思想についてこれだけ大胆な見方をすることができたのだろう。木田は、一九三八年の『ルヴュ・アンテルナシオナール・ドゥ・フィロゾフィ』のフッサール追悼号に掲載されたラントグレーベの論文「フッサールの現象学とその改造の動機」にその秘密を解く鍵があると言う。この論文は、第一章　フッサールとブレンターノにおける志向性、

第二章 フッサールの現象学と現象学派、第三章 ハイデガー『存在と時間』と現象学的方法の限界の問題、からなる。メルロ＝ポンティがこの論文に大いに触発され、ハイデガーにも関心を抱いたであろうことが推測される。とすれば、これはメルロ＝ポンティがルーヴァンにファン・ブレダ神父を訪ねた頃以来ずっと持ち続けた関心であったと言える。

現象野

ここで『知覚の現象学』の構成を見ておこう。序論「古典的偏見と現象への還帰」、第一部「身体」、第二部「知覚された世界」、第三部「対自存在と世界内存在」である。邦訳では、序論、第一部が第Ⅰ巻として、第二部、第三部が第Ⅱ巻として刊行された。

それでは序論から見ていくことにする。ここではまず「感覚」「連合」「投射」「注意」「判断」といった心理学的諸概念が検討される。そこで明らかにされるのは、これらの諸概念に基礎を置く経験主義的で主知主義的な古典的心理学の姿である。そしてメルロ＝ポンティは、それがゲシュタルト心理学によって乗り越えられていく過程を分析する。それは正に『行動の構造』において、「刺戟」「興奮」「反射」といった諸概念に基づく古典的生理学が、ゲシュタルト説によって克服されていく過程を明らかにしたことと対応している。

つまりメルロ＝ポンティは、知覚の研究をまず心理学者の記述に即して始めるのである。なぜなら彼は、「哲学的反省の本領は、あくまで経験科学の記述に同行しつつ、その記述のもつ真の意味が開示されうるような視点を準備する、というところにある」と考えるからだ。その結果、彼は「現象野」という概念を創出した。それは、「客体化的認識に先立って知覚経験によって生きられているがままの場面、「生きられる世界」、後期フッサールが「生活世界」とよんでいたものにほかならない」。

という次第で木田は次のように言うのだ。「こうして、現象への還帰とは、内観による意識の内面的世界の開示でもなければ、ベルクソン的直観のような対象との神秘的な合一を目指すことでもなく、ひたすら〈物〉の構成に向かう知覚の自然な運動や、その増幅である科学的認識の運動に逆らって、物の発祥地である現象を顕在化すること、「科学の諸作業にその十全な意味を与え、科学の諸作業がいつも立ちかえってゆく意識の前科学的生活を公開すること」にほかならない」。

「世界内存在」としての身体——幻影肢と精神盲

次に『知覚の現象学』のうちもっとも充実している第一部の「身体」論を検討しよう。木田はあらかじめ次のように言う。「この身体論は、『行動の構造』にふれた際に言及したあの「構造の哲学」に即して言ってみるならば、「シンボル的形態」とよばれた行動の位層において人間的身体がいわば生物学的「環境」を足場に「世界」の「構成（constitution）」——もっと正確には「制度化（institution）」——に向かう運動、つまりは「世界内存在」（être au monde）の運動を記述しようとするものである」。

メルロ＝ポンティはこの身体論を展開するに当って、まず「幻影肢」を手がかりとする。幻影肢とは、戦争や事故によって手足の切断手術を受けた人が、切断されて実際には存在しない手や足に痛みやかゆみを感じる現象を指す。この現象について、生理学や心理学などによってさまざまな仮説が提示されてきた。「抹梢説」や「中枢説」などである。これらは神経経路や大脳中枢などの損傷に関わる仮説であるが、実際の幻影肢は情動、記憶あるいは意志などとも関係があり、そうなると生理的条件と心理的条件の両者に関わる「混合理論」が考えられるようになった。

メルロ＝ポンティはこの特異な現象を手がかりに、「自己の身体についての「表象」であるいわゆる「身体意識」と、彼の言う「身体に拡散している意識」との違いを明らかにし、身体におけるいわゆる「生理的なもの」と「心理的なもの」との関係を問おうと」したのであった。換言すれば両者の「デカルト的二分法を乗り越え、それらが、接合しうる地盤を求めよう」としたのだ。そのために彼は、われわれの身体が「習慣的身体（le corps habituel）」と「現勢的身体（le corps actuel）」という二つの層をそなえていると考えた。つまり「幻影肢とは、現勢的身体の層ではすでに失われた手の所作が、習慣的身体の層ではまだ姿を見せているということ」だ。

とすれば次の問題が生じてくる。「もはや私にはその対象を自由に扱うことができなくなっているのに、どうして私はその対象を自由にしうるものとして知覚しうるのか」。この難問に対してメルロ＝ポンティは次のように考えた。木田の言葉を借りるなら、「幻影肢の現象は人称的な現勢的身体の層によっていわば抑圧されている非人称的な習慣的身体の層が、顔をのぞかせ、一時的に現勢的身体につきまとうということであろう」。こうして、メルロ＝ポンティは精神分析の「抑圧」という概念と結びつけようと試みたのであった。

ここから彼は、「生理的なもの」（第三人称的な延長体の秩序に属す）と「心理的なもの」（第一人称的な思惟体の秩序に属す）が接合する場面として「世界内存在の運動」（つまり、生物学的環境の中での実存の運動）を考えることになる。

続いて「精神盲（Seelenblindheit）」について検討する。

第一次世界大戦中に、大脳の後頭葉に傷を負った当時二四歳のシュナイダーという兵士がいた。彼は外傷が癒えた後にも多様な障害を示し、長期にわたる専門家の観察を受けた。とりわけ顕著なのは視覚障害だった。視野の狭窄、視力の動揺、赤緑色覚異常などの症状が見られた。更に視覚だけでは文字や図形の理解が難しくなり、指や頭などで形態の輪郭を辿らなければならなかった。また自発的に絵や文字を書くことはできるのに、手本を与えられてそれを模写するのは困難だった。これらは通常、「精神盲」として分類された。

メルロ＝ポンティはこの「精神盲」を手がかりに、彼の「世界内存在」の運動を考えようとした。シュナイダーの観察が進むにつれて、視覚機能以外にも触覚与件の空間的定位、触覚的な再認能力、運動機能にも障害が及んでいることが明らかになった。しかも、そこにはある「構造的な性格」が認められたのだ。つまり、彼は例えばコップの水を呑む「具体的運動」はできるのに、コップなしとか空のコップで水を呑む真似をする「抽象的運動」はできなかった。また彼は自分の鼻を摑むことはできるが、指すことはできない。つまり「把握作用」と「指示作用」との分離が認められた。

ゲルプとゴールトシュタインはこのようなシュナイダーの障害に対して、初めのうちは視覚障害と結びつけて考えていた。つまり、「抽象的運動と指示作用、あるいはそれに必要な「投射」機能は視覚的表象力に依存し、具体的運動と把握作用は運動感覚ないし触覚に依存する」というわけだ。しかし、正常者の場合、視覚経験と触覚経験はたんに並存しているのではなく、一つの相互感覚的組織のなかで不可分のものとして統合されている。つまり一つの総体的な経験としてあるのだ。

とするなら障害は、この総体的経験の解体、経験全体の変質だと考えられる。メルロ＝ポンティは「精神盲と触覚の不完全さと運動障害とは、病的行動の三つの構成分ではなくて、より根本的な一つの障害の三つの表現なのであり、この障害によってはじめてそれら三者も了解される」と書いた。だから、特定の事実を原因とし他をその結果とみなすような経験主義的な考え方や因果的思考、一般に帰納的思考は、われわれの採る立場ではないということだ。

ゲルプとゴールトシュタインも、こうした初期の考えを捨て、「カテゴリー的態度」という新しい概念を用いるようになる。例えば、患者に対して傘を見せて「これは何ですか」とたずねても「それは傘です」と答えられずに、「家には傘が三本あります」とか「雨のためにもなければなりません」などと言う場合、指示された対象を個別的対象としてではなく、それが属するカテゴリーの代表者として捉える態度が必要で、つまりそれは客観化を可能とさせる態度のことである。

こうした考え方はカッシーラーの『象徴形式の哲学』などでも採り入れられ、主知主義的な方向に展開されて行く。しかしメルロ＝ポンティはこのような主知主義的立場にも反対する。「主知主義的分析は、……間違っているというよりはむしろ抽象的なのだ」。抽象的運動や指示作用の基礎に〈シンボル機能〉や〈表象機能〉を認めること自体は正しいとしても、それを「分析の究極の項」とみなし、それが立脚している土台を無視することは認められない。メルロ＝ポンティが考える課題とは、「言語的・知覚的・運動的諸内容と、それらの受けとる形式、またはそれらを生気づけるシンボル機能とのあいだに、形式を内容に還元することでも逆に内容を自立した形式のもとに包摂することでもないような一つの関係を構想する」ことだ。

シュナイダーに見られる障害は、既定の意味を操作する概念的思考作用のそれではなく、むしろ感性と意味とが接合する「知性の実存的土台」に関わる障害である。つまり、主知主義者たちが言う〈表象機能〉や〈シンボル機能〉といった抽象的な単一体が問題なのではなく、それらの実存的基盤であるより根本的な機能こそが重要なのだ、とメルロ＝ポンティは考えた。だから彼は次のように言うのだ。「意識の生活（認識生活、欲望の生活、あるいは知覚生活）には、一つの〈志向弓（arc intentionnel）〉が張り渡されていて、これがわれわれのまわりに、われわれの過去や未来や人間的環境、物的状況、観念的状況、精神的状況を投射し、あるいはむしろ、われわれをこれらすべての関係のもとに状況づけているのである。この志向弓こそが諸感覚の統一を、諸感覚と知性との統一を、また感受性と運動性との統一をつくるのであるが、これこそが疾病のばあいに〈弛緩〉するのである」。

彼はこうした経験主義と主知主義、因果的説明と反省的分析という二者択一をこえる彼自身の考えを「実存的分析」と呼んだ。その場合意識は、「心的諸事実の総和」（経験主義）でもなければ「表象機能」（主知主義）でもなく、「一つの投射活動であって、諸対象を自分自身の行為の痕跡として自分のまわりに沈殿させるが、また逆にそれらの諸対象を支えとして他の自発的諸行為へと移行してゆくもの」なのである。それによってはじめて「さまざまな〈内容〉のすべての欠損が経験の総体に反響してその解体の緒口をつけること、一切の病的屈曲が意識全体にかかわること、けれども一方、疾病はそのつど意識をある〈側面〉から冒すもので、それぞれの場合で或る徴候が疾病の臨床像において優位を占めるものとなること、最後に、意識は傷つきうるもので、それ自体のうちに疾病を受ける可能性をもっていること――こうしたことが同時に理解されうることになる」のだ。シュナイダーの例は正にその典型であった。

とすれば、メルロ＝ポンティにとっては、身体の運動性こそが根源的な志向性であり、意識はこの身体を介して物へと向かう存在だということになる。それ故彼は、意識とは「われ思う（je pense）」ではなく、フッサールが『イデーン』の第二巻以降言っていたように「われなし能う（je peux : Ich kann）」だと言うのだ。そしてこれこそが「実存の運動」であり、「世界内存在の運動」なのである。木田は次のようにまとめた。「してみれば、身体の運動性そのものに、初次的な「意味付与（Sinngebung）」の能力が認められることになる。つまり、身体がある運動習慣を獲得するとき、言いかえれば、身体がその運動を「了解し」それをおのれの世界に統合するとき、一つの意味が把握される――ただし、運動的意味が運動的に把握される――のである。世界を織りなしている基本的骨組は、こうして身体がおのれ自身のうちにそのモンタージュを有している身体的な意味なのである」。

最後に、メルロ＝ポンティとフロイト主義の関係について検討する。

『知覚の現象学』第一部の身体論では、第V章「性的存在としての身体」をフロイトと精神分析の評価に当てている。木田によればメルロ＝ポンティは、『行動の構造』以来遺稿の『見えるものと見えないもの』に至るまで、くり返しフロイト主義について言及している。つまり、『行動の構造』『知覚の現象学』『シーニュ』所収の講演「人間と逆行性」（一九五二年）、そして一九六〇年のA・エスナール著『フロイトの業績と現代世界におけるその重要性』のための「序文」などが主要なものである。その他に一九五一—五二年度ソルボンヌ講義「幼児の対人関係」やコレージュ・ドゥ・フランスの日曜講義（一九五四—五五年度）の「受動性の問題——眠り、無意識、記憶」がある。

『行動の構造』では、フロイト主義に見られる因果的説明に異議を唱え、メルロ＝ポンティは自らの「構造の用語」を用いて、「生命的弁証法」と「本来の人間的弁証法」の関係を解き明した。木田は言う。「コンプレクスの形成とか抑圧、退行、抵抗、転換、代償、昇華といったフロイトの記述した心的諸機制が、なんとしても性的下部構造や社会的規制作用を原因とみなす因果的説明によらねば説明しえないものなのかどうか、むしろそれは、行動の発達を「行動の漸進的で非連続的な構造化」と見る視角から、つまり「構造の用語」によっていっそう適切に解明されるのではないか、と彼は問うのである」。

『知覚の現象学』でも、フロイト主義の成果をその初期に見られた機械論的なエネルギー論に準拠する生理的条件による説明に求めることなく、性について「世界の構成に向かう人間的実存の運動のうちに組みこまれながら、その回路のなかでやはりある特殊化された役割を果している一支脈としてとらえ」ることで、右の「生命的弁証法」と「本来の人間的弁証法」の関係に光を当てた。

フロイトの言う「リビドー」についても、それは主体が「さまざまな環境に固着し、さまざまな経験によっておのれを固定し、行為の諸構造を獲得してゆく一般的能力」と考え、それ故人間はリビドーによって「おのれの歴史を持つことができるのだ」とメルロ＝ポンティは言う。こうした自らの立場を彼は「実存的精神分析」と呼んだ。

しかし彼は、最後期のエスナールの本への「序文」では、フロイト主義に対する見方を修正し、したがって精神分析と現象学の関係についても違った見方を展開することになる。つまり、現象学の介入によって、かつてフロイト主義が持っていた客観主義的イデオロギーによる歪曲の危険性は少なくなった。が逆にその「観念論的逸脱」が問題だと言うのだ。かつてフロイト主義が明らかにした、われわれの内なる「野蛮なもの」は、精神分析が教科書で学ばれる今日、すっかり飼いならされてしまい衝撃力を失ってしまった。とすれば、「いったいそこに何が残るというのだろうか」とメルロ＝ポンティは考える。

木田は、メルロ＝ポンティのフロイト主義ないし精神分析評価のこうした修正ないし転回は、「明らかに「根源的自然」の存在論とでも言うべきものへ傾斜してゆきつつあったこの時期の彼の思索の展開ないし転回に平行するものである」と言う。この点については次節で明らかにしたい。

第四節 『メルロ＝ポンティの思想』(2)——戦後の活躍と後期の思想

『現代《レ・タン・モデルヌ》』の創刊と編集

一九四四年九月、パリが解放された。サルトルとメルロ＝ポンティは雑誌『現代』の創刊を企画し、翌四五年の一〇月に第一号を出した。当初の編集委員は二人の他に、レーモン・アロン、ミシェル・

レリス、アルベール・オリヴィエ、ジャン・ポーラン、シモーヌ・ドゥ・ボーヴォワールであった。しかし創刊後わずか半年後には、イデオロギーや考え方の違いから分裂し始め、四六年六月号からは編集委員の名前が消え、編集長にはサルトルが就いた。残ったメンバーはサルトル、メルロ＝ポンティ、ボーヴォワールの三人だけ。

メルロ＝ポンティはこの雑誌を舞台に旺盛な執筆活動を展開し、そこから『ヒューマニズムとテロル』（一九四七年）と『意味と無意味』（一九四八年）の二冊が生まれた。彼は多くの政治的評論を書いたが、それをT《タン》・M《モデルヌ》という署名で発表した。サルトルは後年、メルロ＝ポンティへの追悼文「生けるメルロ＝ポンティ」の中で書いている。「彼は私の道案内人だった。私を踏み切らせたのは『ヒューマニズムとテロル』であった。きわめて密度の高いこの小冊子が私に方法と対象とを明かしてくれたのだ。それは私に事なかれ主義を脱するに必要な刺戟を与えてくれた」。

「共産主義の問題についての試論」という副題をもつ『ヒューマニズムとテロル』は、アーサー・ケストラーの小説『真昼の暗黒』（一九四一年。一九三八年のモスクワ裁判をテーマにしている）とケストラーの評論『ヨーギと人民委員』（一九四五年）への批判をまとめた本である。『意味と無意味』も『現代』に発表した論稿を、作品・思想・政治の三部に分けて編成した書物だ。二冊とも大きな反響を呼んだが、とりわけ『ヒューマニズムとテロル』は左右両翼からの激しい論評にさらされた。

このような雑誌編集と論稿執筆に没頭していたメルロ＝ポンティであったが、一方一九四五年秋からリヨン大学講師となり、四八年には同教授となっている。また四七―四九年には高等師範学校でも講義した。一九四九年にはパリ大学文学部（ソルボンヌ）の児童心理学および教育学の講座の主任教授に就任し、五二年まで在任する。

一九五〇年夏、朝鮮で戦争が勃発した。メルロ＝ポンティは北朝鮮が先に国境を越えたという報道に接して、ある種の「回心」(サルトルの表現)を経験したようで、以後「非政治主義《アポリティスム》」に転向した。それとほぼ同時期にサルトルは、メルロ＝ポンティとは正反対の回心を経験したらしく、『現代』に「共産主義者と平和」を発表しはじめた。つまり、二人は別方向に歩みを進め出したのである。

一九五二年に二人の決裂は決定的になった。あるマルクス主義者の論稿を『現代』にのせるか否かで意見は分れ、メルロ＝ポンティはこの雑誌から身を引くことを宣言した。以降二人の仲は回復することがなかった。

この間一九五二年二月に、メルロ＝ポンティはコレージュ・ドゥ・フランスの教授に選任された。フランス知識界最高といわれる地位への四四歳という異例の若さでの就任だった。就任講演「哲学をたたえて」は五三年一月に行われている。

この年メルロ＝ポンティは最愛の母を失った。以後彼は、講義に出かける以外は書斎ですごす「世捨人」になってしまったと言われた。

『弁証法の冒険』と『シーニュ』

メルロ＝ポンティのコレージュ・ドゥ・フランスの講義のテーマを見ると、一九五二―五四年頃からその関心が大きく変ってきた様子が分る。

一九五二―五三年度　「感覚的世界と表現の世界」

〃　「言語の文学的使用の研究」

一九五三―五四年度　「言語行為《パロール》の問題」

〃　「歴史理論のための資料」
一九五四—五五年度　「個人および公共の歴史における〈制度化〉」
〃　「受動性の問題——眠り、無意識、記憶」
一九五五—五六年度　「弁証法的哲学」
〃　「弁証法に関するテキストと注解」

つまり、メルロ＝ポンティの関心が、歴史とか弁証法の問題に向けられるようになってきた、ということだ。この頃、彼はマルクス、レーニン、トロツキーまたマックス・ウェーバーやルカーチを熟読し、膨大なノートを作っていたという証言がある。そうした関心を全篇書き下しのかたちでまとめ、一九五五年に出版したのが『弁証法の冒険』だった。

この本の構成は以下のとおりである。序、Ⅰ 悟性の危機、Ⅱ「西欧」マルクス主義、Ⅲ『プラウダ』、Ⅳ 行動としての弁証法、Ⅴ サルトルとウルトラ・ボルシェヴィズム、終章。

まず「序」では、「理性の政治」と「悟性の政治」という政治理念の対立が論じられる。前者は古典的マルクス主義者が抱くようなある歴史哲学に基づく理想的政治理念であり、後者はそのような独断的な歴史哲学に依拠することなく現実的に問題を処理していく自由主義的政治理念である。これらに対してメルロ＝ポンティは、いずれもどちらか一つ選ぶだけでは不十分で、両者の調停の上に真のマルクス主義的政治理念は確立されると説く。

第Ⅰ章「悟性の危機」では、マックス・ウェーバーの歴史認識理論が検討される。そこでは既に認識主観と客観としての歴史の悟性的関係は崩壊していて、自由主義的政治理念が有効ではなくなっている。第Ⅱ章「「西欧」マルクス主義」では、そのようなウェーバーの歴史哲学の継承の上につくられた西欧マルクス主義、つまりルカーチの『歴史と階級意識』が検討される。すなわち、独断的歴史哲学からは解放されていながら、なおかつ全体化の課題に取り組む西欧マルクス主義こそ革命的弁証法を体現するものであり、そこでは理性の政治と悟性の政治の調停が可能になる、と言うのだ。

第Ⅲ章「『プラウダ』」では、この西欧マルクス主義が、いわゆるレーニン主義者たちによって扼殺された過程を明らかにする。彼らはレーニンの『唯物論と経験批判論』の粗雑な唯物論に依拠していたが、それは弁証法を放棄して形而上学的唯物論に逆戻りするものだった。第Ⅳ章「行動としての弁証法」では、トロツキーに即してこのような弁証法と唯物論との曖昧な関係がどのように政治行動のなかに現れてくるかを明らかにした。

第Ⅴ章「サルトルとウルトラ・ボルシェヴィズム」では、サルトルの「共産主義者と平和」（一九五二年六月―五四年四月）を徹底的に批判した。つまり、極端な客観主義に陥り弁証法を失いウルトラ・ボルシェヴィズムに堕したスターリン主義と同様に、サルトルもその極端な主観主義によって弁証法を見失ってウルトラ・ボルシェヴィズムに陥っていると断定したのだった。木田は言う。「これは、サルトルに対する事実上の絶縁状であった」と。

「終章」では結局、マルクス主義の幻想と曖昧さ――運動として真である革命が政体としても真であると主張する――を指摘し、自らは資本主義体制とソヴィエト体制のいずれにも批判的距離を置く、非共産主義的左翼の立場を提唱したのだった。

スチュアート・ヒューズの言うように、これは何とも「精彩を欠いた結論」（『ふさがれた道』）かも知れない。しかし今から考えれば、本書刊行直後に行われたソ連第二〇回党大会におけるスターリン批判、そして翌五六年のハンガリーの反ソ暴動を予見している卓見であったとも言えるだろう。

次に『シーニュ』について検討する。

メルロ＝ポンティは『現代』を離れて以後も、雑誌『レクスプレス』を舞台に旺盛な執筆活動を続けた。これら一九五〇年代に書かれた諸論稿をまとめて死の前年の一九六〇年に出版したのが『シーニュ』である。

全体の構成は以下のとおり。序、Ⅰ 間接的言語と沈黙の声、Ⅱ 言語の現象学について、Ⅲ 哲学者と社会学、Ⅳ モースからクロード・レヴィ＝ストロースへ、Ⅴ どこにもありどこにもない、Ⅵ 哲学者とその影、Ⅶ 生成するベルグソン像、Ⅷ アインシュタインと理性の危機、Ⅸ モンテーニュを読む、Ⅹ マキアヴェリ覚え書、Ⅺ 人間と逆行性、Ⅻ 発言。

「序」は異常に長い。邦訳版では五〇頁以上もある。この「序」の最初の文章は、『シーニュ』に集められた哲学的エセーと政治にかんする時々の発言とは、一見何とちぐはぐな感じを与えるものか、というものだ。つまり、前著『弁証法の冒険』との関係を言っているわけである。その両者を結《つな》ぐ何かをメルロ＝ポンティは探ろうとしている。そのためにサルトルとニザンとの関係が回顧されたりする。

メルロ＝ポンティが言うように「人人がすでに考えつくしたと思い、それも十分に考えつくしたと思っていたすべてのもの――自由と権力、権力に対抗する市民、市民の英雄精神《ヒロイズム》、自由主義的《リベラル》ヒューマニズム、形式的民主主義とこれを廃棄し現実化する実質的民主主義、革命的英雄精神《ヒロイズム》と革命的ヒューマニズム――これらがすべて崩壊しつつある」現在、答えが簡単に見つかるはずがない。

最後に彼は言う。「解決の道はといえば、反抗ではなく、いかなる諦めも知らない固有の〔内在の〕力（virtu）である。救いを信じたもの、またあらゆる領域における救いの唯一の手段を信じたものにとっては失望となる」。「世界は、そのあらゆる部分において、かつてそうであった以上におのれ自身に現存している。世界資本主義と世界共産主義のなかで、またお互いの間に、二十年前にくらべはるかに多くの真理が伝えられている。歴史は決して自白せず、幻滅さえも白状しない、だが幻滅を繰り返すことはしないのである」。

『シーニュ』に収録された個々の論稿については、以下の言語論、社会理論、そして後期思想との関連で検討される。

メルロ＝ポンティの言語論

このテーマについては通常三期に分けて考えられる。

初期　『知覚の現象学』の第一部第Ⅵ章「表現としての身体とパロール」に見られる言語論。

中期　一九四〇年代後半から五〇年代前半にかけての諸論稿に見られる言語論。『意味と無意味』所収の「人間のうちなる形而上学的なるもの」（一九四七年）、『シーニュ』所収の「言語の現象学について」（一九五二年）、同じく『シーニュ』所収の「間接的言語と沈黙の声」（一九五二年）、『シーニュ』の「序文」（一九六〇年）。また講義では「意識と言語の習得」（ソルボンヌ、一九五〇―五一年度）、「人間諸科学と現象学」（同、五一―五二年度）、「哲学をたたえて」（コレージュ・ドゥ・フランス就任講義、一九五三年）。その他講義要録として、コレージュ・ドゥ・フランスの五二―五三年度の二つと、五五―五四年度の一つ。更に一九五一―五二年に執筆されたとされる未完の草稿『世界の散文』がある。

後期　遺稿『見えるものと見えないもの』（とりわけ、そこに収録された「研究ノート」）。

このように三期に分けて考えることについては、大方の研究者も同意している。ただ各時期の特徴づけに関しては意見が分れるようだ。例えばティリエットでは、次のように三期の性格を要約する（木田・篠訳『メルロ＝ポンティ』、ただし訳文は少し修正されている）。

一、言語行為《パロール》に還元された言語《ランガージュ》と表現や所作に還元された言語行為《パロール》、意味《サンス》と意味されるもの《シニフィエ》との同一性（『知覚の現象学』）

二、言語行為《パロール》の密度を薄める、ソシュールの影響および共時性と弁別的なものとの重要性、言説《ランガージュ》の遍在性、言語的制度、諸言語体系《ラング》（『シーニュ』所収の諸論文）

三、沈黙というテーマの掘り下げ、さまざまな言語《ランガージュ》のもつ構造の多様性、より広い類《ジャンル》のようなものとしての言語《ランガージュ》、重層的決定あるいは根源的象徴体系《サンボリスム》、存在の証人としての言語《ランガージュ》、言語行為《パロール》―沈黙の基本的転換性（『見えるものと見えないもの』）

ティリエットは、右の三期はそれぞれ「ゴールトシュタイン、ソシュール、フロイトの名によって支配されている」と言う。これについて木田は、ソシュールに関しては問題ないが、それ以外の二人については検討の余地があるとしている。

もう一人、ジェームズ・M・エディの『ことばと意味』（滝浦訳、岩波書店、一九八〇年。原書は七六年刊）を見てみよう。ちなみに、この本も岩波現代選書の一冊で、私が編集した。

エディは一九五〇―五一年度のソルボンヌ講義「意識と言語の習得」以降の中期を、メルロ＝ポンティの言語論の「転回点」と見なす。それ以降彼はソシュール学徒になったと言うのだ。木田は三つの時期についてのエディの見方を次のように要約している。「『知覚の現象学』においては、言語《ランガージュ》が言語行為《パロール》に還元され、その言語行為《パロール》は生活世界の分節を構成してゆくいっそう基本的でいっそう広範な前言語的および非言語的な行動の枠組のうちに組みこまれ、その特殊な一様相とみなされているのに対して、「転回点」となった中期には、ソシュールの記号概念の影響下に、示差的体系としての言語体系《ラング》へも注意が向けられ、逆にその沈黙せる、つまり「見えない」構造である言語体系《ラング》とのアナロジーで身体が捉えられるようになり、後期の『見えるものと見えないもの』においては、言語が知覚意識を理解するための「本質的パラダイム」とみなされるにいたる」。

このように、メルロ＝ポンティの言語論を三期に分ける見方は、殆んどの研究者が認めるところだが、細部に関わる議論ではさまざまな考え方があるようだ。木田は初期の言語論について、その特質は経験主義と主知主義の双方を乗り越えて、「神経機構の自動運動や内的思惟に対する言語活動の自律性を確立しようとするところにある」とし、メルロ＝ポンティはその主張を「言葉《モ》は意味を持つ」という命題に要約したと言う。またソシュールのよく知られた「恣意性」の問題に関わって、友人の丸山圭三郎の議論（後に『ソシュールの思想』一九八一年としてまとめられた。この本を木田と生松の示唆で私が企画化したことは既に述べた）を援用しながら議論しているが、ここでは省略する。ただ、そうした議論を通して木田が、メルロ＝ポンティはこの初期の段階において、「ソシュールにきわめて近い発想で言語の問題を考えていたというのも事実であり、やがて彼がソシュール言語学に接して、そこにおのれの思想の裏づけを見出したと信じても、不思議ではない」と述べているのは興味深い。

またティリエットの言う〝ゴールトシュタインの支配〟に関しては、「メルロ＝ポンティはゴールトシュタインの一種の平行論をたくみに〔自分の〕階層理論に組みかえているのであって、それをそのまま受けつぐわけではない」としている。

中期の言語論については、ソシュールの強い影響下にあることが一般に認められている。ソシュールに対するメルロ＝ポンティの関心がいつから始ったか、木田は詳しく論じているが、結論的には「彼がソシュール言語学と積極的に取り組むのは、翌一九四八—四九年度の高等師範学校での「ソシュール」を主題とした講義、そしてさらにソルボンヌ赴任後の一九四九—五〇年度の講義「意識と言語の習得」においてであろう」と言う。

前者については何も残っていないので、内容については知ることができない。後者の講義は、㈠言語の習得についての発達心理学的研究、㈡言語幻覚や失語症など言語の解体現象についての病理学的研究、㈢言語学、（さらに、実際には講義はされなかったが、予定としては㈣文学によって代表されるような個人的言語の習得の経験）」という内容のものだった。

このような内容の講義の中で、メルロ＝ポンティがどのようにソシュールについて見ていたのか、木田は講義の最後の方にある彼の要約を次のように紹介している。

㈠「言語は本質的に弁別的であり、語はそれぞれに一つの意味を担うのではなく、たがいに他の語から距離をとり合うだけである。……言語体系《ラング》においてはいっさいがネガティヴであり、そこにあるのはポジティヴな項のない差異だけである。その差異がシニフィエのがわにおいては概念的差異となり、シニフィアンのがわにおいての音の差異になる」。

㈡「言語に関しては、その「意味」よりもむしろ「価値」を論ずべきである」。

㈢「言語体系《ラング》は社会制度に比べられる」。

㈣「ソシュールの思想にはある二重性が認められる。つまり（a）一方で生き生きとした「語られる言語（la parole parlée）への還帰が試みられる」。（b）「しかし、同時に、言語《ラング》は話者のもつ一機能ではない。おのれの言語共同体に所属している話者はその言語体系《ラング》の所有者ではない。話者とは、ひたすら理解されようとし、理解しようとする意志につきる」。

メルロ＝ポンティは更に「個人と社会との関係」について論じる。その項目だけをあげると、㈠記号と意味との関係、㈡話者と表現体系との関係、㈢理性と偶然との関係――(a)言語行為《パロール》と言語体系《ラング》の区別、(b)通時態と共時態の区別、である。

これらの一つ一つについて検討している余裕はないので、とりあえず木田の次の文章を紹介しておく。中期の言語論で注目に価するのは、「彼のいわゆる「言語行為《パロール》の言語学」の主張、言いかえれば彼がソシュールの言語学やフッサールの後期の言語論について強調する「語る主体への還帰」の思想と、やはり彼が「ソシュールから学んだ」と言う示差的記号の体系としての言語体系《ラング》の概念とがどのように結びつくかという問題であろう」。

木田はこの問題について、再び丸山説を援用しながら詳しく検討する。そうした過程を経て、木田は中期の言語論について、最後に次のように概括した。「……いわゆる中期の言語論は、ソシュール言語学の諸成果を批判的に摂取することによって精緻さの度合いを著しく増したとはいうものの、その基本的発想は『知覚の現象学』に見られた初期のそれからそれほど大きく変っているわけではない。当然、言語とそれによって表現される意味の関係についても、その考え方に決定的な変化があるわけではないのだが、ただ、この時期に表現の問題がその思索の中心的課題となってきているのに応じて、その関係がいっそう具体的に、また綿密に考えられるようになった、とは言えそうである」。

さて、最後に後期の言語論について。

この問題は後に見る「後期思想の検討」の中で全体的に考察される予定なので、ここでは問題の所在をあらかじめ示すことに止める。後期の言語論に関して当面問題になるのは、二つの遺稿『見えるものと見えないもの』と『世界の散文』である。

『見えるものと見えないもの』は、既に一九五〇年前後から予告されていて、五九年には着手された。

そのための「研究ノート」は、一九五九年一月からはじまり、死の直前の一九六一年三月にまで及ぶものだ。後期思想の核心とも言うべき〝自然の存在論〟が展開されるこのノートの中で、言語論に関わる問題と言えば、「言語と沈黙」、つまり「無言のコギトー」についてである。この問題は既に『知覚の現象学』第三部の「コギトー」の章でも採りあげられていた。メルロ＝ポンティはこの問題をソシュール、フッサールそしてハイデガーの思想を参照しながら考察した。また『世界の散文』の方では、「一方に純粋言語ともいうべき算式《アルゴリズム》を置き、他方に間接的言語としての絵画を置き、それらとの対比のなかで「言語の秘儀」を解き明かそうという壮大な言語論を構想していた」と木田は言う。

いずれも興味深いテーマであるが、後期思想についての議論をまつことにしたい。

メルロ＝ポンティの社会理論

木田は以下の四つの視点から、メルロ＝ポンティの社会理論を捉えようとする。⑴間主観性、⑵構造の概念、⑶マルクス主義、⑷歴史の読み方。

⑴間主観性の問題は、「現代哲学においてもまだ十分に解決されていないアポリア」である。例えばサルトルは『存在と無』第三部で、フッサールやハイデガーが他人の存在をどのように考えたかを検討し、それらがいずれも不成功に終っていることを明らかにした。しかし当のサルトルも、「主観を純粋な対自存在と見たため、……結局は主観相互のあいだにたがいに対象化し合う〈相剋〉の関係しか認めることができず、間主観性の基礎づけに失敗してしまった」。

一方メルロ＝ポンティの場合には、「人間存在を純粋な対自存在とか超越論的な構成主観としてではなく、あくまで身体によって世界に内属している身体的実存として、行動の主体として、つまりは世界内存在としてとらえることによって、この他人経験の問題に新たな解決を与えようと」した。

木田は主として一九五一年度のソルボンヌ講義「幼時の対人関係」に基づいて、メルロ＝ポンティの考え方を明らかにする。まず行われるのは古典心理学に特有な二つの先入見に対する批判である。一つは心理作用は当人だけしか近づけないという先入見、二つ目は「体位図式」とか「身体図式」といった自己の身体に関わる観念である。それに対してメルロ＝ポンティは、幼児期における自他の未分化な状態を「前交通」とか「癒合的社会性」といった概念で捉え、それが次第に自他の区別を身につけていく過程を明らかにする。それは〈動的ゲシュタルト〉ともいうべき内的平衡の法則にしたがって展開される全体的現象である。

メルロ＝ポンティは、ワロンやラカンを援用しながら、誕生から六ヶ月までと六ヶ月以後の二つに分けて詳説しているのだが、それを追う余裕はない。更にミンコフスキーなどが説く「三歳の危機」にも言及するが、ここでは、その時期に根源的な「身体的間主観性」あるいは「間身体性」が形成されるということだけを覚えておくことにしよう。なぜなら晩年のメルロ＝ポンティは「哲学者とその影」において、再び間主観性の問題をとり上げているからだ。そしてこう言っている。「他の人間を〈定立〉するのは知覚する主体であり、他者の身体は知覚される物であり、そして他者そのものは〈知覚するもの〉として〈定立〉される。問題になるのは、まさしく共知覚（co-perception）なのである」。これが右に見た自他の未分化な前史に由来しているのは言うまでもない。

(2)構造の概念では、レヴィ＝ストロースとの関係が論じられる。つまり、両者の構造概念には「微妙な違いがあり、そしてそこにこそ彼の哲学の独自性が読みとれる」からである。『行動の構造』以来、メルロ＝ポンティの思索を支えてきた基本概念の一つが「構造」であったことは既に見た。その後ソシュール以降の構造言語学を摂取することによって、この概念がいっそうの重要性を持つに至った。

一九五九年の「モースからクロード・レヴィ＝ストロースへ」がレヴィ＝ストロースの仕事に対する強い共感の表明であることは言うまでもないが、同時に批判も述べている。それに対してレヴィ＝ストロースが応答した。その間の事情を見ることにしよう。

右の論文でメルロ＝ポンティは、「構造はヤヌスのように二つの顔をもっている。一方でそれは、そこに入りこんでくる諸要素をある内的原理によって組織するものであり、それは意味《サンス》である。だが、構造が担っているこの意味は、いわば鈍重な意味なのである」と言う。とすれば科学者が「この構造を概念的に定式化し固定してモデルを構成」し現実社会を理解しようとする時、彼らがモデルと構造を取りちがえることはない。「構造としての社会」は、さまざまなモデルを介して多様な解釈を可能にする「多面的実在」なのだ、と書いた。これは明らかに、構造とは分析のための方法的操作概念だとするレヴィ＝ストロースの考えとは異る。つまり「社会構造」と「社会関係」を明確に区別しようというのが、レヴィ＝ストロースの考え方だ。

とすればメルロ＝ポンティの言う「構造」とはレヴィ＝ストロースの「社会関係」だということになってしまう。これに対して後年、レヴィ＝ストロースはメルロ＝ポンティ追悼の小文「いくたびかの出会い」（塙嘉彦訳、『現象学研究』特別号「モーリス・メルロ＝ポンティ」せりか書房、一九七六年五月所収）で、哲学と諸科学の役割の違いに触れながらメルロ＝ポンティに対して温かな眼差しを向けている。つまりメルロ＝ポンティが構造主義に対して関心と共感を抱いたのは、彼がそこに「主体と客体との古典的な対立を越えて、そうした対立が消え去ってしまうようなあの隠れた次元を明るみに出すことに寄与する」「存在を見る新たな仕方」を認めたからだ、とする。

またレヴィ＝ストロースは、二人の立場の違いを次のように表現する。例えばメルロ＝ポンティが『眼と精神』の中で画家に托して語る野生のヴィジョンについて、それは「私自身が野生の思考と呼んだものと同じものでもあれば、同時にまったく別のものでもある。……私がこの生《な》まな意味の論理を求めているのに対し、彼にとってはこの生《な》まな意味が一切の論理に先行するのである。要するに、メルロ＝ポンティにとっては説明になりえているものが、私にとっては、ただ問題にふくまれている既知項を告げているにすぎず、……現象の次元を画定しているにすぎないのである」と。

更にレヴィ＝ストロースは、メルロ＝ポンティの晩年の著作の中で音楽が占めている位置について、そこに「ある種の両義性」を見てとる。『眼と精神』では絵画を高く評価し、音楽は低く見られる。しかし『見えるものと見えないもの』の草稿の最後のところでは、音楽に対して最も高い地位が与えられている。レヴィ＝ストロースはこうした二つの見方は、一方では現象学的用語で、他方では存在論的用語で語られていることに由来すると考えた。彼は同じ視角で構造主義に対するメルロ＝ポンティの両義的な態度を分析する。「音楽と同様に、構造の概念も彼の思索のなかで交互にまったく異った資格をもつことになる」と。

木田は次のようにまとめている。「あまり目立たないかたちで発表されたレヴィ＝ストロースのこの文章は、メルロ＝ポンティの音楽についての一見矛盾した二つの見方に照明を当て、そこからその思索にひそむ二重の視角を剔抉することによって、「構造」概念に対するそのアンビヴァレントな態度を浮かびあがらせるという、しゃれていながらも実に辛辣な分析を深いいたわりで包んだ、心憎いまでにみごとなエセーであるが、このおかげで、彼ら二人の構造概念の違いが明確になっただけでなく、メルロ＝ポンティがレヴィ＝ストロースのそれに意図的な歪曲をくわえながら、この概念に何を託そうとしていたかを明らかにする手がかりもえられたように思う」。そしてそれは「構造」の概念が、「われわれ自身とその社会的歴史的世界との関係を新たな視覚から見ることを可能にしてくれる」からだと結論づけた。

(3)マルクス主義について。メルロ＝ポンティが一九五〇年前後、実存主義から彼の言う意味での構造主義へと転回したことは既に見た。同様に社会理論においても、「実存」から「構造」へと展開したと言えるだろう。つまり、『知覚の現象学』や「マルクス主義と哲学」（一九四六年、『意味と無意味』所収）を見れば、「実存」概念を中心に歴史理論が展開されていて、彼はそれを「実存的歴史理論」と命名した。しかし『弁証法の冒険』や『シーニュ』に収録された五〇年代の諸論稿によれば、「構造」の概念を基に社会理論を考えようとしているのは明らかである。

『知覚の現象学』第一部第五章の最後に付された長い注の中で、メルロ＝ポンティは史的唯物論を科学主義的な因果論から解放し、経済活動をも「一個の文化現象」と捉えることで、「思想史を経済史に還元するのではなく」、双方が「社会的実存の歴史」のうちに捉えられる、と考えた。そうした考えを更に展開したのが、右の「マルクス主義と哲学」である。そこでは初期マルクスの思想を援用しながら、「構造」（構造主義の「構造」とは異る）とか「全体性」というマルクス主義からすれば非科学的と見做される概念を用いながら、唯物論と実存主義を等置するという驚くべきマルクス主義解釈を展開したのだった。

一九五〇年代になると、初期マルクスやルカーチに対しても批判的な観点を持ち始めたメルロ＝ポンティは、更にサルトルとの関係からも自らの実存主義的歴史理論を放棄し、「構造」概念に基づく社会理論を展開し始める。そして突如一九五五年に『弁証法の冒険』を書下しで公刊した。その間の経緯については既に見ているので省略する。また木田はサルトルとの関係を改めて、ここで論じているが、その概略は既見のものである。

(4)歴史の読み方について。これは右の『弁証法の冒険』についての分析と言い換えてもよい問題である。この本の成り立ちについては前に見ているので詳説はしないが、一言で表現するなら、「マルクス主義的政治がこの半世紀間にとげた経験を、「政治そのものの領域において」ではなく、「政治哲学の領域において」標定しようとする」ものである。なぜなら、政治哲学の領域に定位することによって、「政治的な歴史の上空を舞うことにはなる」が、しかしそれによって「進展の一つの方向が比類ない明晰さで見えてくる」からだ。

メルロ＝ポンティの歴史についての考え方を確かめるために、この本の前半部について復習する。彼がルカーチの『歴史と階級意識』から多くを学んだことは既に見たが、そこで重要なのは、彼がルカーチのマルクス主義を「ウェーバー的マルクス主義」と見て、ルカーチを「ウェーバーの歴史哲学の批判的継承者」としていることだ。だからメルロ＝ポンティは『プロテスタンティズムの倫理と資本主義の精神』を詳しく分析し、そこから歴史理解の核となる「合理化」という手法を明らかにし、ウェーバーの歴史哲学を解読する。ウェーバーは歴史に関して、現在と過去との弁証法を説く。その結果、「裁く歴史」と「客観的歴史」とを和解させることに成功した。しかしウェーバーは「学問としての歴史学もそれ自身現実としての歴史の一産物、つまり資本主義的合理化の一産物である」ことを自覚していた。つまり歴史家が構成する「理想型《イデアルテュープス》」といえども、あくまでその時代の産物であり、その意味で相対的であることを。

メルロ＝ポンティは、このウェーバーの歴史哲学に学びマルクス主義が直面していた相対主義を乗り越えようとしたのが、ルカーチの『歴史と階級意識』をはじめとする西欧マルクス主義であった、と言う。メルロ＝ポンティによれば、「マルクス主義的弁証法は、一方では「歴史の哲学的意味を浮かび上らせるような歴史の解読」と、他方では「哲学を歴史として出現せしめるような現在への回帰」という二つの契機からなっており、「それらが水準を高めながらたがいに継起してゆく螺旋運動」なのである」。

ルカーチは、真理とは絶えざる自己批判に基づく「暫定的全体性であり、それは存在するものではなくつくられるべきものなのであって、その真理の生成こそが歴史の核をなす」と言う。ルカーチの、「一切の独断論から解放し発展させようとする」この試みに対して、一九二四年七月二五日付『プラウダ』がレーニンの『唯物論と経験論批判』によって全面的に批判を展開したことは既に見た。

メルロ＝ポンティはこのような一九二〇年代のロシア・マルクス主義と西欧マルクス主義との違い、つまり「素朴実在論と弁証法的発想の違和」は、マルクス自身の中にも認められる、と言う。このようなメルロ＝ポンティの初期マルクスやルカーチに対する批判は、実はかつてのメルロ＝ポンティ自身の実存主義的な歴史理論に対する自己批判でもあった。ではそれを越えるためにはどうすればいいのか。それに対する答えとしてメルロ＝ポンティが唐突に持ち出したのが「制度」という概念であった。制度についての説明をここでは行わない。なぜならこの「制度」は以降メルロ＝ポンティが展開する「構造」概念とほとんど同義だからである。

こうしてメルロ＝ポンティはこの本の終章で、資本主義体制とソヴィエト体制の双方に対して「方法的懐疑」の状態を保持し、新たな自由主義としての非共産主義的左翼の立場を提唱したのだった。最後に木田は言う。「われわれが学ぶべきなのは、メルロ＝ポンティが歴史や現実政治に執拗に問いかけてゆくその姿勢であろう」と。

後期思想の検討

木田は、メルロ＝ポンティの思索の展開を考える時、一九五九年が大きな転機になっていると言う。この年一月から、最終的に『見えるものと見えないもの』というタイトルになる著作に、メルロ＝ポンティは取り組んできたのだが、一九六一年五月の突然の死によって未完に終ってしまった。この著作で展開されるはずであった思索の地平は、これまで見てきた彼の思想とは大幅に異っている。それを「後期」の思想として検討することにしよう。

この時期の彼の仕事について復習することから始める。まずコレージュ・ドゥ・フランスの講義について。一九五九―六〇年度は「現象学の限界に立つフッサール」と「自然とロゴス―人間の身体」の二つ、一九六〇―六一年度は「デカルトの存在論と現代の存在論」と「ヘーゲル以後の哲学と非哲学」の二つである。論文としては「哲学者とその影」(一九五九年、フッサール生誕百年記念論文集のために書かれた)、「モースからクロード・レヴィ＝ストロースへ」(一九五九年)、「生成するベルクソン」(一九六〇年)、そしてこれらの論文を収録した『シーニュ』のための長い「序文」(一九六〇年)、A・エスナール著『フロイトの業績と現代世界におけるその重要性』のための「序文」(一九六〇年)、「眼と精神」(一九六一年、『アール・ドゥ・フランス』誌に発表)がある。

その上で、何よりも重要なのは遺稿『見えるものと見えないもの』とそのための「研究ノート」である。この著作は、既に一九四七年の論文「人間のうちなる形而上学的なるもの」の脚注で、次いで一九五二年のコレージュ・ドゥ・フランスの教授立候補の際の自己紹介文で『真理の起源』として、予告されていた。遺稿の編集者クロード・ルフォールによれば、その後『存在と意味』『真なるものの系譜』ふたたび『真理の起源』と変更され、一九五九年三月に最終的に『見えるものと見えないもの』に決められた。

ルフォールはその内容を推測するために、一九五九年三月から、六〇年一一月ないし一二月と推定されるA～Fの六つのプランを検討し、主としてプランFによりながら、左のような草稿の構成を作成した。なお括弧内の篇・章・節は木田が便宜上付したものである。

『見えるものと見えないもの』

I　見えるものと自然

〔第一篇〕　哲学的問いかけ

〔第一章〕　反省と問いかけ

〔第一節〕　知覚的信念とその不明瞭さ

〔第二節〕　科学は知覚的信念を前提にしているのであって、それを解明するものではない

〔第三節〕　知覚的信念と反省

〔第二章〕　問いかけと弁証法

〔第一節〕　知覚的信念と否定性

〔第二節〕　知覚的信念と問いかけ

〔第三章〕　問いかけと直観

〔？〕　絡み合い――交叉配列

木田は、第一章の三つの節では「それぞれ知覚的信念、科学主義、反省的哲学の批判」が、第二章第一節では「否定性の哲学とも言うべきサルトルの『存在と無』への批判」が、第二節では「弁証法と問いかけの関係」が、そして第三章では「フッサールの本質直観の理論とベルクソンの直観主義に批判」が、加えられると言う。とすれば、右の三章はこの著作全体への序論あるいは方法論的導入だったと考えられる。

(1)現象学から存在論へ

しかしより重要なのは、「研究ノート」である。日付では一九五九年一月から六一年五月までのも

ので、文章の体をなしていないものや断片、覚え書も多い。これからその「研究ノート」の「荒野」に踏み込むわけだが、その前に木田はいくつかの問題を指摘する。まず「見えるものと見えないもの」と言う時、「見えるもの」は「自然」を、「見えないもの」は「ロゴス」を指すことだ。次にその「自然とロゴス」は、「知覚と言語」と言い換えてもよい、と言う。それはメルロ＝ポンティが、『知覚の現象学』における知覚と言語の関係の理解に不満を抱いていて、それを改めて考え直そうとしているからだ。例えば「無言のコギトー」の問題。では彼はどのような視角から捉え直そうとしていたのだろう。一言で表現すれば、それは「存在論への還帰の必要性」である。

　ティリエットはそれを「現象学から存在論への思索の転回」と言った。「研究ノート」ではハイデガーへの言及が多く、その強い影響が認められる。同時にフッサールに対しても批判的言及のみならず肯定的な言及も多くなる。例えば「フッサールが辿った道を通って野生の、ないし生《な》まの存在を開示し、われわれが開かれている Lebenswelt を開示すること」とか「フッサールに関する私の論文（哲学者とその影）を延長して野生の存在を描写すること」といった言い方をしている。つまりメルロ＝ポンティはフッサールの哲学に「独自の存在論」を見ようとしたのだ。

　以下、木田は五つの視角から「研究ノート」の読解を試みる。⑴現象学から存在論へ、⑵身体論の新たな展開、⑶構造と意味、⑷野生の存在、⑸内部存在論あるいは非哲学。⑴は右に簡単に見たので、⑵から始めることにする。（ここで言っておかなければならないことがある。それは『見えるものと見えないもの』の邦訳〔一九八九年九月刊〕との関係で、邦訳は『メルロ＝ポンティの思想』の五年後の時点で刊行された。したがって、ここでの引用文における文章や語句とは少し異っている場合がある。ただし、本稿では木田のこの時点でのメルロ＝ポンティ理解を示すものと考え、引用は『メルロ＝ポンティの思想』によった）。

(2) 身体論の新たな展開

現象学から存在論へというメルロ＝ポンティの後期思想の展開を準備したのは、身体論の見直しであった。『知覚の現象学』では「客観的身体」（対象的にとらえられた身体）の根底に、「現象的身体」（主体的に生きられている身体）を発見し、そこに開示される知覚的世界を記述することが試みられた。

ところが『見えるものと見えないもの』では、「客観的身体と現象的身体とはたがいにたがいのまわりをめぐり、たがいに侵蝕し合う」とか「私の身体は一挙にして現象的身体でもあれば客観的身体でもあるのだ」とか言われる。『知覚の現象学』でもそうした考えの芽が無かったわけではないが、改めて身体についての「現象学的機能から存在論的規定」へと関心が向け直されたのだ。見る身体と見える身体といった関係は、次のようにも表現される。私の身体は「裂開（déhiscence）」、「分裂（fission）」によって開かれ、両者が「相互包摂（ineinander）」や「重なり合い（recouvrement）」とか「侵蝕（empiétement）」、「侵犯（transgression）」、「交叉（recroisement）」の「交叉配列（chiasme）」、「転換可能性（réversibilité）」、「巻きつき（enroulement）」の関係にある、と。

このように「見る身体と見える身体、触れる身体と触れられる身体との逆説に満ちた関係は、見る身体と見える物、触れる身体と触れられる物との関係に拡張されてゆく」。メルロ＝ポンティは次のように言う。「……私の身体は世界と同じ肉で仕立てられている（それは知覚されるものである）しその上、私の身体のこの肉は世界によって分かちもたれている、つまり、世界は私の身体の肉を反映し、それを、侵蝕しているのであり、私の身体の肉は世界を侵蝕している、……私の身体と世界とはたがいに侵犯し合い、踏み越し合う関係にあるのだ」。

彼はあの手この手で、肉の問題を説明しようとしている。例えば、見ることと触れることとは「物のただなかから生起してくる」のだと言い、「物のただなかで或る見えるものが見ることをはじめ、おのれ自身にとって見えるものになる。しかもあらゆる物を見るその視覚にとって見えるものになる」と主張する。つまり「知覚するのはわれわれではない。あそこでおのれを知覚しているのは物なのである……」。これは『眼と精神』で絵画論を展開した折の、あの「原初の可視性の顕現」についての議論を思い出させる。彼はこのような原初の可視性あるいは可感性を「肉」と呼ぶ。「世界の肉（〈質〉）とは、私がそれであるところの感覚的存在と、私のうちでおのれを感じる他のすべてのものとの不可分性……のことである。／肉とは鏡の現象であり、鏡とは私が私の身体に対して有している関係の延長である」。

「研究ノート」の一九六〇年一二月の「世界のうちにある身体。鏡像─類似」という見出しの文章の中には、以下のような記述がある。「私の身体は見えるものによってかしずかれているのである。／───こうして、身体は世界の面前に直立しており、世界は身体の面前に直立しているのであって、両者のあいだにはたがいに抱き合うという関係がある。したがって、これら二つの垂直的存在のあいだには、境界はなく、あるのは接触面である───／肉＝これこそが私の身体を受動的─能動的（見える─見るもの）であるように即自的な塊りでありかつ所作であるようにしむけているのだ」。「鏡像、記憶、類似、これらが基本的構造である（物と見られた物との類似）。というのも、これらは身体－世界という関係から直接派生してくる構造だからである───反射像（reflet）は反射されるものに似ている＝見るということは物のなかではじまる、ある種の物ないしある種の一対の物は見るということを要求するのだ───精神に関してわれわれがなすすべての表現や概念形成はこれらの構造に借りがある、たとえば反省（réflexion）という言葉がそうである」。

　彼はこの特異な肉という考え方のきっかけをどこで得たのだろうか。木田は、それはフッサール『イデーン』第二巻で展開されている「Leib（肉体）という概念や、物に関して言われるleibhaft（生《な》ま身の）という概念」から得ていることは確かだと言う。そして次のように書いた。「メルロ＝ポンティが肉とよぶのは、こうしたいわば〈主体〉と〈客体〉とをおのれのうちに合わせもつ比類のない存在のことである。彼はそれを右のように「野生の存在」、「垂直の存在」とよんでおり、ハイデガーにならって大文字ではじまる「存在（Être）」――「この知覚的世界こそ、結局のところハイデガーの言う意味での存在なのである」――とよんだり、「自然」――感覚的なものである自然……この自然の精神分析をおこなうこと、それは肉であり、母である――とよんだりするのである」。

(3) 構造と意味

この「肉の存在論」とも称すべき思想を展開するために、メルロ＝ポンティは独特な概念を用いている。その一つに一九五九年九月頃から再び用い始めた「ゲシュタルト」がある。『行動の構造』以来、時には「構造」とも言われてきた概念だ。既に見たように『行動の構造』の最終節は「構造と意味」と題されていた。

言うまでもなくメルロ＝ポンティは、通常の「ゲシュタルトは部分の総和に還元されない全体である」といった定義には満足しない。なぜなら木田が言うように「ゲシュタルトとは、ある意味で時間と空間とを跨ぎ越すような或る布置だからであ」り、「内がわから問われなければならない」からだ。換言すればそれは、空間的‐時間的領野を支配する「配分原理」「ある等価体系の軸」であり、「細分化された諸現象がその現われであるような Etwas〔何ものか〕なのである。だからメルロ＝ポンティはゲシュタルトを「超越」あるいは「距たった存在（être à distance）と呼ぶのだ。また彼はこのようなゲシュタルトの超越的性格を数学の位相空間との類比で捉えようともする。

メルロ＝ポンティはそれを「クレーの色斑」を例にして語っているのだが、その簡単ではない思索のありようを、木田は次のようにまとめている。すなわち、メルロ＝ポンティは「存在（Être）」を「「それ自体による存在」つまり神のようなものから必然的に導出されたものでもなければ、ライプニッツの言うように、「論理的に可能という意味で優越的に可能であるものの自己実現」でもなく、「無動機に出現する」いわば原始偶然でありながら、以後次元として、場として、等価体系の軸として働らくゲシュタルト」として考えていた、と。

そしてゲシュタルトを経験するのは身体である。木田は言う。「ゲシュタルトとは、いわば知覚的身体と世界との原始偶然的な出会いによって生起するもの、その意味では事実的なものでありながら、以後「場」として、「配分原理」として働くことになるようなもの」なのだ。だからゲシュタルトは「純粋な〈……がある《イ・リ・ア》〉」つまり事実的存在であるとともに次元、水準、地平であり、知覚の骨組や構造でもある。とすればゲシュタルトの出現はWesen〔現成〕するものに他ならず、ゲシュタルトが「蝶つがい」、「回転軸」、「軸」などと言われるのは、木田によれば、「それがこのように原始偶然的な事実存在《イ・リ・ア》と意味・本質、Daß と Was との分化以前のものであり、いわばそれらを結びつけているものだからである」。

ゲシュタルトは感覚的なものとしてあらわれてくる。「黙せるロゴス」として、知覚野の構造あるいは「地平としての、スタイルとしての一般性」としてあらわれてくるのだ。そしてメルロ＝ポンティは、心理学者エゴン・ブランズウィックの「経験的プレグナンツ」という概念を援用して「あるSeinsgeschick〔存在の歴史的運命〕によって特権的であるようなゲシュタルトのプレグナンツ」という考え方を提示する。木田はこれについて、「ハイデガー流のいくらか神秘主義的な存在の歴史的運命といったものを考えているわけではなく、彼の言う意味でのゲシュタルト、つまり存在の特定の布置が身体と世界との原始偶然的な出会いによって生起するという事態を、この概念に托して言い当てようとしている」のだと言う。

既に私たちは、メルロ＝ポンティがゲシュタルトのうちに事実存在と本質存在を結びつける、あるいはそのような分化に先立つ「存在の最初の表現」を捉えようと試みていたことを見た。木田によれば、これは彼が「ゲシュタルトないし構造の〈がある《イ・リ・ア》〉のうちに事実存在と本質存在に分裂する以前の存在の現初の単純性を認め、そこからすべての問題を考えなおそう」としたのだと考える。

それは「意味の本原的な在り方」を問うことでもあり、見えるものと見えないものとの関係を説き明かそうという作業であった。木田はそれを「意味の本質や理念が、その原初的な相においては、見えるもの、感覚的なものの見えないゲシュタルト、構造、骨組、地平、水準、領野としてそこに内属している」とメルロ＝ポンティが考えたと見る。

とすれば、次の問題は、そのような感覚的理念はどのように知的なそれに移行するのかということになる。言い換えるなら「肉の地平にあって精神とか思惟がいかなる位置を占めているのか」という問いである。メルロ＝ポンティはそれに答えるべく、「〈がある〉の昇華」とか「肉の昇華」といった概念をつくり出し、更には理念性の成立にとって必須の言語の介在に関わって、「言語の肉」「作動しつつある言語」といった概念を持ち出し、何とか説明しようと悪戦苦闘したのだった。

(4) 野生の存在

「文字通り断片的な覚え書の集積であり、しかも、その覚え書が一定のプランに従って書かれたとは限らず、その時どきに読んだ本や聴いた講演（たとえばコレージュ・ドゥ・フランスでの）などが機縁になって書かれたものもそこにふくまれているような「研究ノート」からメルロ＝ポンティの最晩年の思想の境位を見きわめることはまったくの難業であ」ると書いた木田だが、(3)では「感覚的なものと理念性、構造と意味、知覚と言語、自然と文化の関係」をメルロ＝ポンティがどう考えていたかを見た。

それに関わってメルロ＝ポンティは、無言のロゴスと顕在的（あるいは発話された）ロゴスの問題について、一九五九年一月のあるノートで次のように書いている。

> 私が絵画に関して語った〈無定形な〉知覚的世界――絵画をやりなおすための不断の資源――、これはいかなる表現の様式もふくんではいないが、やはりあらゆる表現の様式を呼びもとめ要求するものであり、それぞれの画家に新たな表現の努力を促すものである。――この知覚的世界こそ、結局のところハイデガーの言う意味での存在なのである。ハイデガーの言う存在も、あらゆる絵画以上の、あらゆる言葉《パロール》以上の、あらゆる〈態度〉以上のものであり、これは、哲学によってその包括性《ユニヴェルサリテ》においてとらえられてみると、いつか語られることになるであろうすべてをふくんではいるが、やはりわれわれにその語られるであろうことを創造する余地をのこしてくれる（プルースト）もののように思えるものなのである。

そしてこのノートの後半では、生活世界と哲学との間にメルロ＝ポンティはこの関係を確認している。

興味深いことは、「野生の知覚――直接的なもの――文化的知覚――learning〔学習〕」という見出しの一九五九年一〇月二二日のノートでは、メルロ＝ポンティが野生的なものと文化的なものとの関係を知覚レベルにおいて認めていることだ。つまり、知覚自体が「多型的」である故に、文化による知覚の「形態化作用〔information〕」が可能であり、したがってユークリッド的知覚とかルネサンス期の遠近法などはそうした「文化的知覚」だということになる。木田はこのような文化による知覚の形態化について、「「見えないものの見えるもののうちへの下降」であり、これによって「文化は知覚される」という言い方も可能になるし、「知覚の拡張」ということも考えられることになる」とする。メルロ＝ポンティはカール・ビューラーの「ああ、そうか‐体験」を例にとりながら、チンパンジーの知覚の拡張が、世界への知覚的開在性（無言のロゴス）と文化的世界への開在性（道具使用の習得）との連続性のうちにあることを明らかにした。メルロ＝ポンティは、自然的なものが文化的なものを、つまり無言のロゴスが顕在的ロゴスを要求することを、「〈自然の光〉の目的論」と呼ぶ。

また時間の問題についてメルロ＝ポンティは、「（ベルクソン）超越―忘却―時間」という見出しの一九五九年五月二〇日のノートで、次のように書いている。なお「蛇行」の概念については、ダ・ヴィンチの『絵画論』中の一文「デッサンの芸術の秘訣は一つの中心波がいくつもの表面波となって展開するように、その発生軸ともいうべき一本のうねうねした線が、その拡がりの全体を貫いて拡がってゆくその独自な拡がり方を、各々の対象のうちに発見することである」と、ベルクソン『思想と動くもの』のなかの「ラヴェッソンの生涯と業績」中のラヴェッソンがよく引用した文章「生物というものは波の型のような、または蛇の型のような線によって特徴づけられること、各々の生物はそれぞれ固有の仕方で蛇行すること、そして芸術の目的はこの個々の蛇行を表現することにある」を参照している。

どうしてこれ〔蛇行〕が（あるいはすべてのゲシュタルトが）〈物のうちで生ずる〉知覚であるのかを理解させねばならない。〈物のうちで生ずる〉というこの言い方は、語られねばならないことの、主観‐客観言語……によるよくよく近似的な表現でしかない。つまりは、物がわれわれをもつのであって、われわれが物をもつのではない、ということだ。（中略）存在がわれわれのうちで語るのであって、われわれが存在について語るのではない、ということである。

忘却の問題について、メルロ＝ポンティは「たしかに、あるのは現在である。だが、その現在の超越によってこそ、現在が或る過去や或る未来に連絡しうることになるのであり、逆に言えば、過去や未来も無化ではないことになるのである」と言う。こうした考えがサルトルやベルクソンの批判であることは言うまでもあるまい。

要するに、無（あるいは非存在）は、くぼみであって孔ではないのだ。開在性を孔という意味に解するのはサルトルでありベルクソンであって、それはたがいに見分けがたい否定主義《ネガティヴィスム》か極端な肯定主義《ウルトラポジティヴィスム》か、そのいずれかである。nichitiges Nichts〔空虚な無〕などというものはありはしないのだ。（中略）無についての負的直観《マイナス》〔négintuition〕は放棄さるべきである。なぜなら無もまたつねによそにあるのだから。真の解決は、Umwelt〔環境世界〕の Offenheit〔開在性〕であり、Horizonthaftigkeit〔地平構造〕である。

木田はメルロ＝ポンティの忘却についての考え方を以下のようにまとめる。「忘却とは、隠蔽（ベルクソン）でも無への移行でも消滅でもなければ、「おのれが隠しているものについての認識をふくんでいるような積極的な機能（フロイト、サルトル）」でもなく、知覚が分化であるのに対応して忘却とは脱分化なのである。つまり、意識するということがある地の上の図をもつことなのだとすれば、その分節が失われ、もはや距たりや起伏がなくなってしまうこと、脱分化、脱分節が忘却という現象なのである」。

メルロ＝ポンティは一九五九年三月のあるノートで、地平構造は即自的な存在の中では意味を持たず、「受肉した主体の Umwelt――Offenheit〔開在性〕としての、存在の Verborgenheit〔包蔵態〕としての――のうちにおいてのみ」意味を持つと書いている。続けて次のように言う。

フッサールの Offenheit あるいはハイデガーの Verborgenheit が言わんとするのはこういうこと〔上述のカントやデカルトの思想〕ではまったくない。存在論の場は、即自の秩序と対照される〈人間的表象〉の秩序として考えられているわけではない――重要なことは、超越の関係の外では、地平へ向かう Üeberstieg〔超出〕の外では、真理そのものがいかなる意味ももたないということ――〈主観性〉と〈対象〉はただ一つの全体だということ、主観的〈諸体験〉は世界のうちに数え入れられ、〈精神〉の Weltlichkeit〔世界性〕の一部をなし、存在の帳簿に書きこまれているということ、対象とはこの Abschafftungen〔もろもろの射映〕の束以外の何ものでもないということ、を理解することである。われわれが知覚するのではなく、物があそこでおのれを知覚するのである――われわれが語るのではなく、言葉《パロール》の底で真理がおのれを語るのである――人間が自然になるということ、それはそのまま自然が人間になることである――世界は領野であり、だからこそ世界はつねに開けているのである。

更にメルロ＝ポンティは言う。「垂直の存在あるいは野生の存在を、それがなければ何ものも、精神でさえもが考えられず、それによってこそわれわれがおたがいに移行し合い、われわれ自身がわれわれ自身のうちに移行し、われわれの時間をもつことになるような精神以前の場として記述すること。哲学だけがそうした存在を問題にするのである」。

以上のことを踏まえて、木田はこのノートの意味を、次のようにまとめた。「原体験（Urerlebnis）

である知覚の生起する現在を、線上の一点であるような今としてではなく、超越としてとらえ、知覚するものとされるものとの未分化なこの現在に、以後の体験が繰り拡げられる根源的な場面、つまりUmwelt の Offenheit や Vervorgenheit に当るものを見ようとしているのだろう」。

(5) 内部存在論あるいは非哲学

後期思想の検討の最後に、方法論に関わる議論——それは「内部の存在論（ontologie du dedans）」とか「内部存在論（endoontologie；intraontologie）」とか呼ばれる——が考察される。メルロ＝ポンティは一九六〇年一月二〇日の「内部存在論」と名づけられたノートで次のように言っている。

因果的思考を廃棄せねばならぬ。（中略）因果的思考にとって代わるのは超越という観念、つまりこの世界への内属性のうちで、この世界への内属性のおかげで見られる世界という観念、内部存在論という観念、包み‐包まれる存在という観念、垂直の、次元的な存在、次元性という観念である——そして、敵対的でもあり連帯的でもある反省の運動（〈もろもろの観念論者たち〉の内在）にとって代わるのは、原理的にある外部をもち、もろもろの布置の構築法をもった存在の襞ないしくぼみである。

この考え方は、既に見たように、サルトルの否定主義やベルクソンの極端な肯定主義とは違う。それを木田は次のように表現する。「こうしてメルロ＝ポンティは、世界に内属しつつ、その内属性を利しておこなわれる世界との関わり、存在の内部で存在の裂開に立ち合うこと、これを反省でも、無化でも直観でもなく、「問いかけ（interrogation）」とよぶ」。そしてメルロ＝ポンティはこの「問いかけとしての哲学」を後期フッサールと後期ハイデガーから学んだと言う。

一九五八―五九年度のコレージュ・ドゥ・フランスの講義「哲学の可能性」で、メルロ＝ポンティは「フッサールが『厳密学としての哲学』から純粋に問いかけとしての哲学へと移行していった途」を辿りなおすことによって、「哲学は与えられた論理や語彙を超えて、生き生きとした逆説からなるこの世界を記述せんとする試みになる」ことを明らかにした。これこそ「問いかけとしての哲学」であり、換言するなら「フッサールにあって純粋な問いかけは形而上学の残滓であったり、その最後の嘆息であったり、その失われた天国への郷愁であったりするわけではなく、われわれを生き生きと現前している世界や時間や自然や歴史に開いてくれ、哲学の不断の野心を実現してくれる適切な手段なのである」。

ハイデガーについてもメルロ＝ポンティは、「否定主義的かつ人間学的主題……から、もはや彼が哲学とは呼ばない……存在の思索へと導いていった途」を辿り直すことによって、自らの「問いかけの哲学」への導きとした。後期ハイデガーの思想について、メルロ＝ポンティはあたかも自らの思想を語るが如く、次のように書いている。

> 哲学がその出発点として選ぶのは――対象と〈空虚な〉無との――この相関関係を超えたところ、つまり〈……がある《イ・リ・ア》〉、〈何ものか〉への〈開在性〉、〈無ではないもの〉のもとにおいてである。哲学の固有な主題は、無力な本質ないし〈何であるかということ《クィディタス》〉と空間‐時間の一点に定位される個体とのあいだに位置するこの前対象的存在なのである。（中略）存在するという言葉は、他の言葉のように、それにある表象なり対象なりが対応させられるような記号ではない。その意味はその働きと異なるものではないし、この働きとは、われわれが存在について語るというよりも、むしろ存在こそがわれわれのうちで語っているのだ、と言わしめるようなものなのである。

存在へ向うおよそ考えうるただ一つの通路をわれわれに開いてくれるもろもろの存在者、つまり存在の諸形象が同様にその量によってわれわれにその通路を隠してしまうものだとすれば、つまり開示が隠蔽でもあるのだとすれば、どうしてわれわれが存在について語ることなどできようか。存在の〈神秘学〉――これはハイデガーがはっきりと拒否する言葉なのだが――と呼ばれてきたものは、われわれの誤謬の能力を真理に統合し、世界のいやおうのない現前に無尽蔵の豊かさと、したがってまたその豊かさが包蔵する不在をも統合し、存在の明証性に、この不断の遁走のただ一つの表現法である問いかけを統合しようとする努力なのである。

ところで木田によれば、メルロ＝ポンティは草稿『見えるものと見えないもの』の第二章「問いかけと弁証法」で両者の関係について詳しく検討している。「知覚的信念と否定性」と「知覚的信念と問いかけ」という二つの節で論じているのだが、そのうちの主要なテーマとして「悪しき弁証法」と「良き弁証法」の問題がある。「良き弁証法」とは、「おのれ自身を批判し、個々の言表としてのおのれを乗り越えるような弁証法」、「関係の複数性と両義性と呼ばれてきたものを無制限に考慮に入れるがゆえに真理を受け容れる能力のある」弁証法、「すべての定立がイデア化であり、存在は古い論理学が信じてきたようにイデア化や語られたことからなっているのではなく、……結び合わされたもろもろのまとまりからなっているということを意識している弁証法」、「綜合なき弁証法」である。それをメルロ＝ポンティは「超弁証法（hyperdialectique）」と呼ぶ。換言するならそれは「本質的に開在性であり、問いかけであり、さらに適切に言えば驚きである」。

このように問いかけに基づく内部存在論であるが、メルロ＝ポンティはそれを「間接的」存在論とか「否定哲学」とも呼ぶ。一九六〇―六一年度のコレージュ・ドゥ・フランスの講義「ヘーゲル以後の哲学と非哲学」のためのノートには次のようなメルロ＝ポンティの記述がある。「問題になるのは、哲学者とその敵対者とのあいだの戦いではなく、非‐哲学であることによって哲学たらんとする哲学――つまり〈彼岸〉としての、第二の肯定的《ポジティヴ》次元としての絶対者にではなく、手前にあるもの（l'en-deçà）つまり写し（le double）を要求し、その写しを通じてのみ近づくことのできるようなもう一つの次元としての絶対者への通路を開く（〈否定神学〉というような意味合いでの）〈否定哲学〉である」。

木田は右の文章を解説して次のように言う。「ここで「手前にあるもの」とか「写し」と呼ばれているのは身体としての肉であろうし、「それを通じてのみ近づくことのできるもう一つの次元としての絶対者」とは「世界の肉」ということになろうか。知覚というわれわれの前反省的な無言の生に身を向け、存在へ向けてその知覚の問いかけを共にし、けっして肯定的な解答には達しない、そういった哲学を彼は「否定哲学」とよぶのであろう」。

この頃メルロ＝ポンティは、「非‐哲学（non-philosophie）」、「脱‐哲学（a-philosophie）」、「反‐哲学（anti-philosophie）」という言葉も使っている。

一九六一年三月の絶筆となったノートで、メルロ＝ポンティは次のように書いた。長くなるが、これまで見てきたメルロ＝ポンティの思索の過程と合わせ考えるなら、まことに興味深いものなので、あえて全文を引用する。

一九六一年三月

私の計画：Ⅰ見えるもの
Ⅱ自然
Ⅲロゴス

これは、人間主義とも、他方自然主義とも、最後に神学ともいっさい妥協せずに提示されねばならない。必要なのは、ほかでもない、もはや哲学は神・人間・被造物という区分――これはスピノザの区分であった――に従って考えることはできないということを示すことにある。

したがって、われわれはデカルトのように ab homine〔人間から〕はじめはしないし（第一部〈反省〉ではない）、われわれは自然をスコラ哲学的意味では受けとらないし（第二部は即自的自然、自然の哲学ではなく、人間‐動物性の絡み合いの記述である）、われわれはロゴスと真理を言葉という意味では受けとらない（第三部は論理学でも、意識の目的論でもなく、人間を所有する言語の研究である）。

見えるものを、人間を通じて実現はされるがけっして人間学的なものではないようなものとして（したがって、一八四四年のフォイエルバッハ＝マルクスに逆って）記述しなければならない。

自然を人間の他の側面として（肉として――けっして〈物質〉としてではなく）記述しなければならない。

ロゴスもまた人間のうちで実現されるものとして、だがけっして人間の所有物としてではなく、記述しなければならない。

こうして到達する歴史についての考え方はサルトルの歴史観のように倫理的なものにはけっしてならないであろう。それははるかにマルクスの歴史観に近いものであろう。物としての（サルトルが提示するような経験的で部分的な調査の部分的対象としてではなく）、歴史の〈秘密〉としての、ヘーゲル論理学の〈思弁的秘密〉を表現するものとしての資本。（〈物神〉としての商品の〈Geheimnis〔秘密〕〉）（すべての歴史的対象は物神である）

加工された物質―人間＝交叉配列《キアスム》。

右の引用では、デカルトは否定的に言及されているが、メルロ＝ポンティの「内部存在論」にとってデカルトの「秘教的な自然の存在論」は重要なものであった。またライプニッツのモナドロジーやシェリングの後期思想も晩年のメルロ＝ポンティの強い関心をひくものであった。したがって木田は次のように言うのだ。「ハイデガーがやはりまたライプニッツと後期シェリングの思想に大きな関心を示していることを考え合わせると、現代哲学の基軸の向っている方向がかなりはっきり読みとれるように思われる」と。

第二章　一九九〇年代の仕事

第一節　「新岩波講座・哲学」

壮大な挑戦とペテンカバン

一九八〇年代は木田にとって飛躍の時代であった。

『ハイデガー』はけして大部の著作ではないが、木田が哲学を志すきっかけとなったハイデガーに対して、初めて真正面から対峙した作品である。それがいかに本格的な対峙の仕方であったかは、既にこの段階でハイデガーの『存在と時間』の再構築という大仕事への第一歩を踏み出していたことからも分る。

また『メルロ＝ポンティの思想』は、木田が滝浦らとともに長年取り組んできたメルロ＝ポンティの著作の翻訳という難事業の成果の上に立って、初めて本格的にその思想の全体像を描いた文字通りの大作であった。かつてある東大の哲学教師から〝きみはフルーツ・ポンチのような名前の哲学者を研究しているのだってね〟とからかわれた木田だが、ハイデガーと並んで二〇世紀最大の哲学者と言っても過言ではないメルロ＝ポンティの苦闘の軌跡が、木田によってようやく明らかにされたのだ。

とりわけメルロ＝ポンティの後期思想読解への挑戦は、まことにスリリングな哲学的営為であったと言えるだろう。なぜならそこから、ハイデガー思想の理解とあわせて、木田の「反哲学」とか「反哲学史」といった考えが展開されることになったのであるから。そしてこのような木田の哲学的思索は、まさに同時代のデリダやフーコーにも通じる現代の哲学者としてのありようを示すものに他ならないのである。

ここで私は、どうしても書いておきたいことがある。それは右のような木田の野望と言ってもおかしくない大胆な構想が見られるのと同時に、一方でそれに対する反省が、つまり哲学的な自己批判が木田自身のうちに絶えず存在していたのではないか、ということだ。

それを示唆するものとして、一九九八年六月六日のスタンプが押された、木田からの私あての葉書の一部を紹介する。

（前略）高橋輝次さんから原稿依頼受けたとき、いつか書きたいと思いながらうまい機会のなかったあれを書こうと思いましたし、書きながら、あの頃のことしきりに思い出して懐しい思いをいたしました。あそこに書いたとおりで、大塚さんには本当にお世話になり、いつか改めてお礼を言わなければと思っていたところでしたので、本当にいい機会を与えてもらいました。あれを書きながら、「ペテンカバン」のお姉ちゃんのことなども思い出しひとりでクスクス笑ったりしました。ま、おたがいに相対的に若かったし、楽しい時代でしたね。（後略）

少し説明を加えよう。この葉書は、高橋輝次編『原稿を依頼する人される人―著者と編集者の出逢い』（燃焼社、一九九八年）に木田が「『現象学』執筆余話」を書いてくれたことへの私の礼状に対する返事である。ちなみに、私も頼まれてこの本に「元編集者の思い入れ」という文章を書いたので、送られてきた本を見て木田の文章を見つけたのだった。この木田の文章は後に、短縮されて日本経済新聞の「私の履歴書」をはじめ、木田の本に何回か登場することになる。

　しかし私が言いたいのは、右の文章の終りの方に出てくる「ペテンカバン」についてのことだ。第一章で、若い頃木田と生松と私の三人でよく飲み歩いていたことを書いた。しかし生松が亡くなった後、しばらくは木田と二人だけで飲む機会は殆んど無くなった。というのは二人だけで飲むとどうしても生松のことを思い出してしまい、何とも辛い思いをしてしまうからだ。

　一〇年ぐらいたってようやく二人で飲むことができるようになったある時、ともすればしめりがちになる雰囲気から脱け出ようと思った私は、昔から知っているRという女性が最近働いているという四谷・荒木町のバーに木田を誘った。店に入ってRが出てくる。木田はその頃大きな黒いカバンを持ち歩いていた。Rは木田のカバンを受け取ったものの、重くて持っていられない。ひょうきんなところのあるRは、机の上に置いたカバンを見て、〝先生、中を見てもいいですか？〟と木田に聞いて、返事も待たずにカバンを開いた。そして〝やっぱり本か。とすればこれはペテンカバンだ〟と叫んだ。

　あっけにとられている私たちに、Rはペテンカバンの由来を話してくれた。彼女の兄は教育大学（当時）の心理学の教師をしていて、同じように大きなカバンに横文字の本をたくさんつめ込んでいた。そしてわけの分らぬ難しい話をして彼女たちを悩ませたというのだ。だから大学の教師で本をつめ込んだ大きなカバンを持っているなら、それはペテンカバンに違いない。木田も中央大学の教授だというではないか、とRは言った。

　それを聞いた木田は大笑いした。笑いに笑って止まらなくなった。以来木田は何かにつけて、自分のことを〝ペテンカバンの先生〟と呼ぶようになった。〝彼女の言ってるとおり、哲学の教師なんて誰にも理解されない妄想を口にして悦に入っているペテン師だよ〟――これが木田の口ぐせになる。

私はいつもこの木田の言葉を聞いて大笑いしつつも、自己批判の気持ちを失わないその態度に感心したのだった。そして今思えば、こうした木田の姿勢が二一世紀に入ってあのように多くの一般向けの本を執筆させることに結《つな》がったのだろう。その意味で〝ペテンカバン〟が木田に与えた影響は大きいと思う。

「新岩波講座・哲学」の編集委員として

私はまだ新人の頃、一九六七年から刊行を開始した「岩波講座・哲学」(全一八巻)の編集部員にさせられた。新人のくせに「アカデミズム、マルクス主義、分析哲学、そしてちょっぴり実存主義などの学派が並存する形で立案されたこの企画」(前掲『理想の出版を求めて』)に物足りなさを感じた私は、先にも書いたように、無謀にも『言語』の巻を追加すべきだと主張して、結局全一七巻の企画を全一八巻にしてしまった。結果的にはこの巻がもっとも多く読まれることになったのだが、それは今思えば冷汗三斗の行動以外の何物でもない。

生松は既に有望な若手の一人として、この講座の編集委員であった。しかし木田は、この講座では編集委員どころか、一本の論文も書いていない。それから二〇年近い月日が流れた。私は、哲学の本来的な営為とは学派を越える徹底的な議論だと思っていたので、新しい講座を立案するに当って、何よりも編集委員間での率直で意を尽した討論をお願いした。

編集委員は次の一一名である。

大森荘蔵、滝浦静雄、中村雄二郎、藤沢令夫

市川浩、加藤尚武、木田元、坂部恵、坂本賢三、竹市明弘、村上陽一郎

右側の四人は左の七人よりは少し年齢が高く、いわば中核メンバーと言ってもよいだろう。私は、いずれの編集委員とも長年の親交があり、気心が知れている。この一一人の方々に、足かけ三年間、合計三〇数回の編集会議をお願いした。全員が集合するためには、土日に会議を設定する他ない。おまけに毎回議論が白熱するので、一回の会議に通常六、七時間はかかった。京都や仙台からの参加者には多大の迷惑をかけたと反省している。後輩のNとともに、私もこの三年間、殆んど休みなく働かざるをえなかった。

しかしおかげで、充実した内容の講座になったと思う。編集委員の皆さんにも満足していただけたのではないだろうか。企画が成立した頃にS女も加わり編集部は三人になった。全一六巻の構成は以下のとおりである。

1　いま哲学とは
2　経験・言語・認識
3　記号・論理・メタファー
4　世界と意味
5　自然とコスモス
6　物質・生命・人間
7　トポス・空間・時間
8　技術・魔術・科学
9　身体・感覚・精神
10　行為・他我・自由

11　社会と歴史
12　文化のダイナミズム
13　超越と創造
14　哲学の原型と発展―哲学の歴史1
15　哲学の展開―哲学の歴史2
16　哲学的諸問題の現在―哲学の歴史3

今見ても、右の構成案には三年間の白熱した議論を思い起させるものがある。第一巻『いま哲学とは』では、編集委員全員に、二一世紀を目前に、「哲学に与えられた課題とは何か、いま哲学にできることは何か」という問いに真摯に答えていただくことにした。その結果、第一巻の目次は次のようになった。

Ⅰ　知の通底と活性化―哲学の新しい地平から　中村雄二郎
Ⅱ　哲学の基本的課題と現実的課題　藤沢令夫
Ⅲ　哲学の主張　竹市明弘
Ⅳ　過去の制作　大森荘蔵
Ⅴ　哲学と言語　滝浦静雄
Ⅵ　哲学の言葉と自己関係性　加藤尚武
Ⅶ　哲学と反哲学　木田元
Ⅷ　かたりとしじま―ポイエシス論への一視角　坂部恵

Ⅸ　断章・身体による世界形成　市川　浩
Ⅹ　死を巡る第二の断章　村上陽一郎
Ⅺ　現代の日本で哲学することの意味　坂本　賢三

後に私は次のように書いた。「各編集委員の意気込みが、よく伝わってくると思う。三十数回に及ぶ編集会議は、自ずから編集委員会で問題を共有させることになり、同時にその哲学的課題に、一人一人が独自の方法で答えを出す、という結果を生むことになった」(『理想の出版を求めて』二〇〇六年)。あれから一五年たった現在でも、その感慨は変らない。

ところで木田は、右に見る如く第一巻に「哲学と反哲学」(一九八五年)を書いた。この他に第九巻『身体・感覚・精神』(一九八六年)に同名の論文を巻頭論文として、また第一三巻『超越と創造』に「形而上学としての芸術」(一九八六年)を書いた。

第二節　『哲学と反哲学』

木田の著作『哲学と反哲学』(岩波書店、一九九〇年。後に「岩波同時代ライブラリー」版、一九九六年。さらに「岩波現代文庫」版、二〇〇四年)は、九〇年代最初の著作である。しかしその内容は右に見たように八〇年代後半になされた仕事であった。つまり「新岩波講座・哲学」の三本の論文に「講座・現象学」(全四巻、滝浦ほかと共編、弘文堂、一九八〇—八一年)第二巻収載の「世界と自然—現象学的世界概念の系譜」を加え、最終章だけが一九八九—九〇年にかけて書下されたものである。改めて目次立てを見ると次のようになる。

Ⅰ　哲学と反哲学
Ⅱ　世界と自然—現象学的世界概念の系譜
Ⅲ　身体・感覚・精神
Ⅳ　形而上学としての芸術
Ⅴ　ハイデガーと「形而上学」の歴史

このように講座に執筆された論稿をまとめて本にするのは、私たちの常套手段であった。例えば「新岩波講座・哲学」の場合でいえば、この木田の著作の他に、藤沢令夫の『哲学の課題』（一九八九年）や中村雄二郎の『哲学の水脈』（一九九〇年）などがある。

さて、これから第一章から順にその内容を見ていく。いずれの章の内容も、本書の前章で検討した『ハイデガー』と『メルロ＝ポンティの思想』で触れられている。が、『哲学と反哲学』ではその議論の仕方が、よりめりはりをつけたエッジが立ったものになっている点に、それこそ木田の言う「反哲学」のありようがうかがわれ、まことに興味深い。

哲学と反哲学

木田は、現代の哲学者——ハイデガーとメルロ＝ポンティを念頭に置いてのことだが——は自らの思想的営為を〈哲学〉と呼ぼうとはしない、と言う。既に前章で見たことだが、ハイデガーはそれを「存在への回想（Andenken an das Sein）」と名づけて、伝統的な「哲学」の解体（Destruktion）を試みた。メルロ＝ポンティもその後期思想においては、自らの思想的営為を「否定哲学」「否哲学」「反哲学」などと呼んでいた。

　言うまでもなく哲学（フィロソフィア）という言葉は、古代ギリシアの古典時代に生まれた知の特定の様式を指し、それが紆余曲折を経て近代ヨーロッパに受け継がれたものである。だとすればこの〈哲学〉が近代ヨーロッパの科学を生み技術を生んだどんなに偉大なものだとしても、それはある特定の知の様式に基づくものに他ならない、と言える。ハイデガーやメルロ＝ポンティ、更に言えばマルクスやキルケゴールやニーチェなども含めて、彼らは〈哲学〉つまりこの特定の知の様式を近代ヨーロッパ文明を形成したものの総体として、批判しようと試みたのだった。

　それ故ハイデガーやメルロ＝ポンティは、自らの思想的営為を〈哲学〉ではなく〈反哲学〉と呼んだのである。

　それではハイデガーは、〈哲学〉以前についてどう考えていたのだろうか。木田はその手がかりをハイデガーの一九五五年の講演「哲学——それは何であるか」（Was ist das—die Philosophie?）に求める。

　この講演でハイデガーは、〈哲学〉こそ「ギリシア精神の実存」を規定するものだと言う。フィロソフィアは「われわれの西洋的＝ヨーロッパ的歴史のもっとも内的な根本動向」を規定するものであり、逆に言うなら「西洋とヨーロッパは、そしてそれらだけが、そのもっとも内的な歩みにおいて根源的に〈哲学的〉なのである」る。とするならば、「西洋哲学」「ヨーロッパ哲学」と言うのは完全なトートロジーに他ならないことになる。

　その上でハイデガーは、この〈哲学〉に対して明確な時代的限定を加える。つまり、ヘラクレイトスやパルメニデスは「アネール・フィロソフォス（叡知を愛する人）」ではあったが、「哲学者《ホ・フィロソフォス》」ではなかった。彼らの思索は「フィレイン・ト・ソフォン（叡知を愛すること）」であったが「哲学《フィロソフィア》」

ではない。彼らは哲学者よりもっと偉大な思索者だったたし、「思索の別な次元」に生きていた。

「〈哲学〉への一歩はソフィスト的思惟によって準備され、まず最初ソクラテスとプラトンによって踏み出され」、ついでアリストテレスが、ヘラクレイトスののちほとんど二世紀を経てから、この一歩を次のように定式化した。「つまりこうして、すでにかつても、そしていまも、そして絶えることなく、（哲学が）そこへ向かう途上にありながら、いつも繰りかえしそこへ通ずる道を見いだせないでいるもの、（つまり問われているものは、これである）存在者とは何か」（本節の引用は、特に断りがない限り、『哲学と反哲学』より）。

とすればハイデガーは、アリストテレスによって定式化され、以後「西洋的＝ヨーロッパ的歴史のもっとも内的な根本動向」を規定してきた〈哲学〉をどのように位置づけるのか。ヘラクレイトスやパルメニデスについて、その思索は叡知を愛する《フィレイン》ことだと言われるが、その叡知とは〈すべての存在者は存在のうちにある〉ということだ。そして「存在が存在者を集め、それが存在者たりうるようにしているのであり、そうだとすれば存在とは〈Versammlung（集めること）〉、〈ロゴス（レゲイン→ロゴス）〉だと言う。レゲインとはギリシア語で〝集める〟の意である」。

それに対して「フィレイン・ト・ソフォン」と言う時の「フィレイン」（愛する）は、ヘラクレイトスの言う「ホモロゲイン」すなわち「ロゴスに和《ホモ》すること、ロゴスに言い応ずる《エントシュプレッヒエン》こと、ト・ソフォンと調和《ハルモニア》し、それに随順《エントシュプレッヒエン》することにほかならない」。

ハイデガーは「存在者が存在のうちに集められているということ、存在の輝き《シャイネン》のうちに存在者が現われ《エアシャイネン》出ているということ、まさしくこのことがギリシア人を……驚かせた《タウマツェイン》」のであり、この驚きこそ彼らを思索に駆り立てたものに他ならない、と言う。

ところが古典時代になるとソフィストたちが現われ、この〝驚き〟が失われかける。しかし少数の人はこの驚きをあくまでも保持しようとし、ト・ソフォンを一層押し進めようと考えた。こうしてト・ソフォンとの調和は、ト・ソフォンへの欲求《オレクシス》、ト・ソフォンへの愛《エロース》になり、〈フィレイン・ト・ソフォン〉は〈フィロソフィア〉になる。そしてアリストテレスによって「存在者とは何であるか」「存在するものと見られるかぎりでの存在者とは何であるか」、「存在者の存在者たるゆえん、つまり存在者の存在者性《ウーシア》は何であるか」といった問いのかたちに定式化された、とする。

こうしたハイデガーの難解な考え方を、木田は次のように解釈して見せる。「人間もまた一個の生物である以上、やはり特定の生物学的環境に生きているにはちがいないのだが、人間は、そしておそらく人間だけが、高次のシンボル機能によってそうした環境の緊縛をふりきり――だが、やはりその環境内存在を足場にしながら――〈世界《ヴェルト》〉というもっと高次の行動の場を開き、おのれの出会うすべてのものを世界内部的なものとしてとらえることができる」。

つまり、人間は〈存在〉という視点を設定することによって、すべてのものを生物学的機能値から解放し、〈存在するもの〉＝〈存在者〉として統一的に把握することが可能になる、ということだ。『存在と時間』でハイデガーは、〈存在了解〉を現存在のもっとも基本的な規定とした。この〈存在了解〉こそ〈存在という視点の設定〉に他ならない。そしてハイデガーはそれを〈超越〉と呼んだ。彼によれば〈存在了解〉は〈存在の自由な企投〉でもある。

ヘラクレイトスはそれを〈ヘン・パンタ〉と簡潔に表現した。ヘンとは「一なるもの、唯一のもの、すべてを一つにするもの」であり、パンタとは存在者すべてを意味する。ハイデガーは、ヘラクレイトスやパルメニデスたちにとってはこのことこそが〈驚くべきこと〉であったのだと言う。そしてその驚きを受け入れ、ロゴスを〈ホモロゲイン〉することが何よりも重要であったのである。

しかし、ソクラテス、プラトン、アリストテレスはロゴスに随順して生きるのではなく、ロゴスそのものを問うようになった。つまり〈フィレイン・ト・ソフォン〉は〈フィロソフィア〉になった。その結果、あの始源の調和《ハルモニア》は破られることになる。それは彼らの問い方 Was ist daß?（それは何であるか。ギリシア語では〈ティ・エスティン〉）そのもののうちにあったのだ。つまりこのような問いを発すること自体が、存在への特定の態度決定を表わしている、ということだ。〈何であるか〉という問いは、〈本質への問い〉であり、こう問うことによって、存在は〈本質存在〉に限局されてしまったのである。

ここまではハイデガーの講演によって辿ってきた。以下はそれ以外のところで論じられた〈本質存在〉と〈事実存在〉に関するハイデガーの議論を、木田が要領よくまとめたものである。

ハイデガーは、ここでまず必要なのは、〈本質存在（esse essentiae）〉と〈事実存在（esse existentiae）〉の区別がどうして生じたかを明らかにすることだ、と言う。前者は〈何であるか〉という問いに対する答え〈……デアル〉という存在、Was-sein のことであり、後者はあるものが存在する・あるいは存在しないという意味での存在〈……ガアル〉という意味での存在、Daß-sein のことである。

この区別から「形而上学としての存在の歴史」が始まる、とハイデガーは言う。そしてこの区別のうちに始源の存在は身を隠し、したがって忘却されてしまうこと——「存在忘却」が形而上学の本領となる。ここで重要なのはサルトルのように〈実存が本質に先立つ〉と両者の関係を逆転させることではなく、始源の単純性を回復することである。ハイデガーは〈wesen〉という動詞で〈デアル〉と〈ガアル〉分岐以前の状態を表現しようとする。その時ハイデガーの念頭にあるのは〈ピュシス〉であった。

木田は言う。これは日本人にとっては分り易いものだ、と。例えば『古事記』冒頭の万物を「葦牙《あしかび》の萌《も》え騰《あが》るが如く成る」に見られる考え方だ。この問題についてはまた詳しく論じることになるので、これ以上言及しない。それはともかく、フォアゾクラティカーの多くが『ピュシスについて』という題の本を書いていたということだけは覚えておこう。

ところでハイデガーは、本質存在と事実存在の区別が初めて立てられたのはプラトンの存在論においてであったと言う。そしてその区別は、存在をピュシスとしてではなく、製作物〔木田は後に『反哲学史』では「制作物」、「制作的」と表記するが、『哲学と反哲学』では現行の表記で統一しているのでそのままにする〕モデルにした〈アル〉とは〈作ラレテアル〉と考える時にのみ可能になることであった。とするならば、アリストテレスがなすべきことは、ギリシア人にとっては異国的な師プラトンの製作《ポイエーシス》的存在論とイオニア的なピュシスの存在論を調停することであった。その意味で「アリストテレスはプラトンよりもいっそうギリシア的に、つまり始原において決定された存在の本質にいっそう則して思惟してい」たと言えるかも知れない。しかし「アリストテレスもまた、エネルゲイアとしてのウーシアをイデアとしてのウーシアへの対抗手段として思惟することとしかできず」、したがって彼が存在について始源的思惟に近づいたとは言えないのであった。

木田は、メルロ＝ポンティの後期思想で展開しようとした〈反哲学〉も、右のハイデガーの思索に近い〈始源の存在への回帰〉であった、と言う。前章でその内容について詳しく述べてあるので、ここでは木田の言葉で改めて整理してみることにしよう。

まず、「同じように哲学を解体することによって始源の存在への回帰をはかるにしても、メルロ＝ポンティにあってはその存在が歴史の始原にではなく、われわれの経験の始原に、つまりわれわれの経験の最基層をなす〈感覚的なもの〉のうちにもとめられる。彼はそれを〈野生の存在〉と呼び、その存在にいわばホモロゲインすることを〈問いかけ（interrogation）〉と呼ぶ。このようにメルロ＝ポンティには、ハイデガーの言うような〈存在の歴史〉といった視点はまったくないのであるから、両者の思索にかなりの異なりがあるにはちがいないのだが、それにもかかわらず、やはり彼らはその異なりを透して何か同じものを垣間見ているように、私には思えてならない」と言う。

そもそもメルロ＝ポンティの後期思想は、『知覚の現象学』における身体論の見直しから始まっていた。彼は〈客観的身体〉と〈現象的身体〉とを区別し、前者の根底に主体的に生きられる後者を発見することによって、そこに開示される知覚的世界を捉えようとした。しかしこの時点では前者は後者に至るための否定的存在として考えていた。

ところが『見えるものと見えないもの』の後期思想では「客観的身体と現象的身体とはたがいにたがいのまわりをめぐり、たがいに侵食し合う」とか「私の身体は一挙にして現象的身体でもあれば客観的身体でもある」と言う。木田はこれについて、現象的身体＝「感じる身体」「見る身体」、客観的身体＝「感じられる身体」「見られる身体」と考えれば分りやすいとする。とすれば右の引用は身体が「感じられる感じるもの」「見られる見るもの」であることを表現していることになる。だからメルロ＝ポンティは「謎は、私の身体が見るものであるのと同時に見えるものだという点にある」と言うのだ。

「……私の身体は世界と同じ肉で仕立てられているし、その上、私の身体のこの肉は世界によって分かちもたれている、つまり世界は私の身体の肉を反映し、それを侵食しているのであり、私の身体の肉は世界を侵食する、……私の身体と世界とはたがいに侵食し合い、越境し合う関係にある」、「世界が私の身体の二枚の花弁のあいだに挿入され、私の身体がそれぞれの物や世界の二枚の花弁のあいだに挿入される」などとも彼は言う。

木田は、このようにメルロ＝ポンティが何とか伝えようと苦闘する内容を、次のように簡潔にまとめる。「メルロ＝ポンティが「肉」と呼ぶものは、こうしたいわば見ることや感じることの〈主体〉

と〈客体〉とをおのれのうちに合わせもつ比類のない存在のことである。彼はそれを「野生の存在（Être sauvage）」と呼んだり、ハイデガーにならって大文字ではじまる「存在（Être）」——「この知覚的世界こそ、結局のところハイデガーの言う意味での存在なのである」——と呼んだり、「自然」——「感覚的なものである自然……この自然の精神分析をおこなうこと、それは肉であり母である」——と呼んだりする」。

ここでは本質的存在と事実存在あるいは普遍と個別の区別もない。それをメルロ＝ポンティは〈ゲシュタルト〉として捉える。そしてこのような「純粋な〈……ガアル〉」でありかつ、同時に次元・水準・地平でもある〈ゲシュタルト〉を彼は wesen と呼ぶ。この言葉はハイデガーから援用したものだ。「（動詞的な）Wesen の発見、対象‐存在でもなければ主体‐存在でもなく、本質的存在でもなければ事実存在でもない存在の最初の表現。wesen するもの……は was〔何デアルカ〕の問いにも daß〔……ガアルカナイカ〕の問いにも応えるものなのだ」。

この〈wesen〉は、既に前章で見たように、「内部存在論」によってしか捉えられない。そしてその方法は〈問いかけ〉である。つまりメルロ＝ポンティの思想とは「問いかけとしての哲学」ということになる。それを彼は次のように言う。

存在者を所有しようとするのではなく、それを見ようとし、それをピンセットではさんだり、顕微鏡の対物レンズの下に固定したりしようとするのではなく、それを存在させ、そのやむことのない存在に立ち合い、したがって、存在者が返還を要求するくぼみや自由な空間をそれに返してやり、存在者がもとめる反響をそれに与え、存在者の固有の運動に従うような、したがってそれ自身も充実した存在によって充たされる無などではなく、多孔性の存在者へのふさわしい問いかけであり、……それが手に入れるのは答えではなく、おのれの驚きの確証である。

メルロ＝ポンティがこのような〈問いかけ〉で念頭に置いていたのは、『眼と精神』でも見られたごとく、画家の仕事であったろう。同様にハイデガーは詩人を思い浮べていた。つまり「彼らは芸家の存在経験をモデルにして、失われた始原の存在への通路を復原しようと試みているのであろう」。このように書いた木田は、最後にまとめとして次のように言う。

ハイデガーやメルロ＝ポンティにとって〈哲学〉とは「〈ガアル〉《イ・リ・ア》の昇華」「肉の昇華」として生じた精神、つまりは「野生の存在」「自然」から発現してきた精神がおのれの出自を消し去り、おのれ自身の力でおのれの存在を根拠づけんとする企て、言いかえれば知が知によっておのれを根拠づけんとする、いわばそれ自体根拠なき《アブグリュンディッヒ》企てだということになろう。超感性的原理を設定することも、製作物をモデルにして存在論を構築することも、そしてそうした手続きによって存在概念を二義的に区分することも、この企ての一環にすぎない。その企てを解体し、始原の存在に回帰せんとすることこそ、彼らの説く〈哲学者〉の目指すところなのである。

世界と自然——現象学的世界概念の系譜

アヴェナリウスは、一八九一年刊の『人間的世界概念』の中で、「人間の自然的な世界概念」の構築を哲学の基本的な課題としている。一九世紀の西欧では自然科学の興隆を背景に、「世界」とは自然科学的意味における「実在者の総体」とされ、その哲学的意見が問われることはなかった。だからアヴェナリウスの考えはフッサールやハイデガーに大きな影響を与えることになる。つまり彼らの努力によって、以後「世界」概念は現象学の中心的なそれとなった。

この論文で木田はフッサール、シェーラー、ハイデガー、メルロ＝ポンティに即して、「世界」概念がどのように問い深められていったかを明らかにする。

まず中期フッサールの世界概念から始めよう。フッサールはゲッチンゲン大学の一九一〇―一一年度の講義「現象学の根本問題」において、「アヴェナリウス学派の実証主義との原理的な対決」を行った。もっともその対決の部分は失われていて詳細を知ることができない。批判の要点はアヴェナリウスの「機械論的‐感覚主義的」先入見に向けられたものらしいが、少くともこの時点で次のように言えるだろう、と木田は言う。つまり「世界概念がフッサールの現象学の根本原理になっていること、そして、近代の数学的自然科学によって客観化された世界から生活世界への還帰という後年の構想が粗描されていること」。

とはいえ、この構想はそう簡単に実現されるものではなかった。具体的に言うと、右の講義の二年後に刊行された『イデーン』第一巻では、世界とは自然認識の「可能的探究の全地平」あるいは「およそ可能な経験と経験的認識の諸対象の総体」とされていた。こうした世界を無条件に前提するのが自然的態度であり、その定立作用のスウィッチを切ることが現象学的エポケー――現象学的還元の第一段階としての――であった。

しかしこの段階においても、木田によれば「世界は個別的定立と個別的否定との包括的基盤であり、自然的態度においては世界そのものが抹消されることはけっしてありえないこと」が認められていた。「しかし、ここではまだ全体として、世界とそのうちに存在する事物の総体との、つまり世界意識と事物意識との「原理的な区別」には注意が向けられていない」のである。

という次第で『イデーン』第一巻の「世界」概念は修正せざるをえなくなる。『イデーン』第二巻では、それまで混同されていた自然的態度と自然主義的態度が区別されるようになった。後者は自然科学的態度とも呼ばれ、自然の客観化の上にそれを「裸の事象」と見る理論的態度である。これは「人為的態度」でこそあれ、けして「自然的（natürlich＝自然な）態度」ではない。フッサールは、このいっさいの定立作用に先行する根源的な自然的態度のうちに世界経験を探ろうと試みるようになる。それは『イデーン』第一巻の現象学的還元についての理論に対する反省と思索の深まりを生んだ。その詳細を述べる余裕はないが、その過程で従来の還元の「デカルト的方途」が放棄されるに至ったことだけは記憶しておきたい。

さて、後期フッサールの世界概念について検討することにするが、それは『経験と判断』（一九三八年）と『ヨーロッパ諸学の危機と超越論的現象学』（第一、二部、一九三六年、第三部は遺稿）に見られる。

『経験と判断』について木田は次のように言う。「この時期の彼の構想では、現象学的還元は「客観的世界から生活世界への還帰」、つまり「生活世界的エポケー」と、さらに「生活世界から超越論的主観性への還元」という二重の操作を経て遂行される」。

フッサールは言う。「〈数学および数学的自然科学〉という理念の衣、あるいはそれに代わる記号《シンボル》の衣、すなわち記号的・数学的理論の衣が、科学者や教養人にとっては〈客観的に現実的で真の〉自然として、生活世界の代理をし、それを蔽い隠すところのいっさいのものを包括することになり」、「この理念の衣のために、われわれは一つの方法にすぎないものを真の存在とみなし、われわれの経験の世界を、いつもすでにその上に投げかけられている理念の衣の意味するところに従って、あたかも即自的に存在するものであるかのように思いこんでいるのである」。

フッサールは、この理念の衣こそもっとも根深い先入見だと考え、これにエポケーを加えることが現象学的環元の第一歩だとした。しかしそれは還元の第一段階にしかすぎない。われわれは未だ世界内部的《ムンダーン》な態度のうちにいる。「真に超越論的なエポケー」を行わなければならない。そして「世界を超え出た」超越論的態度へ移行する必要がある。その結果、世界は「超越論的現象」となる。同時に「世界と世界意識との超越論的相関関係」が見えてくる。

　フッサールによれば、世界はいつもすでに与えられている。このような世界の在り方を彼は「超越」と呼ぶ。そこで世界がどのように意識されるのかと言えば、「受動的なドクサ（passive Doxa）」において与えられる。そしてこのドクサこそ、あらゆる知の根底にあるウアドクサに他ならないのだ。

　というわけで、フッサールの超越論的現象学はもっとも「ラディカルな世界考察」と言われるのである。しかしそうなると奇妙な事態が生じる、と木田は言う。「というのも、超越論的態度という、これまた一つの「人為的態度」があえてとられたのも、実は自然的態度の根源性、生活世界の原事実性を基礎づけ、そのア・プリオリな構造を解明せんがためであるということになるからである」。いずれにしてもメルロ＝ポンティの言う如く、「自然的態度と超越論的態度の関係はけっして単純なものではない」のである。

　次にマックス・シェーラーの世界概念について簡単に見る。シェーラーは『宇宙における人間の地位』（一九二八年）において、ユクスキュルの環境世界論に基いて人間の「世界開在性（Weltoffenheit）」を説いた。それは動物の「環境世界緊縛性」に対する概念である。つまり動物は、環境世界と受容器および実行器を介して「機能環」とでも称すべき適合関係を持っている一方、人間は環境世界から「距離をとって」すなわち衝動や環境世界の緊縛から脱して、「世界」という場に開在することができるのだ。シェーラーによれば、「いっさいの存在者」を㈠無機的存在者、㈡植物、㈢動物、㈣人間と分けることができると言う。その本質を、彼は「集中（Sammlung）」あるいは「自己集中（Sichsammlung）」

に見て、それを一括して「自己意識」と呼ぶ。木田は言う。「このように「有機体と環境世界との対峙のかなたにそびえ立つ中心」としての人間の人格こそが、生物学的な環境を「世界」にまで拡大し、そのつどの環境構造をその世界のアスペクトとみなしうるのである」と。

このシェーラーの「哲学的人類学」が、同時代の生命科学者たちに与えた影響は大きかった。同時に、ここでの世界概念がハイデガーの「世界内存在」に結がり、メルロ＝ポンティにも少なからぬ影響を及ぼしていることを忘れてはならない。

そのハイデガーの世界概念については、既に第一章でも述べているので、木田はここではいくつかの問題点を指摘するにとどめている。その一つは、ハイデガーの世界概念とフッサールのそれとの異同についてである。フッサールは先に見た一九一〇—一一年度の講義で「自然的世界概念」回復の要求について述べている。木田は、それに対してハイデガーは少し異った考えを持っていたと、次のように書く。「フッサールにとっては世界とは、たとえそれがどれほど深い層でとらえられようとも、結局は志向的分析のための指標《インデックス》であり、世界もまた超越論的主観性の構成作業の所産なのである。ところが、ハイデガーにとっては、世界とはすべての存在者が私にとって存在者として立ちあらわれてくる存在の場面、つまりは人間的現存在の存在構造に属するものなのである」。

このような違いが『エンサイクロペディア・ブリタニカ』の原稿共同執筆に際して明らかになったのは有名なことである。つまりそこには、フッサールの志向的分析に対するハイデガーの批判と多少の誤解があったのだが、結局は哲学者としての根本的なあり方の違いによると木田は言う。「つまり、おのれを「関与しない傍観者（der unbeteiligte Zuschauer）」たりうる者としてとらえるか、それとも不安とか良心の呼び声によってのみその真の姿を露呈するような者としてとらえるか、そのとらえ方の違いにすべては帰着するように思われる。ハイデガーが現存在の存在の意味をあえて「関心《ゾルゲ》」とよぶ底にも、その点でのフッサール批判がこめられているのではないかと思われる……」。

もう一つは根源的自然と世界の関係である。『存在と時間』の二年後に発表された『根拠の本質について』のある注で、ハイデガーは次のように述べている。「だが、このような方向をもった現存在分析論において、自然が――単なる自然科学の対象としての自然ではなく、根源的な意味での自然が（中略）――欠落しているように見えるとすれば、それには理由がある。決定的な理由は、自然が環境世界の領界内で見いだされるものでもなければ、また一般に自然がもともとはわれわれのかかわり合う（Sich verhalten zu）ものでもないというところにある。自然は根源的には、現存在が情態的に気分づけられたものとして存在者のただなかに実存しているというまさしくそのことによって、現存在のうちに現われ出ているのである」。

正確に理解するのは至難のことだが、木田は「彼が望見していた世界はおそらくそうした根源的自然とでもいったものの存立しうるような世界だったのではなかろうか」と言う。なお「世界を森のなかの間伐地（Lichtung＝明るみ）、開け（Offenheit）と見るハイデガーの後期思想」については、最後に触れる。

続いてメルロ＝ポンティの世界概念について。ここでも木田はいくつかの問題を指摘するにとどめている。メルロ＝ポンティの場合、現象学的な世界概念が重要となるのは『知覚の現象学』（一九四五年）以降のことだと言われる。したがって処女作『行動の構造』では現象学の影響はほとんど見られない。とは言え、同書の注部分においては、フッサールに関わる多くの言及がなされている。

問題は、はたして『行動の構造』ではそれ以上の現象学からの影響はなかったのかということだ。それに対して木田は、マックス・シェーラーの少なからぬ影響をあげる。同書の文献表にもシェーラーの『知識形態と社会』『倫理学における形式主義と実質的価値倫理学』そして『宇宙における人間の地位』があげられている。とりわけ『知識形態と社会』収載の「認識と労働」と『宇宙における人間の地位』の影響が決定的だった、と木田は言う。それは、シェーラーが右の『人間の地位』で展開した一種の階層理論にメルロ＝ポンティはゲシュタルトとか構造の概念を導入して、より精緻なものにしたということだし、またその世界概念もシェーラーのそれを継承していると考えられるからだ。

メルロ＝ポンティがフッサールやハイデガーの世界概念を継承する以前にこのようにシェーラーの世界概念と接した結果、『知覚の現象学』で展開されるメルロ＝ポンティの世界概念はより大きな幅と豊かさを得た、と木田は見る。つまり、ギュルヴィッチの影響によって、メルロ＝ポンティは現象学をゲシュタルト心理学や生命諸科学の新しい動向と重ね合わせて見ることによって、『行動の構造』における「世界」は物理的・生命的な低次の構造のみならず、生物学的環境世界に関わる高次のシンボル体系として把捉されているからだ。

そして『知覚の現象学』では、フッサールの後期思想やハイデガーの『存在と時間』の影響下に、世界を明瞭に超越論的概念として捉えることになった。その現象学的宣言として有名な序文には、次のように書かれている。「世界というものは、それについて私のなしうるいっさいの分析に先立ってすでに在るものなのであ」り、「世界とは、その構成の法則を私が自分の手中に握ってしまっているような一対象などではなく、私のいっさいの思惟といっさいの顕在的知覚とのおこなわれる自然的環境であり領野なのであ」る。「世界とは、私が思惟しているものではなくて、私が生きているものなのであり、私は世界へと開かれ、世界と疑いようもなく交流しているけれども、しかし私は世界を所有しているわけではな」い。「意識をそのまま世界企投として認めることが必要なのであり、かくして意識は世界へと運命づけられたものとなり、意識は世界を包摂したり所有したりはしないで、たえず世界へ向ってゆくことをやめないものとなり」、「われわれは徹頭徹尾世界と関係していればこそ、われわれがこのことに気づく唯一の方法は、このように世界と関係する運動を中止することであり、あるいはこの運動とわれわれの共犯関係を拒否することなのであ」る。とすれば現象学とは「世界の意味をその生まれ生ずる状態においてとらえようとする」努力以外の何物でもない。

このメルロ＝ポンティのフッサール解釈は明らかに強引である。木田によれば、フッサールは「客観的世界から生活世界への還帰をおこなった上で、さらにこの生活世界からその構成に働いている超越論的主観性へと還帰しようと考えていた」のに、メルロ＝ポンティは「この第二次の還元を無視して、生活世界における世界経験の記述に終始しようとしているからである」。もちろん、メルロ＝ポンティはこのことを承知していた。その上で晩年の論文「哲学者とその影」でも自らの解釈を正当化しようとしているが、ここではその微妙な論理を追究する余裕がない。

以上見てきたように、そこに共通に見られるのは、根源的自然とでも言うものである。フッサールはそれを最晩年の手稿の中で、「大地」と呼んだ。ハイデガーも転回《ケーレ》以後の後期の思索でこの問題を主題化した。Lichtung というドイツ語——通常の意味は森などの「間伐地」——で、自然のうちに開かれてくる開けとか明るみとしての世界を、ハイデガーは何とか言語化しようと努めているが、それもこの根源的自然を考えてのことであろう。彼もそれを「大地」と呼んだのだった。そしてメルロ＝ポンティが最晩年の「研究ノート」の中でそれを「野生の存在」と呼んだことは右に見たとおりである。

身体・感覚・精神

この章では、ニーチェ、ベルクソン、マッハ、そして世紀末ウィーンの思想史がとりあげられる。後に展開されるマッハ論や世紀末ウィーンへの関心が最初に表明された論文として、木田の思索の軌跡を辿る上で、非常に重要なものだ。

まずニーチェから。本論文第一節の副題である「〈肉体を手引きとする〉世界考察」からも分るように、ヨーロッパの精神とか理性に基づく形而上学に対して、ニーチェは肉体の復権によってそれを克服しようとした。それを木田は、「世界を精神によって認識される相のもとにではなく、肉体によって生きられる相のもとに見るべきだ、とニーチェは提唱し」たと言う。

ニーチェにとって認識とは、通常考えられているような存在しているものをそのまま引き写す作業ではなく、「図式化すること」つまり価値定立作用であった。そして図式化が図られる対象としての世界は〈混沌《カオス》〉としてある。同時にそれはわれわれの肉体そのものでもある。とすれば世界も肉体だと言えるであろう。「混沌《カオス》とはその世界という肉体の生《レーベン》の動き、その生成と流動に他ならない。したがって、混沌といっても、それはまったくの混乱の無秩序を意味するわけではなく、その運動の秩序が直接知られないというだけのことである」と木田は言う。

このような混沌の中で、われわれの身体は「相対的に持続する生」を営んでいる。その持続的存立のためには、生の〈実践的欲求〉に基づく〈図式化〉の働きによって「遠近法的展望《ペルスペクティヴィスムス》」が必要とされる。逆に言えば、世界とは、生の活動による〈世界企投〉＝遠近法的展望の圏域だ、ということになる。

続いてベルクソン。ニーチェと時代的に重なるベルクソンの場合でも、身体に対するユニークな思索を展開したと言うことができる。ベルクソンは『意識に直接与えられるものについてのエセー』（一八八九年）で、意識を〈純粋持続〉と呼んだのだが、『物質と記憶』（一八九六年）においては、この純粋持続としての意識が身体とどのように関わるかを問題にした。その結果、〈意識＝記憶〉として捉えられることになった。この考え方は、当時盛んであった脳の機能局在論つまり心的機能を大脳の特定部位に定位する見方――一八六〇年代以降、ブローカやウェルニッケによって研究された失語症の事例に基づく――と、それに伴う心身平行論とか随伴現象論に対する批判に由来するものであった。

ベルクソンは、脳は物質であるから「運動の通路」でしかありえず、記憶の「現実化」や「物質化」の器官以上のものではない、と主張した。彼の場合、記憶は純粋持続としての意識に他ならないとされた。しかしそうなると、他の心的作用、例えば知覚は意識ではないのか、という問題が生じてくる。その結果、彼のユニークな知覚理論が展開されることになった。

『物質と記憶』でベルクソンは、脳を「現実的行為の中心」としてその知覚機能も運動の文脈で捉えるべきだ、と主張した。「感覚＝運動過程」あるいは「感覚＝運動機構」といった考え方だ。つまり、知覚とは純粋認識ではなく、身体がおこなう自らの行為の先取りなのである。木田によれば、「生の活動にとっての利害というフィルターにかけられ、切りとられたものが〈知覚〉なのである。もっと正確に言うなら、そのようにして切りとられた諸作用が、もとの物質に反射され、そこに浮かびあがってくるものが、その「物質の知覚」だということになろう」。

ベルクソンは言う。「私の身体をとりまいている諸対象は、それらに対する私の可能的行為を反射している」。「それらの対象は、ちょうど鏡のように、私の身体がそれらに及ぼしうる可能的影響を私の身体に照らし返しているのであり、それらは、そこに及ぶ私の身体の力の増減に応じて配列されているのである」。とすれば知覚とは「身体によっておこなわれる一つの先取」であり、「物を処理する自分なりの仕方の表現」、「物と世界とが自分にとって何であるかの表現」だということになろう。そして身体とは「世界と討議している身体」である。

だからメルロ＝ポンティは、『物質と記憶』における〈純粋知覚〉の考え方に、身体的な世界投企あるいは身体的な世界存在の記述を読み取ったのであろう。そしてこの考え方が、先に見たニーチェの「肉体を手引きとする」世界考察に近似していることは、言うまでもない。木田は、その近似性は「両者がともに、ダーウィニズムによってふたたび活力を与えられた進化論の思想圏に立っていた」ことに由来する、と言う。

次にエルンスト・マッハの〈感覚要素一元論〉を検討しよう。

一八八〇年代のなかば、ニーチェの最後期でもあるが、やはりダーウィニズムの思想の上に立ってユニークな認識論を展開したのが、マッハだった。マッハは進化論の立場から、感覚器官の進化、認識の進化を主張し、〈要素一元論〉を展開する。それは、主観と客観、精神と物質、更には観念論と唯物論といった対立する二つの存在ないし立場を乗り越えようとする試みであった。

マッハは「色、音、温かさ、圧感、空間、時間等々」を〈感覚要素〉としてあげる。つまり、これらの感覚所与が世界を構成する要素だと考えたのだ。これらの要素は、実在する物体の属性でもなければ、われわれのうちに生じた主観的表象つまり観念でもない。物的でもなければ心的でもない、〈中性的〉存在としか言いようがないものである。だから彼は次のように言うのだ。

> 第一次的なもの〔根源的なもの〕は、自我ではなく、諸要素（感覚）である。……諸要素が自我をかたちづくるのである。私〔自我〕が緑を感覚する、ということは要素緑が他の諸要素（感覚、記憶）の或る複合体のうちに現われるということの謂である。私が緑を感覚するのをやめたり、私が死んだりすると諸要素はもはや従前通りの結合《ゲゼルシャフト》において現われない。それだけの話である。

また、真直ぐな鉛筆を水中に斜めに入れると曲って見えるという周知の例について、マッハは「一体どういう根拠で一方の事実を以って現実《ヴィルクリヒカイト》といい、他方の事実を以って仮象《シャイン》だといって貶しめるのか。……これら二つの場合、いずれも事実が現前しているのである。これら二つの事実は、まさしく、条件の異なった別様の要素連関を表わしているのである」と言う。

しかし彼はけして要素還元主義の立場にいるわけではない。感覚要素はつねに他のそれとの「結合の連関」の中にあるので、「函数的相互依属関係」としてしか捉えられない。つまり感覚要素が織りなす「全体」が問題なのだ。そこからマッハは、感覚的要素の全体的まとまりとしての「形態《ゲシュタルト》」に関心を向ける。例えば音楽のメロディについて「音響形態《トーンゲシュタルト》」という概念を提示した。

この『感覚の分析』（一八八六年）におけるマッハの概念に刺激を受けて、エーレンフェルスが『ゲシュタルト質について』（一八九〇年）を書き、それがいわゆるゲシュタルト心理学の端緒になったことは言うまでもなかろう。

エーレンフェルスが右の著作を発表したのと同時期に、フッサールは『算術の哲学』（一八九一年）で、基数の概念が成立する根拠として〈多〉の〈まとまり《インベグリフ》〉、つまり「図形的契機（figurative Momente）」あるいは「準性質的契機（quasiqualitative Momente）について書いている。その考えは『イデーン』第一巻にも継承され、〈ヒュレーとモルフェー〉概念が生まれた。詳述は避けるが、そこで〈志向的体験〉という現象学の基本的概念が展開されることになる。

マッハによれば、〈自我〉とは諸要素の「比較的恒常的に組織された複合体」でしかないわけなので、〈認識〉も認識主観が世界を見るといったことではなく、主観を含めて全てが函数的に依存し合う世界の中で、それに対して適応しようとする機能環の一つでしかないことになる。自然法則についても、それは「われわれが経験の導びきのもとに、われわれの期待に課す制限」なのであって、可能なかぎり適用可能なそれを手にするために、われわれの認識は「事実を単純化し、図式化し、理想化する」のだと言う。

マッハは、数学的あるいは論理学的な真理であれ、全ての記述は相対的なものであるとした。物理法則ですらその例外ではない。その結果彼は、ひたすら記述に徹する「物理学的現象学（physikalische Phänomenologie）」を提唱することになる。ニュートン力学の前提たる絶対空間・絶対時間を否定するこのような考え方が、相対性理論に結《つな》がるものであったことは、アインシュタインも認めている。そしてフッサールも、〈現象学〉という概念をマッハのこの〈物理学的現象学〉から継承したことを、一九二八年の「アムステルダム講演」で自ら語っている。

以上、ニーチェ、ベルクソン、マッハの三人の思想に共通する志向を明らかにしてきた。木田はそれを以下のようにまとめる。

> つまり、それ自体世界を超越した形而上学的存在である精神ないし理性の存在とともに、その精神なり理性なりによって洞察されると信じられてきた形而上学的な背後世界《ヒンターヴェルト》の存在をも否定し去り、それこそ世界のただなかに〈身〉を置く身体に開かれる世界、これまでは真に存在する背後世界に対して仮象の世界、現象界として貶められてきた感覚的経験の世界に踏みとどまろうとする決意、認識を真理の把握としてではなく、生物学的機能としてとらえようとする見方、こうしたあくまでダイナミックな生の立場からする存在論――これを〈存在論〉と呼んでも差しつかえあるまい――を、彼らのもとに認めることができるように思うのである。

最後に、ウィーンの世紀末に活躍した作家のローベルト・ムージルと詩人のホーフマンスタールなどを取り上げ、木田は彼らへのニーチェとマッハの影響について述べ、更にウィトゲンシュタインにも説き及ぶのだが、ここでは省略する。ただこの論文が誕生する背景に、親友の思想史家生松敬三がいたことと、既に一九八四年にフェルマン『現象学と表現主義』（岩波現代選書）を翻訳していたことを、改めて思い起しておきたい。

なお本稿には付録「ウィトゲンシュタインの周辺」として、1フッサールとウィトゲンシュタイン、2ハイデガーとウィトゲンシュタイン、3ソシュールとウィトゲンシュタインが収められている。

形而上学としての芸術

既に見てきたように、ニーチェ、ハイデガー、メルロ＝ポンティといった哲学者は、木田の言うように「芸術を単に人間の数ある文化的営みの一つと見るのではなく、芸術家の天才的直観やその生産的構想力に、日常的現実を超えた真の現実を洞察‐創出する力を認めたり、芸術作品に世界構成の完成点を見るといった試み」を行ってきた。同様の試みは、ノヴァーリスやシュレーゲル等のドイツ・ロマン派の思想家たちや、ショーペンハウアーにも見られたが、ニーチェ、ハイデガー、メルロ＝ポンティの場合には、より深い志向であり、芸術に一つの形而上学あるいは存在論を認めていたと言えるだろう。

まずニーチェから始める。ハイデガーは一九三〇年代後半に行われた一連の講義「ニーチェ」で、ニーチェの最後期の哲学の再構成を試みたことは既に見た。そこでは一八八七年春に立てられた以下のようなプランが、最高の完成度を持つものとされている。

力への意志—あらゆる価値の転倒の試み
第一書　ヨーロッパのニヒリズム
第二書　最高の諸価値の批判

第三書　新たな価値定立の原理

第四書　訓育と育成

簡単に復習してみよう。木田の言葉を借りると、第一書の内容は次のようになる。「理性の光によって隈なく照らし出され、もはや偉大な芸術様式が時間をかけて発酵するための物陰などまったくなくなり、すべてが無価値・無意味に思えるようになった時代の状況に、彼は「心理的状態としてのニヒリズム」という診断を下し、その病因を探る」。「その病因は、これまでヨーロッパ文化の形成を導いてきた超感性的な最高の諸価値が無価値になったところにある」。「神は死せり」。「こうした超感性的価値を設定した元凶をプラトンだと考える」ニーチェは、「ニヒリズムとは、超感性的価値を目指しておこなわれてきたヨーロッパの文化形成の全体を根本で規定してきた歴史的運動を指す概念と解されるべきなのである」。「ニヒリズムを克服するには、このニヒリズムを徹底する以外に途はない」。「ニヒリズムとは、ヨーロッパという歴史共同体の過去・現在・未来を貫いて規定している根本的な歴史運動」なのだ。

第二書では、最高価値を定立してきた哲学・宗教・道徳に対する徹底的な批判がなされる。となると、残るのは感性的世界だけだ。

第三書では、その感性的存在者の根本性格として〈力への意志〉（Wille zur Macht）が求められる。それは生《レーベン》のことだ。ニーチェは、生《レーベン》は〈つねに現にあるよりもより強く、より大きくなろうとする〉ものだと考えた。だから木田は言う。「要するにニーチェは、超感性的原理が設定されることによっていっさいの生成力をぬき去られ、その超感性的原理によって形成される単なる素材《マテーリア》におとしめられた感性界、つまり自然に、もう一度生成力を回復しようというのである」。

このような文脈において、ニーチェは芸術を問題にするのだ。「われわれの宗教・道徳・哲学は人間のデカダンス形式である。――その反対運動が芸術」。「芸術は生の否定へのすべての意志に対するただ一つ卓越した対抗力にほかならない、すぐれて反キリスト教的、反仏教的、反ニヒリズム的なものにほかならない」。

ニーチェ最後期の草稿の中に「芸術の生理学のために」というタイトルのものがある。この場合の〈生理学（Physiologie）〉は、もちろん身体についてのことだが、それは単なる物体ではなく、心的なものも含まれた身心の統一体つまり人間が生きる〈自然《ピユシス》〉を意味する。〈心理学（Psychologie）〉もニーチェにとっては同様な意味を持つ概念だ。

一八八八年の『偶像の黄昏』の中のアフォリズム「芸術の心理学によせて」でニーチェは次のように言う。

芸術が存在するためには、なんらかの美的な行為や観照がおこなわれるためには、どうしても或る生理的条件が必要である。それが陶酔である。陶酔がまず全器官の興奮性を亢進させておかなくては、芸術は成立しない。

〈陶酔〉という概念は『悲劇の誕生』以来おなじみのものだ。そこでは〈アポロン的なもの〉と〈ディオニュソス的なもの〉が本来的な芸術衝動とされ、それらは〈夢〉と〈陶酔〉という生理的現象に対応するものであった。しかし八〇年代に入ると、ニーチェは〈アポロン的なもの〉と〈ディオニュソス的なもの〉の双方を陶酔の様相と考えるようになる。「陶酔にあって本質的なものは力の昂揚と充実の感情《ゲフユール》である」とニーチェは言う。しかも重要なのは、その陶酔が持続的・習慣的であることであり、それによって芸術家はいっそう単純かつ力強く物事を見ることができるのだ。それをニーチェは〈理想化〉とも呼ぶ。それは「主要な諸特徴を法外に際立たせる」ことで、彼の言う〈形式(Form)〉に該当する。

右の事態を木田は次のようにまとめる。「陶酔とは盲目的で無秩序な束の間の快感に酔いしれることではなく、それ自身のうちに秩序とか形式といったものへの関係をふくんでいることになり、ワーグナーの言うような意味での〈陶酔〉とは正反対なものだということになる」。だからニーチェは言うのだ、「ワーグナーが創造したものは形式だというのは誤りである。あれは没形式なのだ」と。

この〈形式〉という概念について、ハイデガーはそれがギリシア語のエイドスやモルフェーに呼応していると言い、更に次のように言う。「この形式こそがはじめて、存在者の昂揚する力と充実の状態が実現される領域を規定し画定するのである。この形式こそ、陶酔が陶酔として可能になる領域を基礎づけるのである。最高度に豊かな法則性の最高度の単純性としての形式が支配するところ、そこにこそ陶酔があるのだ」。

こうしてニーチェは、真の芸術は〈偉大な様式(der große Stil)〉においてのみ実現されると考えた。だから彼は「最良の時代のギリシア的趣味」=古典的様式(古典主義的様式ではない)をモデルとしたのだった。

> 古典的様式は、本質的にこの静けさ、簡素化、省略、集中を示している――最高度の力の感情が古典的典型に凝集されている。そこにあるのはゆっくりとした反応、高貴な意識であり、闘争の意識などはない。

ところでニーチェにとって、「〈価値〉という着眼点は、生成のうちにある生《レーベン》という相対的に持続する複合的な組織に関する維持と昂揚の条件となる着眼点である」。彼がそこに二重の価値定位作用を認めていたことは既に見た。つまり、到達した現段階を維持するための目安設定である定立作用と、これからの昂揚のために到着すべき可能性の目安を設定する定立作用である。ニーチェは、前者を〈認識〉に関わる価値定立作用であり、後者を〈芸術〉に関わる価値定立作用だと言う。「芸術は……昂揚した生の形象や願望による動物的機能の挑発であり、――生命感情を高めるもの、その刺戟剤である」。「芸術は生を可能ならしめる偉大な形成者であり、生への偉大な誘惑者であり、生の偉大な刺戟剤である」。

とするならば、ニーチェにとっては、真理を追究する〈認識〉より生の昂揚に関わる〈芸術〉の方が重要だということになる。換言すれば、「芸術は真理にもましていっそう価値が高い」のだ。一方、ニヒリズムは芸術よりも認識を重んじ、生によって設定された目安である真理を事物に投影することで超感性的存在として実体化した結果、生《レーベン》をそれに隷属させたところから生まれたのだった。

ニヒリズムに対する「ただ一つ卓越した対抗力」である芸術こそ、真理よりも「いっそう価値の高い（mehr wert）」ものなのだ。だからニーチェは言うのだ、「われわれは真理によって駄目になってしまわないために芸術をもっているのだ」と。

次にメルロ＝ポンティについて検討する。

ニーチェにとって「芸術は潑剌と花開く肉体性が形象や願望の世界へと溢れ出、流れ出ること」であった。同様にメルロ＝ポンティも芸術を徹底的に身体と世界との関係から解明しようと試みる。メルロ＝ポンティのユニークな身体論については既に詳しく見ているので、芸術とは何かという文脈から復習することにしよう。異例なことではあるが、メルロ＝ポンティについて日本ではもっともよく知っていると思われる木田の言葉だけでまとめてみる。

「彼にとって、すべての謎は身体が〈見るもの〉であると同時に〈見えるもの〉〈触れられるもの〉でもあるというところに発する」。「見る身体と見られる身体、触れる身体と触れられる身体とのこの逆説的な関係は、身体と世界との関係にも拡張される」。「メルロ＝ポンティは、このように世界と私の身体とを共に織り上げている〈見る＝見られる〉〈感じる＝感じられる〉という二重の意味での〈可視性〉〈可感性〉を〈肉（chair）〉と呼ぶ」。「こうして〈見る〉ということは「存在の裂開に内がわから立ち合うこと」〔メルロ＝ポンティ〕だと言われるわけも、納得がいこう」。「……事態がこのようであってみれば、これもまたいかにも逆説的に聞こえようが、たとえば、物のうちに私の見る働きよりも「もっと古い可視性」がひそんでいるとか、あるいは、「物のもつ公然たる可視性が、身体のうちで秘《ひそ》かな可視性によって裏打ちされる」〔〃〕といった言い方もできそうである」。

「メルロ＝ポンティの考えでは、画家たちがわれわれに描いて見せてくれるのは、ほかでもない、物のうちにひそむこの「もっと古い可視性」「秘かな可視性」なのであり、同じことになるのだが、物の公然たる可視性に反響して身体のうちに生ずる「秘かな可視性」なのであり、さらに言いかえれば「〈まだ開封されていない〉物の形」〔〃〕なのである。だからこそわれわれは、画像《タブロー》を物を見るようには見ない。「私は絵を見るというよりは、むしろ絵に従って、絵とともに見る」〔〃〕のである」。

「画家たちが探しもとめているのは、それによって物がわれわれの眼前にある物となる手段、しかもそれ自身もまた眼に見える手段、つまり、光・明るさ・影・艶・色などがどうなっていればよいのかの発見なのである」。「画家たちは「〈物の皮〉を引き裂き」〔〃〕、おのれの視覚に向かって執拗にそれを問いかけるのであり、だからこそ、マクス・エルンストも次のように言うのである。「ランボーの有名な〈見者《ヴォワイアン》の手紙〉以来、詩人の役割は、おのれのうちでひとりでに考えとなり言葉となるものを口授されるがままに書きとめることとなったが、それと同様に、画家の役割も、おのれのうちでひとりでに見えてくるものを図取りし、カンヴァスに投ずることにあるのだ」]。

「メルロ＝ポンティは、身体と世界とのあの相互包摂の関係が、画家と見えるものとの関係に増幅されて現れていると考えているらしい。世界と私の身体とを共に織りあげている〈感じ＝感じられる〉という二重の意味での可感性、つまり能動と受動とを分かちがたく包みこんでいる存在の肉が、芸術において増幅されてあらわれるのであり、芸術そのものが存在そのものの呼吸、存在そのものの生起だ、と言いたいのである」。

「こうして、色・線・光・起伏《レリーフ》・量・奥行・動勢・輪郭などは、それぞれがその固有の表現価と、したがって〈物〉を出現させる「存在論的機能」〔〃〕をもった一つの体系であり、それぞれが一つの世界をなしながらも、それらは構造的対応によって一挙に他の世界にも開かれており、相互に等価体系をなしている」。「画家たちは〈見えるもの〉を可能にしているこうした――通俗的視覚には――〈見えないもの〉、存在の組成《きめ》、「世界の幅《や》」〔〃〕に本来の可視性を回復しようと試みるのである」。

さて最後に、ハイデガーについて検討する。

「ニーチェの美学にあっては、芸術作品はほとんど論じられていない」というハイデガーであるが、彼自身は芸術作品に即して芸術を語ろうとする。なぜなら、「芸術作品のうちでこそ芸術は現実的である」からだ。こうした考え方を、ハイデガーは一九五〇年の「芸術作品の起源」で展開している。

ハイデガーは、芸術作品の本質は物や道具によっては捉えられないと言う。そうではなくて、芸術作品の中ではじめてそれらが何であるかが分るのだ、と主張する。ハイデガーはその例として、有名なゴッホの農婦の靴を描いた作品をあげる。ハイデガーは、ゴッホの絵は靴の絵であると同時に、それをはく農婦の世界を開示してくれる、と言う。

ここで既に見たハイデガーのピュシスの概念や、〈大地〉の意味を思い出してみよう。芸術作品のうちで世界と大地は〈闘争（Streit）〉している。この作品の中での闘争こそが真理の生起であり真理の実現（ins-Werk-setzen＝エネルゲイア）だとハイデガーは言うのだ。つまり彼は、芸術作品のうちに、根源的自然である大地との関わりで存在者が存在者になる世界が開かれる、〈超越論的機能〉を認めていることになる。

というわけで、木田はこの論文の最後を次のようにまとめた。

われわれが偉大な芸術作品に接したときにいだく感動は、たしかにわれわれの存在の奥深いところ、自我の営みである知や認識に先立つ、いわばアノニムな感性の深みから発するように思われる。われわれのうちで起こるとは言いながらも、われわれを超えたそうした深みにおいて生起している感性と存在との交響を増幅して復原してみせるところに芸術の本領があるとすれば、芸術に一つの形而上学を認め、それを拠りどころに、知を中心におこなわれてきた西洋の文化形成を総体として批判しようとする現代哲学の試みにも、それなりの存在理由があることになろう。

ハイデガーと「形而上学」の歴史

これまで検討してきた四つの論文は、全て講座に発表されたものだった。そのうち三本は「新岩波講座・哲学」、一本は「講座・現象学」のために書かれた。しかしこの最後の論稿だけは、『哲学と反哲学』をまとめるに際して新たに執筆されたものだ。「まえがき」や本論文の「はじめに」でも書いているように、木田は、六年前の『ハイデガー』と本書第一論文「哲学と反哲学」で書き足りなかったことを補遺的にまとめたのだった。

その理由は、言うまでもなく、ハイデガーが「存在の歴史としての形而上学」とでも名づけられるであろう壮大な西洋哲学史観を構想していることへの、絶えざる木田の関心にあった。したがって、本論文では『ハイデガー』と『哲学と反哲学』で述べられた木田の解読に加えて、更に突込んだ考え方が展開されている。それらはたいへん興味深い議論ではあるが、一方で相当専門的・技術的な議論であることも確かだ。

というわけで、ここでは主としてどのような議論が展開されているかだけを、目次に沿って確認することにしたい。まず構成から始めると、次のようになる。

一　ハイデガーの思索の「転回《ケーレ》」について
二　〈存在＝現前性〉という伝統的存在概念の成立
三　「存在の歴史としての形而上学」
四　形而上学の開始と進行

第一節では、『存在と時間』で企てられた〈基礎存在論〉構築の背景に、ハイデガーの西洋哲学史に対する壮大な展望と大胆な批判があることを確認する。そして〈存在了解〉つまり〈存在企投〉という基本的概念がどのように展開されたかを検討する。その過程で、ハイデガーが一九三〇年代に入って、それらを〈存在の生起〉と言い換えるようになり、更に三〇年代後半には〈生起（Ereignis）〉と呼ぶようになる。これが、「転回《ケーレ》」の内実である。また一九四六年の『ヒューマニズム書簡』では、〈存在の開け（Offenheit des Seins）〉とか〈存在の明るみ（Lichtung des Seins）〉と呼んだ。

そうした展開から〈存在の生起《ゲシエーエン》（Geschehen des Seins）〉の歴史、すなわち〈存在史（Seinsgeschichit)〉という考え方が出てくる。ハイデガーにとって〈形而上学〉とは学問の一部門の名称ではなく、存在史の時代《エポック》を意味する概念なのだ。木田は言う。「いくらかの修正があるとすれば、『存在と時間』の時代には、カントから遡ってアリストテレスにいたる西洋の存在論の総体が批判的に見られていたのに対して、一九三〇年代になると、アリストテレス、ライプニッツ、シェリングといった哲学者の仕事が幾分ポジティヴに検討されるようになっている、というところであろう」と。

第二節では、伝統的存在概念である〈存在＝現前性〉の成立についてのハイデガーの考えが展開される。アリストテレス以来、一貫して西洋の伝統的存在論で見られた〈存在＝被制作性〉との関係が問われ、〈モルフェー〉と〈エイドス〉について再検討される。そして最終的には、ハイデガーにとって「彼の考えでは、〈現前性〉とは、〈制作されおわって自立し、いつでも使用可能な状態で眼の前にある〉という意味なのであり、〈存在＝被制作性〉という規定と〈存在＝現前性〉という規定は同じ一つのことでしかない」と木田は言う。

第三節では、ハイデガーの二巻本『ニーチェ』（一九六一年）所収の四つの講義と一九三九―四六年にかけてまとめられた六本の文章のうち、最後の二本について解読される。つまり「存在の歴史としての形而上学」（一九四一年）と、「形而上学としての存在の歴史のための諸構想」（一九四一年）についてである。そこでは、1 本質存在と事実存在、2 ピュシス的存在了解、3 ピュシスとテクネー、4 プラトンと形而上学の開始、5 プラトンとアリストテレス、6 エネルゲイアとしての存在、7「始原の存在」とエネルゲイアとしての存在、の七項目で詳細な議論が展開されているが、ここでは省略せざるをえない。

第四節はタイトルどおり「形而上学の開始と進行」についての分析である。木田はそれを次のようにまとめる。

このように、プラトンとアリストテレスのもとで、まず〈存在〉が〈現前性《ウーシア》〉として捉えられ、しかもその現前性としての存在が〈……デアル《ト・ティ・エスティン》〉と〈……ガアル《ト・ホティ・エスティン》〉、〈本質存在〉と〈事実存在〉に分岐し、それによって〈始原の単純な存在〉つまり〈ピュシス〉としての存在が押しやられ、忘却されることになる。この〈存在忘却（Seinsvergessenheit）〉とともに形而上学が始まるのである。「プラトンとアリストテレスによって形而上学の開始が基礎づけられる」というのはこういう意味なのだ――とハイデガーは主張する。したがって、彼の考えでは、「イデアとエネルゲイアという現前性の二つの様態」の区別、つまり本質存在と事実存在の区別は以後の形而上学の歴史を一貫して規定することになる。

ハイデガーの構想は、ニーチェにまで及ぶものであったらしい。もっとも、木田によれば「ニーチェは形而上学の克服を企てながらも、依然として本質存在と事実存在の区別にとらわれていたのであり、その意味では、ニーチェは形而上学の克服者ではなく、その完成者なのだというのが、ハイデガーの見方なのである」。ライプニッツ、シェリングを経て、ニーチェにおいて完成されるハイデガーの「存在の歴史としての形而上学」の近代における展開を検討するのが、今後の課題であると木田は最後に書いた。

本章では『哲学と反哲学』について、この本の最終章は別として各章の内容をできるだけ丁寧に辿ってきた。その結果、今から見れば、それこそ各章が本書以後の木田の主要著作を予告する内容となっていることが分る。木田の哲学者としての生産性の高さを解く秘密がここにある、と私は思うのだがどうだろう。

本書が刊行され、改めて全体を通読した私は、大きな衝撃を受けた。というのは、次のような事情があったからだ。当時ベンヤミン、アドルノ、フーコー、デリダといったヨーロッパの哲学者が流行しており、数多くの翻訳書が刊行されていた。そう言う私も何冊もの翻訳書や解説書を出版した。しかし、木田の場合は少し事情が違っていた。彼は流行とは関係なく、ハイデガーやメルロ＝ポンティとがっぷり取り組んでその上に自らの思想を構築しようとしていた。その結果、彼は西欧の有名哲学者たちと同様に、流行を追うのではなく、自らの考えを彫琢することができたのだった。この点については、最終章でも触れることになるだろう。

本書の「まえがき」で木田は次のように書いている。

おかしな言い方だが、この〈反哲学〉という立場に立つことによって、ようやくわれわれ日本人も、ヨーロッパの哲学者たちと同じレベルで〈哲学する〉ことができるようになったように思えるのである。このような意味でなら、本書は、〈哲学とは何か〉という問いへの私の目下の答だと言ってもよい。

哲学の勉強をはじめてからもう四十年にもなり、長いあいだ無我夢中、霧のなかを歩いているような気分であったが、ようやくこの数年、少し何かが見えはじめたような気がしている。

ところで当時、私は編集部の責任者として多忙な生活を送っていた。したがって本書の編集は、講座の担当者であったS女に任せてあった。本書を読んだ感想、つまり右に書いたように大きな衝撃を受けたこと、を伝える礼状を出した私に、木田から一九九〇年一一月二〇日付消印のある葉書が届いた。その一部に「とにかく、今まで出した本の80％は大塚さんに出してもらったわけで、ちょっとやそっとの御礼ではすまない感じです。大塚さんと知り合わなかったら、まず自分の本など出せないでしまったにちがいありません」とあった。

二〇〇〇年代に入ると、次から次へと二〇冊もの著作を出した木田だが、この時点では確かに木田の言うように、私は彼の本の80％近くの出版に関与していた。そのことを私は編集者としてとても誇りに思っている。

第三節　『ハイデガーの思想』

岩波新書の『ハイデガーの思想』（一九九三年）が刊行されたのは、『ハイデガー』の出版からちょうど一〇年目のことである。正確な記録は残っていないが、当時編集部の責任者であった私は、木田にはこの辺りでまた新書を書いてもらいたいと考えたようだ。新書の『現象学』からは既に二〇年以上も経っていたからである。また一九九二年には、名著の定評高いG・スタイナーの『ハイデガー』（生松敬三訳、岩波現代選書、一九八〇年）に新たな序論「ハイデガー　一九九一年」を木田に頼んで邦訳してもらい、それを付して同時代ライブラリーの一冊として刊行していた（一九九二年）。

また、この頃には木田が主宰する研究会でハイデガーの講義録を読むようになっていた。その最初の成果が公刊されるのは『シェリング講義』（迫田健一と共訳、新書館、一九九九年）で少し先のことだが、この大部のしかも難解な講義を日本語に定着させるためには、既にこの頃から取り組んでいたと思われる。

いずれにしても『ハイデガー』そして『哲学と反哲学』を上梓することによって、ハイデガーの思想について全体的に解説する基盤はでき上っていた。機は熟したという感じで、私は木田に執筆を依頼したのだった。木田は、打てば響くように執筆を諒承してくれ、比較的スムースに仕上げてくれた。ナチスとの関係については、木田はこれまで正面切って論じていなかったので、多少時間がかかったものの、本丸のハイデガーの哲学に関しては既に前二著で多大な苦労の末に納得できるところまで肉迫していたようで、まことに明快に解読してくれたのだった。

以下目次に沿って簡単に検討する。本書の中核をなす第二章から第六章までの内容、つまりハイデガーの思想そのものについての説明の大部分は、前二著で書かれたことと重なる場合が多い。したがってここでは、前二著で触れられなかったことを中心に見ていくことにしたい。

一つの肖像

木田は「ハイデガーの知的肖像を描こうと思ったとき、まっさきに二人の人物が私の心を横切った」（本節での引用は、特に断りのない限り、全て『ハイデガーの思想』より）と言う。一人は詩人のパウル・ツェランであり、もう一人はウィトゲンシュタインである。二人ともユダヤ人だ。

ツェランは現在のウクライナ共和国、当時はルーマニアに編入されたばかりのチェルニウツィー（チェルノヴィッツ）という町で、一九二〇年に生まれた。本名はアンチェルで、筆名のツェランはそのアナグラムである。ドイツ語を母語とする家族であったが、第二次大戦中ナチスの強制収容所で両親を亡くしている。彼自身も強制収容所に入れられていた。一九四八年以後はパリに住み、ドイツ語で詩を書いた。「マラルメとリルケ以後のヨーロッパ詩における最大の詩人の一人」と評価されている。

生涯精神の病いに苦しみ、晩年は入退院をくりかえした。一九七〇年四月、セーヌ川で入水自殺。独仏の哲学者、ガーダマー、ペゲラー、デリダ、ラクー＝ラバルトらがそれぞれツェラン論を献じた。

ハイデガーもツェランに深い関心を抱いていた。一九六七年七月二四日にフライブルク大学で開催された、ツェランの自作の詩の朗読会に出席したハイデガーは、初対面のツェランをトートナウベルクの自分の山荘に招待した。それに応じたツェランは、翌二五日から三日間、黒い森《シュヴァルツヴァルト》にあるこの山荘で過ごしている。ツェランは到着した日に山荘の記念帳に次のように書いた。「井戸の星に眼をやりながら、心の中にやってくる語への希望をいだきつつ。一九六七年七月二十五日。パウル・ツェラン」。

しかしその希望はかなわなかったようだ。ツェランはナチス強制収容所での大量殺人について質したものの、ハイデガーは沈黙で答えたと伝えられている。結局二人は理解し合うことができなかった。八月初めに詩人は「トートナウベルク」という題の詩を書いた。その最後の二行は「湿ったもの。／たくさん。」であった。その後一度、二人は会う機会があった。しかし事態は変らず、トートナウベルクの出会いの三年後に、ツェランはセーヌに身を投じたのだった。

ウィトゲンシュタインは、ハイデガーと同じ一八八九年にウィーンで生まれている。裕福な実業家の家系だ。しかしその後は継がずにイギリスに行き、初めは工学の研究を志したが、その後B・ラッセルについて哲学を学んだ。一九二二年の処女作『論理哲学論考』で一躍脚光をあび、英米系の論理実証主義や分析哲学の祖と称されるようになった。

二〇世紀の哲学界を二分する両巨頭とも言える二人であるが、そして通常この二人に代表される思想は相反するものと考えられているが、実はウィトゲンシュタインはハイデガーに共感を抱いていたようなのだ。『存在と時間』刊行後二年の一九二九年に出版されたハイデガーの講演『形而上学とは何か』を読んだウィトゲンシュタインが、ある「談話」の中で次のように語ったと言われている。

私はハイデガーが存在と不安について考えていることを、十分に考えることができる。人間には、言語の限界に向かって突進しようという衝動がある。たとえば、何かが存在するという驚きを考えてみるがいい。この驚きは、問いの形で表現することはできないし、また答えなど存在しない。われわれがたとえ何かを言ったとしても、それはすべてアプリオリに無意味でしかない。それにもかかわらず、われわれは言語の限界に向かって突進するのだ。

このようなウィトゲンシュタインの共感が何を意味するのか、木田はツェランとの不幸な出会いの問題も含めて、本書でハイデガーの思想を探ろうとするのである。なおこの二人の関係について、木田は『哲学と反哲学』第三章の付録「ウィトゲンシュタインの周辺」の「ハイデガーとウィトゲンシュタイン」で触れている。今後必要に応じて参照することにする。

ところでハイデガーはよく二〇世紀最大の哲学者だと言われる。事実、その影響力の大きさは比類がない。第二次大戦後のフランスにおけるサルトルやメルロ＝ポンティ、その実存主義への対抗的思想として登場した構造主義、更には七〇年代以降のフーコー、ラカン、ドゥルーズ、リオタール、デリダ等。レヴィナスのようなユダヤ色の濃い思想家もそうだ。アメリカのR・ローティ、ドイツのガーダマー、フランスのリクール、それに弟子のH・アレントやH・マルクーゼとあげ出せばきりがない。

芸術家でもハイデガーの影響を受けた人は多い。名前だけ列挙すれば、詩人のツェラン、ルネ・シャール、画家のG・ブラック、作家のM・ブランショ、G・バタイユ、O・パス等々国籍も作品の傾向も実に多様だ。

しかし一方で、ハイデガーに対する批判は非常に大きい。それは一九三三年、政権獲得直後のヒトラー体制に協力するかの如くにフライブルク大学の学長に就任し、ナチスに入党、親ナチス的言動を行っていたからである。もっとも学長職には一年間しかとどまらなかったが、その後反省することもなく、ナチスのユダヤ人虐殺に対しても一言も語らなかった。

一九八七年にチリ出身のV・ファリアスが『ハイデガーとナチズム』をフランスで出版したことをきっかけに、ハイデガーのナチスへの加担が再び激しく問われることになった。それ以前にもG・シュネーベルガーがハイデガーの問題の発言や文書を集めて『ハイデガー拾遺』(一九六二年)を出していた。おまけにハイデガー自身が、後に述べるように、〝ナチスの運動の内的真理と偉大さ〟といった文章のある戦前の講義を無修正で出版したりして反感を買っていた。

木田自身も書いている、「私は以前、ハイデガーのこの愚行を政治的に無経験なドイツ大学教授の思いあがりといった程度にしか考えていなかったが、この本〔『ハイデガーとナチズム』〕によってそれがもっと根の深いものであることを教えられた」と。

こうしてファリアスの告発をきっかけに、ハイデガーのナチス加担をめぐって論争が生じることになった。しかしそれは噛み合わない論争だった。というのは、ハイデガーの著作(講義を含めて)をよく読んでいる人は、どうしてもその魅力に引かれて信奉者になり、その政治問題についても何らかの理由があったはずだと考えがちである。一方、批判者はと言えば、ハイデガーの著作を殆んど読んだことがない場合が多い。そういう次第で論争が噛み合わないのは当然のことであった。

だからこそ冒頭に、木田はツェランのことをもち出したのだ。つまり論争が実のあるものになるためには、ツェランのようにハイデガーの思想に圧倒されていて、なおかつその政治行動に納得がいかない場合にこそ意味を持つのだ。それ故論争に参加した一人であるリオタールは、『ハイデガーと「ユダヤ人」』（一九八八年）で、この論争に加わるための四つの条件をあげている。㈠「ハイデガーの思想の重要性、つまりそれが第一級の〈偉大な思想〉に匹敵するということ」を認めること、㈡「ハイデガーが偶然のいきさつからではなく、決然と、深い意味で、ある一種の一貫したやりくちでナチズムにかかわっていたこと」を認めること、㈢「以上の二つの条件のうち、一方を他方のためにぼやかしてしまうこと」を行わないこと、㈣「この二つのハイデガーの顔に分裂があると診断してそれでこと足れりとしてはならない」こと。

木田は次のように書いた。「私は、ハイデガーのナチス加担を弁護するつもりはまったくないが、ファシズムだから駄目だと頭からきめつけるのではなく、当時の状況下でファシズムが何であったのかを考え、ハイデガーの問題を理解してみる必要はあると思っている」。そして後に詳説するとして、「私は『存在と時間』に一種の文化革命の構想が秘められており、この構想のうちにハイデガーをナチスに共感させる契機がふくまれていたと考えている」とした。

ところでウィトゲンシュタインの先に引いた『論理哲学論考』の一節に「人間には、言語の限界へ向って突進しようという衝動がある」というのがあったが、他の個所では「私の言語の限界が世界の限界を意味する」と書いている。つまり、私たちは日常的には、〈語られるもの〉＝〈存在者〉とだけ関わって生きているのだが、何らかの極限状況に置かれた時には、そうした「言語の限界を突き破って、それを越え出ようとする形而上学的衝動」が私たちのうちに生じるというのだ。それは〈存在者〉を在らしめている〈存在〉やその場としての〈世界〉という日常的には無意味と思われる単純な問いとなって発せられ、人生や歴史に対する根本的な態度決定がなされる。ハイデガーの思索の重要性は、「こうした問いを徹底的に問いぬこうとしたところにある」と木田は言う。

このように二〇世紀を代表する両哲学者にこのような思想を展開させることになった動機として考えられるのが、第一次世界大戦とその敗戦であった。二人とも愛国心の持主で自ら進んで従軍した。いずれ詳説することになるが、敗戦の体験は二人にとって、シュペングラーの言う〈西洋の没落〉と重なったに違いない。『論理哲学論考』、『存在と時間』双方に終末論的雰囲気が感じられるのだ。

それは第二次大戦における敗戦を体験した木田にも通じるものだった。彼がハイデガーに心ひかれたのも当然のことである。既に第一章で見たように、木田はハイデガーを理解したい一心で遅まきながら大学で学び、結局哲学者への道を歩むことになった。しかし二〇年間というもの彼はハイデガーについて一行も書けなかった、と言う。ようやく『現象学』で初めて書くことができた。その後の『ハイデガー』『哲学と反哲学』などについては詳しく見てきた。

この間四〇年もの長い間ハイデガーを読み続けてきた木田は、『全集』の刊行で次々と出版される講義などに魅了される一方、次第にハイデガーに対してアンビヴァレントな気持ちを抱くようになってきた。それはK・レーヴィットの言う「ハイデガーに対する嫌悪とその魅惑」に近いと木田は言う。

そこで、本書ではハイデガーの『存在と時間』を中心とする前期の思想にこだわって、以上のような問題に対する考えが検討される。

思想の形式

マルティン・ハイデガーは、一八八九年九月にドイツ西南部シュワーベン地方のメスキルヒという小さな町に生まれた。父親は教会の堂守りで樽作り頭であった。保守的なカトリック圏にあるこの町で初等教育を終えた後に、カトリック系財団の援助でコンスタンツの高等学校、更にフライブルクの高等学校に入る。高校在学中一八歳の時に父の知人の司祭からF・ブレンターノの『アリストテレスにおける存在者の多様性について』（一八六二年）をもらい、これを読んで哲学への関心を喚起されたという。ブレンターノは、後にハイデガーが師事することになるフッサールの、ウィーン大学における師であった。

一九〇九年二〇歳で高校を卒業。イエズス会に入るべく修練士になったものの、病弱で除籍されてしまう。仕方なくその年の冬学期からフライブルク大学の神学部に入った。二年後の一九一一年に哲学部に転じ、一九一三年に「心理主義における判断論」という論文を書いて卒業。学生時代には、ヘルダーリン、ニーチェ、キルケゴール、ドストエフスキー、ヘーゲル、シェリング、リルケ、トラークル、ディルタイなどに影響を受けた。

大学卒業後、H・リッケルトについて研究を続け、一九一五年に論文「ドゥンス・スコトゥスのカテゴリー論と意義論」を書いて哲学教授資格を取得。この年の冬学期から非常勤講師として講義を始める。この年リッケルトがハイデルベルク大学へ去った後、フッサールが一九一六年に後任者として着任、以後ハイデガーはその指導を受ける。

既に第一次大戦が始まっていたので、一九一八年にはハイデガーも軍務についた。間もなく休戦条約が締結され、彼は大学に戻る。その冬にフッサールはフライブルク現象学会を創立、ハイデガーもそのメンバーになる。やがてハイデガーはフッサールの後継者と目されるようになり、一九一九年にはフッサールの助手に任命された。そして一九二三年にマールブルク大学に移るまで師の指導を受けたのだった。

もっとも、この師弟には最初から食い違いがあったようだ。ユダヤ系オーストリア人で、当初数学者として出発し途中で哲学者になったフッサールに対して、聖職者を志望し、キルケゴールやドストエフスキー、ニーチェを愛読してスコラ哲学の専門家として出発したハイデガー。新カント派の哲学者たちと同世代で、安定した「昨日の世界」（S・ツヴァイク）に生きてきたフッサールと、大戦後の終末論的雰囲気の中で思想形成をしたハイデガー。二人の間にはちょうど三〇年の開きがあった。

またハイデガー自身に即しても、一九一六年にフライブルク大学神学部でカトリック哲学担当教授の人事があり、その候補者の一人であったが、失敗する。ハイデガーがモダニズムに与していると見られたかららしい。それは地元フライブルク大学神学部には職を得られないことを意味していた。この頃から彼は、フライブルクのカトリック関係の人々とは個人的な交渉を断ちはじめたと言われている。

一方、プロテスタント系のマールブルク大学やゲッティンゲン大学からは、一九一七年頃から度々教授候補へのオファーが提示されるようになった。この頃彼は、後に（一九一九年）刊行されて一世を風靡する『「ロマ書」注解』の著者カール・バルトに影響されていたようだ。

一九二二年になると、ハイデガーはゲッティンゲン、ケーニヒスベルク、マールブルクという三つの大学から助教授の候補に選ばれた。しかし一九一五年の「ドゥンス・スコトゥス」論以来何も発表していなかった。そこで一九二一―二二年冬学期の講義「アリストテレスの現象学的解釈―現象学的研究への序論」を基に、「アリストテレスの現象学的解釈―解釈学的状況の提示」という題の報告書を、マールブルク大学のナトルプとゲッティンゲン大学のG・ミッシュのところへ送った。

この報告書――「ナトルプ報告」と呼ばれる――が近年発見されて『ディルタイ年鑑』第六号（一九八九年）に発表された。邦訳は高田珠樹の訳で『思想』に掲載されている（一九九二年三月号）。これは『存在と時間』の第一稿とも言える重要な文章だ。

この報告書によって、ハイデガーはマールブルク大学の「教授の位置と権利をともなった助教授」として採用された。一九二三年のことである。以来多くの弟子が生まれて人気の教師になった。三木清も着任早々のハイデガーの講義を聴いている。ガーダマーはその著『哲学修業時代』で「かくも結集された精神的エネルギー、あわせて言語表現のかくも素朴な力、問いかけにおけるかくも徹底した単純さ」をもつハイデガーの講義によって、自分が根本から変えられてしまう体験をしたと書いている。

フライブルクからついてきた弟子の一人にレーヴィットがいた。ユダヤ系だった彼は、ナチス政権成立後の一九三四年に亡命している。一九三六年から四一年まで東北帝国大学で教えた。彼は一九四〇年に仙台で、それまでの自らの生活を回顧した興味深い文章を書いている。それが彼の死後発見され、一九八六年に公刊された。邦訳は『ナチズムと私の生活―仙台からの告発』として法政大学出版局から刊行されている（一九九〇年）。

その中でレーヴィットたちは、ハイデガーのことを「メスキルヒの小さな手品師」と呼んでいた、と書いている。そして最後に次のように結んだ。「――こんなにも内面的に分裂した印象をこの男は弟子たちに与えたのであるが、それでも彼らは、いつまでも彼のとりこになっていた。それは、哲学上の意欲の強烈さにかけては、彼が他のすべての大学哲学者たちをはるかに抜きん出ていたからである」。つまり、イエズス会の教育を受けたがプロテスタントになり、スコラ学の訓練を受けていながら実存的プラグマティストであり、伝統的には神学者だが研究者としては無神論者、伝統の背教者でありながらその伝統の歴史家の衣裳はまとっている、……このようなハイデガーなのだが、というわけだ。

マールブルク大学はプロテスタント神学の牙城であった。ルドルフ・オットー（『聖なるもの』で有名）や聖書解釈学のルドルフ・ブルトマンがいた。ハイデガーはブルトマンと親しくなり、ブルトマンの演習に参加したり、一緒に「ヨハネ福音書」を読んだりしている。一九二四年にはマールブルク神学者協会で「時間の概念」についての講演を行った。一方、ブルトマンもハイデガーの影響を受けて聖書の〈非神話化的＝実存論的解釈〉を提唱した。一九二八年（この年ハイデガーはマールブルクを去った）の春でさえ、神学協会で「現象学と神学」という講演を行い、後にブルトマンへの献辞をそえて公刊している。

しかしハイデガーは、ブルトマンたちと次第に距離をとるようになる。一九二五年にはニコライ・ハルトマンがケルン大学に去った後をうけて、ハイデガーはその後任に推挙された。が、ベルリンの文教当局はハイデガーが著作を出版していないことを理由に拒否する。学部長が早急に出版することを要請したので、この年から二六年にかけてまとめ、二七年二月に公刊されたのが『存在と時間』であった。

この年、『エンサイクロペディア・ブリタニカ』からフッサールに対して、一九三一年版に加えられる「現象学」という項目の執筆依頼がきた。フッサールはその協力者としてハイデガーを指名した。『ブリタニカ』に選ばれることは、現象学が世界的な市民権を得たことであり、協力者として選ばれることはフッサールの後継者になることを意味する。

ハイデガーはその夏フライブルクのフッサール家で過ごし、師とともに原稿を執筆した。『フッサール著作集』第九巻には、第一〜第四稿の草稿と関連するハイデガーのフッサール宛書簡が収載されている。共同作業は九月まで続けられたが、完成することはなかった。というのは、フッサールにはハイデガーが自らの現象学から遠く離れて行ってしまったのが分ったからだ。結局最後の決定稿はフッサール一人で執筆している。

これ以来師弟の関係は次第に崩壊して行く。のみならず二人の溝は深まり、一九三三年ハイデガーがフライブルク大学学長に就任すると決定的になった。三八年にフッサールが亡くなった時、ハイデガーは葬儀に参列しなかった。

とはいえ、フッサールは二七年末に退官願いを提出、後任にハイデガーを推薦していた。その結果ハイデガーは、一九二八年の冬学期からフライブルク大学教授となったのだった。

『存在と時間』

この本の成立事情や構成については、既に『ハイデガー』の第一章で見た。ここではなぜこの本があれ程の影響力を持ったのか、改めて検討することにしよう。

ハイデガーの弟子であったボルノウは、最初に『存在と時間』を読んだ時、「今日ここから世界史における新たな時代がはじまったのだ。君はまさしくその開幕に立ち会っていると言ってさしつかえない」という、ヴァルミの戦いの後に発せられたゲーテの言葉から受けるのと同様の感慨を持ったという。同じく弟子のレーヴィットも、その著『ハイデガー、乏しき時代の思索者』の中で、ある友人の手紙を紹介している。その一部を引く。

……ハイデガーの大当たりは、私にもう一人の〈巨匠〉シュテファン・ゲオルゲの大当たりを思い出させます。この二人のいずれにも、気どった通俗さやグロテスクすれすれの深遠さがあるように思います。それなのに人びとは、ゲオルゲから離れなかったし、ハイデガーから離れません。これだけしてみれば、ここでは何か計算しつくせないことが起こっているにちがいありません。これだけの影響を及ぼしているものが大したものではないなどと思うのは安易にすぎましょう。あなたはこれにお答えになれますか。

レーヴィットは確かな答えを出すことはできず、「ハイデガーのもつ個人的な魅力の暗い謎を解くことはできそうもない」と言ったようだ。

木田は言う。「それは、この本のもつ一種独特の雰囲気と、それを伝えるこれまた独自な言語表現のスタイルから発している、とでも言うしかなさそうである。そして、その雰囲気はまさしく時代の雰囲気でもあったのである。人びとは、第一次大戦敗戦後の時代の雰囲気が『存在と時間』上巻に凝縮されて現われているのを感じとり、それに強い衝撃を受けたのだろう」。

G・スタイナーは『ハイデガー』で、敗戦後の一九一八年から二七年までの一〇年間にドイツ諸国で出版された、以下のような一群の書物の星座の中に『存在と時間』を位置づけることによって、この時代の雰囲気を見事に捉えている。E・ブロッホ『ユートピアの精神』（一九一八年）、O・シュペングラー『西洋の没落』第一巻（一九一八年）、K・バルト『「ロマ書」注解』（一九一九年）、F・ローゼンツヴァイク『救済の星』三巻（一九二一年）、A・ヒトラー『わが闘争』二巻（一九二五、二七年）、ハイデガー『存在と時間』（一九二七年）。

木田はこれに加えて、K・クラウス『人類最後の日々』（一九一九年）、L・ウィトゲンシュタイン『論理哲学論考』（一九二二年）、G・ルカーチ『歴史と階級意識』（一九二三年）をあげる。

スタイナーはこれらの本に共通する以下の特徴をあげる。㈠すべてが大冊であり、世界史に関わる何らかの統一的な見方を提示している。㈡すべて予言的・ユートピア的であり、いずれも黙示録的であること。

更にスタイナーは、「これらはすべて暴力的な本」だと言う。しかもそれらは徹底的に否定を目指す暴力なので、過激な言語革命を伴なっている。したがってその文体は、奇怪なものにならざるをえないのだった。

『存在と時間』はこのような雰囲気の中に誕生した書物だった。木田は第三章から第六章にかけて、改めて『存在と時間』を可能な限り平易な形で解読してみせる。目次を見ておこう。

第三章　存在への問い
第四章　ハイデガーの哲学史観
第五章　『存在と時間』の挫折
第六章　形而上学の克服

内容的には殆んど『ハイデガー』と『哲学と反哲学』で述べられていることなので、ここでくりかえすことはしない。ただ、この一〇年間に行われてきた木田の挑戦が、今回改めて『ハイデガーの思想』によって有機的に再構成され明快に提示されているのは、感動的でさえあるということを言っておく必要はあるだろう。

以下第七章以下を簡単に見ることにしよう。

ハイデガーとナチズム

ここでは改めてハイデガーのナチス加担の問題を考える。

一九三三年四月、ハイデガーはフライブルク大学学長に就任した。誕生したばかりのナチス政権下でのことだ。五月一日にナチスに入党、五月二六日には「アルバート・レーオ・シュラゲーター賛美演説」、翌二七日「学長就任講演」を行った。

シュラゲーターは一九二三年、敗戦後の賠償不払いのためにフランスとベルギー連合軍がラインラントに進駐してきた時に、義勇軍の一員として闘ったナチス突撃隊員だった。連合軍に逮捕されて銃殺された。国民的英雄に祭りあげられた彼の命日五月二六日には、毎年各地で追悼の催しが開かれた。節目に当る没後一〇年の集会がフライブルクで開催されたこの年、ハイデガーは大学正門前の屋外階段上で賛美の演説を行った。彼独特の難解な哲学用語とナチスのイデオロギー的な常套句が重ね合せられ、ナチス政権誕生を「民族のその偉大さと栄光へ向かっての出発」として賞賛したという。

翌日の学長就任式でハイデガーは、「ドイツ大学の自己主張」という講演を行った。木田によれば、「これも、「ドイツ民族の運命」に由来する「精神的負託」に応えてドイツ大学の革新を遂行しようという決意を表明し、学生に「労働奉仕・国防奉仕・知的奉仕」の三つの義務を課そうというもので、どう割引きして読んでもヒトラー体制への協力を表明した、というよりもむしろその体制を先導しようという意気ごみさえうかがわれる講演である」。

ファリアスはこれを、ナチスのイデオローグであるローゼンベルクやチェンバレンの人種主義への同調と見る。一方J・デリダは、ハイデガーが実はナチズムを御用学者たちの生物学主義的かつ人種主義的イデオロギーから救出しようとしたのだ、と言う（『精神について——ハイデガーと問い』）。例えば、「精神《ガイスト》」という言葉。『存在と時間』では全てカッコ付きで否定的にしか使われていない。しかしこの講演ではカッコを付けずに肯定的に用いられているという。「民族の精神的世界とは、文化の上部構造ではなく、……民族と大地と血に根ざした諸力をもっとも深いところで保持する力である」とか「精神とは、普遍的なものではあっても、ドイツ独自の血、ドイツ独自の故郷に属している」といったように。

木田はこうした相反する二つの見方には同意しない。ハイデガーほどの大知識人が簡単にナチス・イデオローグたちに同調するわけはないし、一方デリダの方は考えすぎだ、と言う。むしろハイデガーは「ヒトラーに適切な献策をおこない、かつて宗教改革の時代にメランヒトンが果したような「ドイツ民族の教師《プラエツェプトール・ゲルマーニアエ》」の役割を自分が果たしうると信じていたのであろう。この時点で彼が責められるべきだとすれば、現実政治の力学についての無知とその思いあがりである」とする。

この就任演説は「時代を指導する哲学者」の「闘争的講演」として一般的には好意的に迎えられたらしい。

一一月、国際連盟を脱退したヒトラーは、国民投票によって国民の信任を得ようと試みた。その際それを推進するために開催された「ドイツの学者の政治集会」で、ハイデガーは演説している。それは高名な学者たちにナチスを支持するようにさせるためであった。

一方この時期には、ナチス内部で激烈に権力闘争が行われていた。当時主導権を握っていたのは、E・レームが率いる「突撃隊(SA)」であった。彼はかつてヒトラーの上官で、入党後は元来絵描き志望で軍隊については何も知らないヒトラーに戦略のあり方を指導した、ナチスのナンバー2であった。ナチス学生同盟は突撃隊の系列下にあり、国内の大学の学生自治組織の内部で勢力を伸ばしつつあった。ナチスが政権を取ると、ドイツの大学の軍事教練を全て突撃隊が行うようになる。

木田は「ハイデガーの学長就任も、実はこの突撃隊系統の学生組織を当てにして大学改革を遂行しようとしてのことだったようである」と言う。

しかし政権を掌握すると、ヒトラーにとって突撃隊は邪魔な存在になってきた。つまり、巨大産業資本および国防軍と手を結ばなければ政権の維持は難しいからだ。本来のナチス=国民社会主義ドイツ労働者党の、小市民層を基盤に「血と大地」によって結ばれた国家共同体の実現を目標にする国家社会主義革命という理念は、今やヒトラーにとっては余計なものになりつつあった。ましてや、政権獲得を機に、真の革命としての「第二革命」を推進しようとするレームたちの存在を、許容することはできない。こうして、ヒトラーは、政権掌握でナチス革命は遂行されたとするゲッペルスやヒムラー率いる親衛隊（ＳＳ）を重用しはじめた。それは一九三四年六月二〇日の「長いサーベルの夜」に行われた、親衛隊による突撃隊幹部の殺害によって決着がつけられる。三島由紀夫の戯曲『わが友ヒトラー』やヴィスコンティ監督の「地獄に堕ちた勇者ども」などによって知られる事件だ。

木田は言う。「……比較的純粋な気持でナチズムに共感したドイツの知識人たちが、レーム一派の大衆路線、つまり「下からの改革」の思想に与したであろうことは容易に想像しうる。ハイデガーもその一人で、学長就任も大学内部での「下からの改革」を企てようとしてのことであったらしい」。しかし風向きは既に変っていた。学生組織における勢力交替は完了していて、ハイデガーは突撃隊的イデオロギーを頼りにすることはできなかった。これが一九三四年四月の学長辞任につながる。なお、実際の辞任のきっかけは法学部長Ｅ・ヴォルフの人事問題にあったという見方もあるが、いずれにしてもハイデガーが学長を続けられる状態ではなかった。

ハイデガーはその後もナチス党員をやめることはなかった。一九三五年夏学期の講義では、「今日あちこちで国家社会主義の哲学だとして持ち出されてはいるが、この運動の内的真理と偉大さとには少しも関わりのない哲学のごときは……」などと突然言い出したとしている。ローゼンベルク、クリーク、ボイムラーなどの御用学者批判である。

戦後、一九五三年に右の講義を出版するに際して、弟子たちが削除を進言したのに対して、ハイデガーは「この運動の内的真理と偉大さ」のあとにカッコを付して次のように補足した。「(つまり、地球規模になるべく約束された技術と近代的人間の出会い)」。こうしたハイデガーの行動が居直りと見られたのは当然のことだった。

一般的には学長辞任後のハイデガーは、有名なニーチェ講義やヘルダーリン講義に専念したと言われている。しかしファリアスによれば、ハイデガーは「ドイツ政治大学」（ナチスの幹部養成機関）において、相変らずゲッペルスやローゼンベルクらと一緒に講義していたという。また大学行政にも関与していたらしい。もっともハイデガー自身は、戦争末期には駆り出されてライン河畔の塹壕工事をしていたと申し立てているが、事実かどうかはっきりしない。

一九四五年、ハイデガーは連合軍によって教職禁止の措置に付された。五一年にヤスパースらの尽力で復職したものの、同時に退官した。その後は時折、講義の講演を行い、執筆に専念している。しかし、ナチスによるユダヤ人大量殺人の事実が次から次へと明らかになったのにもかかわらず、ハイデガーがそれについて発言することはなかった。

しかし例外がないわけではない。一九四七、八年頃のこと、かつて弟子であったH・マルクーゼが往復書簡の中で、ユダヤ人虐殺に言及しないハイデガーを責めると、次のように応えたという。「君の言う〈ユダヤ人〉を〈東部地域のドイツ人〉に替えて考えれば、同じことが連合国の一つにも当てはまる」。

また一九四九年のブレーメンの講演でハイデガーは、「農業は今や機械化された食糧産業であって、本質においてガス室や絶滅収容所での死体の製造と同じもの、国々の封鎖や兵糧攻めと同じもの、水素爆弾の製造と同じものである」と言っている。これに比判が出るのは当然であった。

一九六六年九月二三日に、ハイデガーは雑誌『シュピーゲル』のインタヴューを受けた。それが没後の一九七六年五月三一日号に発表される。彼の意向をうけてのことだ。木田は言う。「そこで彼は、こうした数々の批判を念頭に置きながら、インタヴュアーの容赦ない質問に答えている。その答えは、いかにも内心では終始ナチスに批判的だったのであり、いわば内部抵抗を試みたといわんばかりの言いわけに終始している。シュネーベルガーやオットやファリアスの調査の結果とつき合わせると、そこには明らかに嘘もまじっている」。

もう一つ、R・ミンダーという研究者によれば、ハイデガーのヘーベル研究である「社会のなかの詩人」(一九六六年)には、「血と大地」とか「民族《フォルク》の神聖な使命」といった言葉が非常に多く使われているという。

木田はここで自問自答する。〝このようなハイデガーの言動をどう考えればよいか〟と。彼は確かにナチスに加担した。が、ナチスの主流ではなかった。E・ユンガー、G・ベン、K・シュミットといった著名知識人たちと同じく、E・レームの大衆路線、しかも「戦いという悲劇的体験のなかでのみ培われる英雄主義的同志愛の絆で結ばれた精神的共同体の実現を目指そうという路線に属していたようである」。だからナチスの御用学者たちからは「フライブルク・ナチズム」とか「英雄主義的ニヒリズム」とさげすまされていた。デリダの言うように、ハイデガーが「大地と血」を精神化することでナチズムを生物学主義や人種主義から守ろうとしたのであれば、「彼の立つナチズムはアウシュヴィッツにつながるはずはなかったと彼は考えたのかもしれない。ハイデガーが戦後アウシュヴィッツについてかたくなに黙否しつづけたのも、あるいはこうした考えにもとづいてのことではなかろうか」。

とはいえ、ハイデガーの言動が免罪されるわけではない。もし現実の政治に関わるのであれば、それが固有の力学を持つことを覚悟しておくべきだ。自分が加担した政治が不測の事態を生んだとしても、責任を負わなければならない。「こんなことになるとは思わなかった、ではすまないのである。その意味では、ハイデガーの政治行動に弁護の余地はない」。

「しかし、弁護する必要はないにしても、ハイデガーがあの時点でナチズムに加担したことの意味は理解してみる必要があるように思う。先ほどしつこいほど確かめたように、私は『存在と時間』の時代から、彼に一種の文化革命の理念があったと思っている。※ 二千五百年に及ぶ西洋の文化形成の原理を批判的に乗り越え、〈生きた自然〉の概念を復権することによって文化の新たな方面を切り拓こうというその意図を、「血と大地」に根ざした精神的共同体の建設というナチズムの文化理念に重ね合わせて考えようとした、あるいはナチズムを領導しておのれの文化理念に近づけうると夢想した、その心理は理解できるように思うのである」。

※例えば第五章「『存在と時間』の挫折」には次のような文章がある。「ハイデガーは人間を本来性に立ちかえらせ、本来的時間性にもとづく新たな存在概念、おそらくは〈存在＝生成〉という存在概念を構成し、もう一度自然を生きて生成するものと見るような自然観を復権することによって、明らかにゆきづまりにきている近代ヨーロッパの人間中心主義的文化をくつがえそうと企てていたのである。それは、一方でニーチェの遺志を継ごうとするものであろうが、他方では、スタイナーの言うように、第一次大戦後の黙示録的雰囲気に強く促されたものでもあったろう」。

そして木田は、「あの時点でファシズムに加担するということの意味は考えてみる必要がある。それも、民主主義は無条件に善で、ファシズムは無条件に悪だという感情的反応は別にして、である」と言う。確かにあの時点では、ドイツや日本という資本主義後発国にとって、ファシズムかボルシェヴィズムかという選択肢しか無いと思われていたかも知れない。ファシズムは一九四五年の時点で誤まりとされたが、後者についてはつい最近のソ連邦の解体まで持ちこたえてきた（スターリニズムの進展という事実があったにもかかわらず）。とするならば、改めてファシズムが何であったか考える必要があるだろう、と木田は言う。

木田はこの章を終えるに当って、ファリアスの告発後さまざまな批判と弁護の論が出たが、その中でもっとも読み応えのあった文献として、デリダの『精神について——ハイデガーの問い』とスタイナーの『ハイデガー』、とりわけ新たに付された序論「ハイデガー　一九九一年」をあげている。後者から次の一文を引いておこう。

もう一度繰りかえしておきたい。なんとも始末の悪いのは、一九四五年以降のハイデガーの沈黙である。しかも、この手際の悪い発言放棄は、地球環境の危機の本質や、言語と芸術の本性についての彼のもっとも遠大な著作の幾つかと時期を同じくしているのだ。マルティン・ハイデガーは、彼がヒットラー主義の真の特質と、その結果であるアウシュヴィッツとについての質問にいっさいの回答を拒否しているまさにその時期に、著作活動や講義・講演活動の上では活力の頂点に立っていたのである。すでによく知られていることであるが、一九五三年に彼は、国家社会主義の「実現されなかった」真理ないし隠された真理ということを最初に言い出した有名なくだりをふくむ『形而上学入門』※を、なに一つ変更をくわえずに再刊している。その上、私がすでに引いたもう一つのくだりがある。それ以外に沈黙《シレンティウム》である。

※166頁のブレーメン講演中の一文。

最後に、木田の『ハイデガーの思想』とは離れるが、現代日本の政治思想史の専門家がハイデガーについてどう考えているか、見ておきたい。『現象学と政治――二十世紀ドイツ精神史研究』（行人社、一九九六年）、『二十世紀の政治思想』（以下いずれも岩波書店、一九九六年）、『美と政治――ロマン主義からポストモダニズムへ』（一九九九年）、『政治哲学の起源――ハイデガー研究の視角から』（二〇〇二年）などハイデガーを中心にした研究書を公刊している小野紀明は、A5判五〇〇頁を越える詳細な研究

『ハイデガーの政治哲学』（二〇一〇年）の「あとがき」で、次のように述べている。

……私は、できるだけハイデガーに寄り添って考えようと試みたのである。その結果、私は老獪な哲学者の罠に見事にはまってしまったかもしれない。（後略）

白状するならば、ハイデガーの政治思想の本質について私は、本書を公刊した今もなお思い煩っているのであるが、政治思想史の研究者として彼の政治的態度に対して抱く批判は、意外に単純である。政治をオントロギッシュな次元で捉え直したことが彼の政治思想の最大な特徴であるが、その結果、彼には政治を論じる者が弁えておくべき最低限の責任倫理が欠落してしまったと言わざるを得ない。

つまり、「政治のオンティッシュな次元を無視するならば、破滅的な過ちを呼び寄せ」てしまう、ということだ。「深遠で長い射程を有するハイデガーの政治哲学を前にして、法学部育ちの私が批判がましいことを言えるとすれば、ただこの一点である」と小野は書いている。

後期の思索――言語論と芸術論

まず『ヒューマニズム書簡』が取り上げられる。一九四六年にフランスの若い哲学者J・ボーフレは、その前年の暮にサルトルが行った講演「実存主義は一つのヒューマニズムであるか」を念頭に置き、ハイデガーに質問状を出した。それは「どうすれば〈ヒューマニズム〉という言葉に一つの意味をとりもどすことができるか」というものであった。なぜハイデガーにかと言えば、右のサルトルの講演は『実存主義は一つのヒューマニズムである』と断定的に表題を変えて出版されていたが、その中でサルトルはハイデガーを〈無神論的実存主義〉の先駆者として位置づけていたからだ。
ハイデガーはボーフレの要請に対して、サルトルの講演に応えるだけではなく、より本格的に自らの思想を語ろうとした。それは『全集』版の脚注によれば、「一九三六年にはじめられた一筋の道を辿る歩み」、つまり〈転回《ケーレ》〉後の思想の展開を明らかにしようという試みだった。〈転回《ケーレ》〉を既に見たように、〈現存在が存在を規定する〉という立場から〈存在が現存在を規定する〉立場への転回とするならば、〈転回《ケーレ》〉後のハイデガーの考え方は、サルトルの言う〈ヒューマニズム〉とは違うものとなる。

サルトルの〈ヒューマニズム〉が人間中心主義であるのなら、ハイデガーのそれは〈反《アンチ》ヒューマニズム〉ということになる。それは次の経緯を見ても分ることだ。ハイデガーの右の論文は、最初一九四七年に「プラトンの真理論」と合わせて『ヒューマニズムについての書簡』という題で刊行された。しかし一九四九年に単行本として出版された時には『ヒューマニズムについて（Über den Humanismus）』と表題が変更されていた。つまり、「ヒューマニズムを越えて」と読ませようという意向があったと思われるのだ（『全集』では再び『〈ヒューマニズム〉についての書簡』に戻されている）。

一九六〇年代の構造主義やそれ以降のポストモダンの考え方は、全てここに淵源があると言っても過言ではなかろう。

ところでこの論文の冒頭部分は以下のとおりである。

> すべてに先立ってまず〈ある〉のは、存在である。思考は、人間の本質へのこの存在の関わりを仕上げるのである。思考がこの関わりをつくり出したり惹き起こしたりするわけではない。思考はこの関わりを、存在からゆだねられたものとして、存在に捧げるだけのことである。この捧

げるということの意味は、思考のうちで存在が言葉となって現われるということにほかならない。言葉こそ存在の住居である。言葉というこの宿りに住みつくのが人間なのである。思索する者たちと詩作する者たちは、この宿りの番人である。彼らがおこなう見張りとは、彼らが語ることによって存在の明るみを言葉にもたらし言葉のうちに保存するというふうにして、その明るみを仕上げることにほかならない。

この文章には、ハイデガーの後期思想のエッセンスが込められている。最初の部分について、木田は次のように解説する。「人間が自分でおこなっていると思っていた〈存在了解〉、つまり〈存在〉という視点の設定は、実は〈存在〉そのものの生起の仕方を反映し、それを定式化し、いわばそれを仕上げているだけのことである」。それでは次の部分にある「存在が言葉になって現れる」とか「言葉こそ存在の住居である」とは、どういうことなのだろうか。

既に見たように、「〈存在〉という視点の設定は〈時間性〉を場にしておこなわれる」。時間性は、現在のうちにズレが生じ、過去とか未来という次元が開かれることだ。そして木田によれば「過去・現在・未来という三つの次元のあいだにいわば相互表出の関係が成立することによって〈シンボル〉、というより――シンボルは本質的に体系をなすものであるから――〈シンボル体系〉の形成が可能になる。人間にとってはすべてのものがこのシンボル体系のうちに立ち現われ、そのかぎりで〈存在者〉たりうるのである」。つまり「〈存在〉という視点が〈シンボル体系〉として具象化されるということ」だ。とすれば、〈存在〉という視点の設定の仕方が変われば、〈シンボル体系〉も違ったように組織される。

ハイデガーの〈言葉〉とはシンボル体系のことだ、と木田は言う。そしてこの〈言葉〉=シンボル体系も、〈存在〉の視点の設定がそうであったように、人間が意識的に行うことではない。「むしろわれわれは、すでにある〈言葉〉の助けを借りて、存在者の分節を果たすのである。その意味では、われわれが言葉を語るというよりも、「言葉が語る」のであ」る。

そうなれば、ハイデガーの引用の次の部分にある「言葉こそ存在の住居である」ということも理解できる。同時にそれに続く文章も解読が可能になる――「存在の明るみ」ということを除いては。これについて木田は次のように言う、「思索する者と詩作する者は、言葉を守ることによって存在の明るみを仕上げるというのも、彼らこそが〈存在〉という視点の根源的な分節である言葉を守ることによって、存在者を存在者として在らしめている存在の明るみを守り仕上げるという意味にちがいない」と。

ところが、人間は存在から与えられた明るみを自ら企投したものだと誤解し、存在を忘却してしまうのだ。この〈存在忘却〉は人間にとって〈故郷喪失〉につながる。これこそハイデガーの言う〈形而上学〉の時代の特徴に他ならない。ハイデガーはこの存在忘却の時代にわれわれができるのは「失われた存在を追想《アンデンケン》しつつ待つことだけ」だ、それ故彼は芸術に深い期待を抱いたのだ、と木田は言う。

ハイデガーはスタイナーの言うように、フライブルク大学の学長を辞任した直後から、ヘルダーリンについて一連の講義や講演で語り、論文を書いている。

「ヘルダーリンの讃歌「ゲルマーニエン」と「ライン河」」(一九三四―三五年冬学期の講義)
「ヘルダーリンと詩の本質」(一九三六年ローマでの講演)
「あたかも祭の日に……」(一九三九、四〇年の講演)
「ヘルダーリンの讃歌「追想」」(一九四一―四二年冬学期の講義)

「ヘルダーリンの讃歌」（一九四二年夏学期の講義）

「帰郷——近親者に寄す」（一九四三年の講演）

「追想」（一九四三年発表の論文）

なお、一九五一—五二年冬学期の講義「何が思索を命じるのか」でもヘルダーリンの詩が論じられている。

これらのハイデガーによるヘルダーリン論は、当初はテキスト批判の不十分さや暴力的な読みだというので非難されたらしい。が、今日ではドイツ文芸学の大きな成果と認められているという。ハイデガーはヘルダーリンの他にも、リルケ、G・トラークル、S・ゲオルゲの作品を取り上げている。

このような「詩作する者」と並んで、「思索する者」もまた、「存在を追想《アンデンケン》する」。ハイデガーは次のように言う。

将来の思索はもはや哲学ではない。それは哲学の別名である形而上学よりももっと根源的に思索するからである。

この思索は、それがあるかぎり、存在の追想であって、それ以外のなにものでもない。存在によって存在の真理の守り手たるべく投じられ、そのために必要とされているのであるから、この思索は存在に属しつつ存在を思索するのである。

思索は言葉を集めて単純に語る。ちょうど雲が空の雲であるように、言葉は存在の言葉である。

思索はみずから語ることによって、言葉のなかに目立たない畝をつくる。この畝は農夫がゆるやかに歩みながら畑のなかにつくる畝よりももっと目立たないものなのだ。

こうしてハイデガーは、詩作する者と思索する者への考察を行った。これらと並行して、一九三五年頃から行われたいくつかの講演をまとめて書かれた論文「芸術作品の起源」(『杣道』所収)がある。ゴッホの靴やギリシア神殿について考察をめぐらせたこの有名な論文については、既に『哲学と反哲学』で見ているのでくりかえすことはしない。

ただハイデガーの後期の思索を検討してきた最後に、木田の以下の文章を引用しておこう。「われわれが偉大な芸術作品に接したときの感動は、たしかにわれわれの存在の奥深いところ、意識的な自我の営みである知や認識に先立つ、いわば無人称《アノニム》な感性の深みから発するように思われる。われわれのうちで起こるにはちがいないが、われわれを超えたそうした深みで起こっている感性と存在との交響を増幅して復原してみせるところに芸術の本領があるのだとすれば、芸術に一つの存在論を認め、それを拠りどころに、知を中心に形成されてきた西洋の文化を総体として批判しようという意図も分からないではない。ハイデガーは、少なくとも形而上学の完成の時代である現代にあっては、詩人や芸術家だけがあの原初の存在と、あるいはその存在の痕跡とのかすかな絆をつないでいると考え、彼らの作品からなにかを聞きとろうとしているのである」。

木田は終章「描き残したこと」で哲学の命運について書き、シェリング、ニーチェやハイデガーの挫折についても触れている。この点についても既にわれわれは見ているので改めて述べることはしない。またごく短かく、ハイデガーの技術論に言及し、〈芸術〉と〈技術〉がドイツ語ではともに〈Kunst《クンスト》〉

であることを述べ、次のようにまとめる。「ハイデガーは、〈ポイエーシス〉が〈自然《ピュシス》〉の一ヴァリエーションとして、また〈自然《ピュシス》〉が〈ポイエーシス〉の最高形態として考えられていた古代ギリシアにまで遡って〈技術〉の本質を捉え、それが〈近代技術〉へ、さらに地球大の巨大な〈技術文明〉へ変質してゆく次第を問う一方、〈技術〉の本質から〈芸術〉の本質を、また〈芸術〉の本質から〈技術〉の本質を問い明かそうと試みている」。

なお『ハイデガーの思想』刊行の約半年後に書かれた木田の論稿「技術の正体」（『正論』、一九九三年一〇月号）が、3・11後に書かれた二本のエッセイと共に英語との対訳という形で二〇一三年に出版された（『対訳　技術の正体』M・エメリック訳、㈱デコ）。この論稿はハイデガーの技術論を分り易く参照しながらまとめられたユニークなものである。

ところで、晩年のハイデガーはどのような生活を送っていたのだろう。フライブルク大学を一九五一年に退官した後も、講義や講演、論文執筆を行っていたことは右に見たとおりである。五五年にはボーフレの企画でフランスのノルマンディに講演に出かけ、帰途パリで詩人のルネ・シャールと、ヴァランジュヴィルで画家のジョルジュ・ブラックと会い、以降親交を重ねている。ボーフレは大戦中レジスタンスの闘士で、ルネ・シャールは対独ゲリラ組織〈マキ〉の指導者だった。

シャールの故郷であったプロヴァンス地方には、五六―五八年の三年つづけて訪れ、セザンヌの生地エクス・アン・プロヴァンスへも行っている。最晩年の六六―六九年には、シャールの自宅に近いル・トールでフランス人を対象に三回のゼミナールをおこなった。この三回とハイデガーの自宅でのゼミナールを加えた『四つのゼミナール』という本も出版している。

一方、親交のあったスイスの有名な精神分析医メダルト・ボスの要請により、一九五八年以来一七年もの長い間、毎年チューリッヒ近郊のツォリコーンで四日間のゼミナールをおこなった。後に『ツォリコーン・ゼミナール』として出版される。

一九六二年にはギリシアを初めて旅行した。またその頃、イタリアを訪れている。フライブルクの自宅、トートナウベルクの山荘などで親しい友人や多くの訪問者にかこまれて、ハイデガーは穏やかな晩年を送ったように見える。

しかし、一九六四年秋、メスキルヒでハイデガーは、ネスケ書店社主のギュンター・ネスケに一晩かけて「一九三三年の政治的過誤」について語ったといわれている。また六六年九月には既に見たように『シュピーゲル』のインタヴューを受けた。シュネーベルガーの『ハイデガー拾遺』も出版される。「一見穏やかな日々を送った晩年のハイデガーの心中に、いつも重い暗雲がわだかまっていたのではあるまいか」と木田は言う。

木田は『ハイデガーの思想』を終えるに当って、次のように書いた。

> ハイデガーの思想とは、結局何だったのであろうか。私は現代を読むための壮大な思考実験だったと思っている。彼の開いてくれた広大な視野のうちに据えて見ることによって、これまで見えなかった実にさまざまなものが見えるようになった。アリストテレスやライプニッツやシェリングやニーチェのテキストが解読可能になったというだけではない。また、ソフォクレスやヘルダーリンやリルケやトラークルの残した言葉や詩句に新たな光が当てられたということにもとどまらない。知と言語の本質、芸術と技術の本質を考えるための大きな手がかりが与えられ、〈西洋〉と呼ばれる文化圏の運命が、そしてそれに照らし返されて〈日本〉という文化圏のもつ運命も、以前よりいっそう深く読みとれるようになったのである。

二〇歳の頃にハイデガー研究を志して哲学の道に入った木田であるが、ハイデガーという怪物はその真の姿を簡単に表すことはなかった。木田はその姿を見るために、今迄誰も試みることのなかった『存在と時間』の再構築に挑戦することになる。その挑戦のための準備、あるいは小手調べとしていくつかの仕事をする。次節ではそれらを検討することにしよう。

第四節　『反哲学史』、『わたしの哲学入門』そして『哲学以外』

『反哲学史』

この本（講談社、一九九五年。後に講談社学術文庫、二〇〇〇年）は、中央大学文学部の一般教養科目「哲学」の講義が基になっている。したがって可能な限り、哲学の素養のない学生にも分り易く書かれている。とはいえ、内容的にはハイデガーやメルロ＝ポンティの思想に触発されて、木田が日本の思想風土の中で行ってきた挑戦を具体化する試みであり、まことに重要な書目である。

フォアゾクラティカーの時代から二〇世紀初頭に至るまでの、約二六〇〇年という長い歴史が対象である。終章を含めて全一二章のうち、半分が古代ギリシアに当てられている。すなわち、フォアゾクラティカー、ソフィストたち、ソクラテス、プラトン、アリストテレスなどである。

そして後半は、デカルト、カント、ヘーゲルそして「形而上学克服の試み」としてシェリング、マルクス、ニーチェなどが取り上げられ、最後に一九世紀から二〇世紀への展開が検討されて終る。

前半部分は、「はじめに」で反哲学とは何かについて説明するところから開始される。「反哲学」の意味についいては前節で詳しく見ているので、ここでくりかえすことはしない。ただ、「哲学批判」とか「哲学の解体」といった動きが、二〇世紀後半の思想家たちの基本的志向であることは、明確に認識しておくことにしたい。

さて、ソクラテスから始める。「哲学（philosophia）」という言葉を最初に使ったのが彼だからだ。これはphilein《フィレイン》（愛する）という動詞とsophia《ソフィア》（知恵とか知識）という名詞を組み合せてつくられた合成語である。この「愛する」という言葉は、ソクラテスによれば、男女の愛という場合の「エロス」と同じだという。愛とは誰かを愛し、それをわがものにしたいという欲求である。つまり愛している者は、その愛の対象を未だ自らのものにしていないということだ。「愛知」の場合にも、知を愛する者は、未だそれを手にしていない。つまり無知である。そこから「無知の知」という考え方が出てくる。

しかし、よく考えると、これはおかしい。ヘーゲルは『哲学史講義』の中で、「愛酒家」という言葉を提示し、もしソクラテス的に考えるなら、これは酒を飲まずに酒にあこがれる人ということになってしまう、と言う。ではなぜ、ソクラテスはこのように不自然なことを考えたのだろう。

そこには明白な理由があった。ソクラテスはソフィストたちとの論争で、絶対に負けることのない立場を築こうとしたからである。自らを知識人だと売込むソフィストたちと論争する時、自分は無知な「愛知者」だと言うなら、ひたすら質問する側に立つことができる。答えるのはもっぱらソフィストの側になる。あれこれと質問してソフィストたちがそれに答える。更にその答えについて質問し、ソフィストたちの議論の矛盾を指摘する。そしてついには、彼らの無知が明らかにされる、という仕組みだ。

こうしたユニークな「愛知《フィロソフィア》」の立場に立っての議論の仕方を、当時のアテナイ市民たちは「エイロネイアー（eirōneiā）」と呼んだ。英語のirony《アイロニー》とかドイツ語のIronie《イロニー》として受継がれている言葉で、日本語では「皮肉」と訳される。

このような皮肉という現象は、次のように言うことができる。木田の表現を借りよう。「つまり、無意識のうちに内面とは矛盾した外面を装っているような相手を前にして、皮肉屋《アイロニスト》は、自分の方でも同じような矛盾を意識的に——ということは、誇張して——つくり出してみせる。たとえば、その内面においては無知なのに知ったかぶりをする相手に対して、内心ではその無知を見ぬいていながら、言葉の上ではいかにも相手の装われた外面をそのままに受けとっているかのように、「君のような物識りにはまだ会ったことがない」と言ってみせる。皮肉を言われる方は、その皮肉な言いまわしによって極度に誇張して再現された内と外との矛盾に気づき、相手の外なる言葉を否定して、相手が内心で何を思っているかに気づかされる。このとき、「皮肉が通じた」わけです。と同時に、それまで無意識であった自分のがわでの内と外との矛盾にも気づかされ、自分の真の本質に立ちかえらされることになります」（本項の引用は、断りのない限り、全て『反哲学史』より）。

とすれば皮肉《アイロニー》には、皮肉を言う側でも言われる側でも、それぞれの内と外にあった矛盾が暴露されて、それぞれの側で「内なる本質への帰還」がおこなわれる、ということになる。つまり「皮肉《アイロニー》には、無意識な自己欺瞞《じこぎまん》を暴露して自己の真実に立ちかえらせるという、一種の教育的効果があること」になる。

ソクラテスの皮肉《アイロニー》もそうした教育的効果をねらったものであったろう。しかし、それだけではなかったようだ。彼のアイロニーはソフィストたちの既成の知識を否定し、その代りに真の知識を提示するということではなかった。そうではなくて、いっさいの知識とか実在について、それらを次から次へと否定して行く無限否定性ともいうべきものであった。

例えば、プラトンの対話篇の一つ『ソクラテスの弁明』を読むならば、ソクラテスの否定はありとあらゆるものに向けられていたことが分る。そしてそのアイロニカルな否定が無限にくりかえされるということになれば、当の対話者を含めて、全てが無の不安にさらされてしまうだろう。とするなら「ソクラテスのアイロニーの真のねらいは、この無限否定性、つまり単なる否定のための否定たらんとするところにあったように思われる」のだ。

ソクラテスは時折、カタレプシー（強硬症）の発作をおこしたと言われている。歩行中に突然立ち止まり、一時間も動かないという状況が、プラトンの『饗宴』の冒頭に描かれている。キルケゴールは、これをソクラテスが無限否定性の炎を一刻止めて休んでいたのだろう、と推測している。

ところでソクラテスは紀元前三九九年の春に、三人の市民から「国家の認める神々を認めず、新しい鬼神《ダイモーン》の祭りを導入し、かつ青年に害悪を及ぼ」したという理由で、告発された。その結果、一般市民から選ばれた五〇一人の陪審員によって裁かれることになる。途中経過は省略するが、最終的に三六一対一四〇で死刑が確定した。その一ヶ月後にソクラテスは処刑されることになる。その間いくらでも逃げる機会があったが、彼は悪法も法だとして自ら毒杯を仰いで死んだ。

実はこの裁判には裏があり、実際には政治裁判で、その理由は戦争責任を負うべき人物をソクラテスが教育した、というものだった。この裁判が行われたのは、アテナイとスパルタが三〇年近くも闘ったペロポンネーソス戦争（前四三一—前四〇四年）終結五年後のことである。アテナイ敗北の一因とされたアルキピアデースという人物を教育したのが、ソクラテスだというのだ。

さらに、もう一つ裏の事情があった。それはアテナイとスパルタの政治体制に関わることであった。つまり、直接民主政のアテナイと少数寡頭政のスパルタの間のイデオロギー戦だったのである。それはやがて両体制の戦闘につながった。「三〇人政権《トリアコンタ》の乱」と呼ばれる内戦である。一年間も続いたこの内戦で、ペロポンネーソス戦争三〇年間の死者とほぼ同数の市民が死に、アテナイ最大の悲劇となった。この内乱の主謀者であったクリチアスやカルミデスを教育した人物こそ、ソクラテスだと言われたのだ。

このような裏事情があったにせよ、ソクラテスは逃亡することもなく、自ら死を選んだ。表と裏の告発に対して、ソクラテスは弁明しなければならなかった。しかし彼が弁明したのは、何らかの政治体制に与して他を批判するというのではなかった。それら全てに対する批判を行ったのである。

だから木田は次のように言うのだ。「ヘーゲルと同様、キルケゴールもソクラテスを世界史の一つの転回点と見るのですが、彼の観点からすれば、ソクラテスの無限否定性としてのアイロニーは、歴史を切断し、いっさいの古いものを否定し去って、新たなものの登場を準備するという歴史的使命を負うていたことになります。つまり、徹底した否定性を生きたソクラテスには、たしかに何一つ新しいものをもち出すことはできなかった――それは、やがて彼の弟子のプラトンが果たすことになります――のであり、彼の使命はその新しいものの登場してくる舞台をまず掃き清めるというところにあり、彼のアイロニーこそはそのための手段だったわけです」。

このようにソクラテスが否定した古いものが何であったか、それが次の「第四章　ソクラテス以前の思想家たちの自然観」で明らかにされる。

通常フォアゾクラティカーと呼ばれるのは、以下のような人物である。ターレス（紀元前六二四―前五〇六年、年代は以下全て推定）、アナクシマンドロス（紀元前六一〇―前五四六年）、ピタゴラス（紀元前五七〇―前四九七年）、パルメニデス（紀元前五四〇―?）、ヘラクレイトス（紀元前五三四―前四七五年）、エンペドクレース（紀元前四九〇―前四三〇年）、デモクリトス（紀元前四六〇―前三七〇年）。

彼らは全てギリシア本土の出身ではなく、イオニア地方（現在のトルコの西海岸）やマグナ・グレキア（現在のイタリア南部とシシリー島）の出であった。つまり当時は右の二地方の方がギリシア本土より文化的に進んでいたのだった。彼らの著作は完全な形では残されておらず、全て断片である。ディールスやクランツといったドイツの哲学史家がこれらの断片を集め編集し出版した。その際彼らを総称してフォアゾクラティカーと呼んだのである。

彼らは各々個性的な思想家だったようだが、共通する考え方を持っていたと言われている。それは自然観である。彼らはその多くが「自然《フュシス》について」という同名のタイトルで本を書いた。このフュシスというギリシア語は、後にナトゥーラ（natura）というラテン語に訳され、やがて英語・フランス語のnature、ドイツ語のNaturとなったのは周知のことだ。

この言葉には二つの用法があったということは既に見た。つまり、いわゆる自然と、本性とでも訳される用法である。具体的に言うなら、nature and history と nature of history という用法で、それぞれ「自然と歴史」「歴史の本性」と訳される。フォアゾクラティカーが関心を抱いたのは後者の方で、いっさいの存在者の真のあり方、つまり本性についてであった。

その間の事情について、木田は次のように言う。「彼らにとって自然《フュシス》とは、人間や、神々をさえもふくめた存在者のすべてのことであり（彼らのもとでは、「自然《フュシス》」という言葉はしばしば「万物《タ・パンタ》」と同義に使われています）、より正確には、そうしたすべての存在者の真の本性、つまりすべての存在者をそのように存在者たらしめている存在のことなのであって、彼らの思索はまさしくこの存在がなんであるかを究めることに向けられていたのです」。

そして、この自然《フュシス》という言葉には、「生成」とか「発現」という意味があったことも既に見た。そこでは『古事記』の「葦牙《あしかび》の萌《も》え騰《あが》るように成る」という例をあげたが、ここでは木田は、丸山眞男が論文「歴史意識の〈古層〉」で書いた、神々の名「高皇産霊神《タカミムスヒノカミ》・神皇産霊神《カミムスヒノカミ》」の「ムスヒ」は「苔ムス、草ムス」という時の「ムス」と、原理を意味する「ヒ」が結びついて生成の原理を表わしている、との指摘をとり上げている。

とすれば、フォアゾクラティカーたちの自然観は「いわゆるアニミスティックな自然観の高度に洗練された一類型」と考えられる。しかし時代がたつにつれて、彼らの間でさまざまな考え方が出てくる。例えばヘラクレイトスは「わたしにではなくロゴスに耳を傾けて、万物が一つであることをそのままに認める《ホモロゲイン》ことが知というものだ」と言う。この場合のロゴスとは、自然の理法とでも言うべきものだが、それを「ホモロゲイン」するのが人間にとって真の知だと言うのだ。つまり自然・理法に随順して生きることこそ真の生き方だと言い換えることもできる。こうした考え方は、老子の「無為自然」とか芭蕉の「造化にしたがひ、造化にかへる」と近いと言えるだろう。

デモクリトス（原子論の創唱者といわれる）になると、フュシスとノモスは鋭く対立するものとして考えられるようになる。自然は原子《アトム》の無限の組み合わせからなると考えた彼は、ノモスによって存在しているものは全て仮象《エイドーラ》にすぎないとした。したがって自然とノモスは対立しているとしても、真理はあくまでも自然にあると考えた。

木田は言う。「こうしてみると、根源的な真実在である自然《フュシス》からノモスが逸脱離反し、やがて消極的にもせよ自然《フュシス》に対立する原理になるという自然《フュシス》とノモス、存在と仮象との統一と抗争こそが、つまり、仮象のうちに生きることを余儀なくされながらも、つねにその仮象を打ち破って真実在に還ろうとすることこそが、ソクラテス以前の思想家たちの思索の中心的な主題だったと見ることができそうです」。

ソフィストたちにとっては、このような自然とノモスとの間の緊張関係は既に失われていた。ノモス的世界が仮象にすぎないとするなら、そこでは真も偽も同様に主張できることになる。白を黒だとし、黒を白だと言いくるめるソフィストの詭弁術が生じたのも当然のことであった。ソフィストたちは「人間社会の諸問題を真の存在である自然《フュシス》との厳しい緊張のなかでとらえるのではなく、真理は高いところに祭りあげてしまい、仮象にすぎない人間社会だけに眼を向けるというやり方で、古い自然《フュシス》的存在論を堕落したかたちで保持しつづけようとした」のであった。

ソクラテスがアイロニーの刃によって一掃しようとしたのは、この堕落したかたちで継承されていた古い自然的存在論だったのだ。「彼の無限否定性としてのアイロニーとは、まさしくそのための武器だった」のである。とすれば、「彼の否定の刃は結局のところ自然に向けられていたということになる。

この自然的存在論にかわる新しい存在論――これこそプラトンのイデア論であった。それは、既に見たことであるが、制作的存在論とでも称すべきもので、「制作物をモデルにして得られたもの」である。フォアゾクラティカーたちは、自然に生成する存在者をモデルとして、「成る」という観点から事物の存在構造を考えていた。ところがプラトンはこれとは正反対と言ってよい、制作物をモデルとする「つくる」という観点から事物の存在構造を考えようとしたのだ。

それでは、こうした制作的存在論の根底をなすイデア論について、どのように考えればいいのだろう。木田は次のように言う。「第一に、プラトンのこの考え方では、すべての個物は、イデアから借りてこられた形相《エイドス》（形）と一定の質料《ヒュレー》（材料）との合成物だということです。この際、形相《エイドス》ということで物の外的輪郭だけではなく、その内的構造のようなものをも考えておいてよいと思います。第二に、そうした合成によってつくられた個物において、その存在性を左右するのは、あくまで形相であって、質料ではない、と考えられています。そして、形相とは、それがなんであるか（本質存在）を決定するものだし、質料とは、その物があるかないか（事実存在）を決定するものなのだとすれば、ここでは「存在」なるものがもっぱら本質存在（……デアル）の意味に理解されていることになります」。

ここでもう一つ確認しておかなければならないことがある。それは、かつては存在者の全てを包括するものであった自然《フュシス》が、この新しい存在論においては、「制作の単なる質料《ヒュレー》、つまり超自然的なイデアから借りてこられた形相《エイドス》によってかたちづくられるべきそれ自身は無構造な素材となり、結局は存在者の特定領域になりさがってしまった」ということだ。ギリシア語のヒュレーはラテン語では「マテーリア」と訳された。それが例えば英語ではmaterialとして継承されている。日本語では「物質」と訳される。とすると、この新しい存在論では「物質的自然観」が誕生したことになる。

とすれば、プラトンのイデア論は従来のギリシア人の考え方とは異質のものである。これはピタゴラス教団の影響を受けた思想であった。アリストテレスが『形而上学』の中でピタゴラス派の思想について、「異郷的《エクトポーテロス》」だと言っているが、プラトンも同様に思われていたのではないだろうか。ではなぜ、このように異郷的と思われたプラトンの考え方が受入れられたのかと言えば、それは「イデア論はあくまで実践的関心との生きた緊張のなかでとらえられてのみ意味をもつもの」だったからである。

ペロポンネーソス戦争以降衰亡の一途を辿るアテナイのために、ソクラテスは心をくだき、最後は死ななければならなかった。プラトンは後半生に対話篇『国家』と『法律』を書き、シシリー島で理想国家を建設すべく奮闘した。それは残念ながら失敗に終ってしまったが、プラトンの思想が実践的関心に裏づけられていたことは確かであった。

そうした状況のなかでアリストテレスが登場する。彼の思想をわれわれは、彼自身が創設した学園リュケイオンにおける彼の講義から知ることができる。彼は一七歳の時に、プラトンが創設した学園アカデメイアに入学、ほぼ二〇年もの間そこで学んだ。アリストテレスが入学した時にプラトンは六三歳だったので、晩年の弟子と言える。ラファエロの「アテネの学園」という、ヴァチカン宮殿にある有名な絵では、中央に老年のプラトンと若いアリストテレスが描かれている。

　現在『アリストテレス全集』という形で刊行されている彼の膨大な講義録から読みとれるのは、彼が師プラトンの思想を「批判的に修正しながら継承しようとする」姿勢である。つまり「プラトンの制作的存在論のゆきすぎを巻きもどして、ギリシア伝来の自然《フュシス》的存在論との調停をはかる」ことであった。プラトンは「形相と質料の結びつきをまったく外的・偶然的なものだと考え」たが、アリストテレスは「質料とはなんらかの形相を可能性としてふくんでいるもの「可能態《デュナーミス》」の状態にあるものだと考えます。そして、彼はその可能性が現実化された状態を「現実態《エネルゲイア》」と呼びます。つまり、アリストテレスは「質料―形相」という定式を「可能態―現実態」という定式に組み替え」たのだ。

　そしてアリストテレスは、「すべての存在者は可能態から現実態へ向かう運動のうちにあると考え」た。例えば自然にはえている樹は材木になる可能態にあり、仕事場に置かれた材木はその現実態となる。その材木は机になる可能態であり、机はその現実態である。つまり可能態―現実態の関係はどこまでも相対化され、「すべての存在者はそのうちに潜在している可能性を次々に現実化してゆくいわば目的論的運動のうちにあるということです」。

　ところで、アリストテレスは「純粋形相」あるいは「神《テオス》」という言葉で、全ての存在者が目指す目的《テロス》つまり終極点を表わした。この「純粋形相」がプラトンの「イデア」と同質であることは明らかである。「古くからギリシア人にとって「万物《タ・パンタ》」を意味してきた「自然」の外にイデアという超自然的原理を設定し、それを参照しながら自然の存在を理解しようとする、プラトンの果たした決定的な思考様式の転回をアリストテレスも結局は承け継いでいる」わけだ。

　更にアリストテレスは、プラトンの「形相」（……デアル）と「質料」（……ガアル）を、「それが何であるかという存在《ト・ホ・エスティン》」と「それがある（かないか）という存在《ト・ホティ・エスティン》」として概念化した。この二つの概念が中世になるとスコラ哲学者によって「本質存在《エッセンティア》」と「事実存在《エクシステンティア》」というラテン語に定着されることになる。つまり「ここでも彼は、プラトンに逆らってギリシア古来の考え方にもどろうとしているかに見えますが、彼にあってもやはり、すでに「存在」は二義的に分岐してしまっているのであり、あの原初の単純性を失ってしまっている」のである。

こうしてアリストテレスの「哲学」（自身は「第一哲学」と呼んでいた）が定着し、その死後およそ二〇〇年頃に、その講義ノートが編集された際に『自然学』の次に配置された。古代末期になって、その配列順を意味する言葉がラテン語に移され「メタフュシカ」となる。ローマ時代には、アリストテレス哲学がキリスト教神学の基本として採用されるに及んで、それを配列順ではなく、〝メタ〟が「……を超えて」という意味を持っているので、「超自然学」とされることになった。われわれが使う「形而上学」という訳語も、形ある自然を超えたものについての学問という意味だ。

アリストテレスの創設した学園リュケイオンは、プラトンの学園アカデメイアと同じく、紀元五二九年にローマ皇帝ユスティニアヌスによって閉鎖されるまで存続した。そしてその間「形而上学」は広まり定着する。一方、プラトン哲学も同様に学園アカデメイアを通して普及・定着するが、古代末期になると、プロティノス（当時エジプトのアレクサンドリアにいた）の新プラトン主義を経由する形で、キリスト教教義の基本となっていく。

こうしてプラトンとアリストテレスの哲学は、キリスト教の「教父哲学」の基本を成すものとなり、やがてアウグスティヌスによってカトリック教会の教義が大成される時に援用されることになった。一三世紀に入ってトマス・アクィナスは、アリストテレス哲学に基づくキリスト教の教義体系を整備し、以降ヨーロッパ文化形成の原動力となったのであった。

以上、第一章 ソクラテスと「哲学」の誕生、第二章 アイロニーとしての哲学、第三章 ソクラテス裁判、第四章　ソクラテス以前の思想家たちの自然観、第五章　プラトンのイデア論、第六章　アリストテレスの形而上学、の内容を見てきた。

そのまとめとして、木田は次のように書いている。

……こうしてソクラテス、プラトン、アリストテレスというギリシア古典時代の三人の思想家のもとで、自然に包まれそのなかで生きているいかなる自然民族にもかつて生まれなかったような不自然な思考様式、つまり「哲学」が世界史上はじめて形成され、軌道に乗せられたことになります。その超自然的原理、形而上学的原理は、その時どき「イデア」と呼ばれ、「純粋形相」と呼ばれ、「神」と呼ばれ、「理性」と呼ばれ、「精神」と呼ばれて、その呼び名を変えてゆきますが、この思考パターンそのものは、その後多少の修正を受けながらも一貫して承け継がれ、それが西洋文化形成の、いや少くとも近代ヨーロッパ文化形成の基本的構図を描くことになるのです。

今まで『反哲学史』の前半部分をできるだけ忠実に辿ってきた。それは言うまでもなく、ハイデガーが根本的な批判と超克の対象と考えたヨーロッパ文化の基本構造とは何であったのか、明らかにしたかったからである。これ以降、第七章　デカルトと近代哲学の創建、第八章　カントと近代哲学の展開、第九章　ヘーゲルと近代哲学の完成、第十章　形而上学克服の試み、終章　十九世紀から二十世紀へ、と続く。しかし、ここでその内容を改めて見ることはしない。既にその多くがこれ迄の著作によって語られているし、次章の『ハイデガー『存在と時間』の構築』を検討する時にたち返って参照することになるであろうからである。

いずれにしても、この『反哲学史』は、『哲学と反哲学』で提示したハイデガーやメルロ＝ポンティの壮大な構想に刺激を受けて執筆された、稀有な「哲学史」である。私は、もし学生の時に、木田からこの講義を受けていたら、と思わずにはいられない。

『わたしの哲学入門』

この本（新書館、一九九八年。後に講談社学術文庫、二〇一四年）は、『大航海』第一号（一九九四年一二月）から第二〇号（一九九八年二月）にかけて、二〇回にわたって長期連載された原稿を基に、まとめられたものである。第一章で見た『メルロ＝ポンティの思想』は、『現代思想』に足かけ七年間、三六回にわたって連載されたものであったが、その仕掛人は三浦雅士だった。今回の連載も、当時新書館の経営者であった三浦の指示によるものだと思う。

連載は「新・哲学入門」という題であったが、本としてまとめるに際して編集部の提案を入れ現行の書名になった、と木田は「まえがき」で書いている。実際読めば分ることだが、この本にはこの書名しかない。内容的にはハイデガーの思想についての解説と言えるにしても、それでは十分でない。青年時代の木田がどうしてハイデガーに出会い、その魅力にとりつかれ、『存在と時間』をきちんと読みたい一心で大学に入り、哲学研究者になったのか。なぜ悪戦苦闘しながら二〇年、三〇年とハイデガーの研究を続けてきたのか。その結果、ハイデガーの思想は「反哲学」であることが分り、木田自身『反哲学史』をまとめるに至った。それら全てを含めての「わたし」の「哲学」入門なのである。

第一回から第四回までは、木田が哲学を志すに至るまでの経緯と、大学に入って本格的に勉強し始めた頃のことが描かれる。それらは既に見ているので、改めて辿ることはしない。ただ第四回「カント、ヘーゲル、フッサールを読む」の最後に、ハイデガーの『現象学の根本問題』について次のように書いているので、紹介しておきたい（本項の引用は、断りのない限り、『わたしの哲学入門』による）。

……この講義は『存在と時間』の書きなおしを企てたものである。もともと『存在と時間』は、上・下二巻になるはずの上巻だけが一九二七年に出版され、下巻も続けて刊行されるといちおう予告されてはいたが、結局出されないでしまった。上巻を書き終えたところでハイデガーはゆきづまりを感じ、上巻を出版した直後に下巻の刊行を断念したものらしい。全体の構想を組み替えて、書きなおしを企てたのが『現象学の根本問題』というこの講義なのである。これも結局中断されてしまったが、ここでは、『存在と時間』の予定されていた下巻の内容の一部がとりあげられており、それを読むと、『存在と時間』のこれまでの読み方、つまりそれを実存（人間存在）の分析論として読む読み方がいかに誤っていたかがよく分かるのである。

第五回以後は最終回・第二十回に至るまで、全てハイデガー思想の解説である。第五回「ハイデガーに即して」では次のような文章がある。

……次々に出されるハイデガーの講義録・論文集・講演集は熱心に読んでいたが、一時期私はハイデガーで論文を書くということはまったく断念していた。ハイデガーは読むものであって、書くものではないと思っていたのである。事実、私がハイデガーについてはじめて書いたのは、一九七〇年の『現象学』（岩波新書）においてであった。それもわずか一章、自分でも肝腎なことが分かっていないというもうしろめたさを感じながらである。ハイデガーについてはじめてまとまったかたちで書いたのは一九八三年の『ハイデガー』であり、『存在と時間』を読みはじめてかららなんと三十三年後のことである。さらに十年後の一九九三年に『ハイデガーの思想』を書いて、やっとハイデガーが少し分かってきたという気になった。

一方、ハイデガーについて知れば知るほど、木田は彼の人柄や言動に対して一種の拒否反応を感じるようになった。例えば、一九七二年に在外研究でドイツに行った折に、チュービンゲンで三島憲一の紹介でボルノウに会った。ハイデガーの弟子であるボルノウは、いつでもハイデガーに紹介すると言ってくれたのだが、木田は断わってしまう。「会えば一宿一飯の義理ができ、あまり露骨に悪口も言えなくなっただろうからである」。

ところでこの頃、木田は友人の滝浦とともにメルロ＝ポンティの著作を次々に翻訳・紹介していた。既に第一章で詳述したとおりだ。しかし一見あまり関係がないと思われているメルロ＝ポンティとハイデガーであるが、木田にとっては前者の『行動の構造』を読んで初めて、後者の〈世界内存在〉や〈存在了解〉といった独特な主要概念を理解する手がかりを得ることができた、と言う。「一人の哲学者の思想を理解しようとする際、その思想家に影響を及ぼした前代の思想家たちに遡ってゆくやり方と、その思想家の影響を受けた後代の思想家たちから逆に光を当てかえして見るやり方がある」と書く木田だが、「私のばあいもそうで、メルロ＝ポンティの思想からハイデガーに逆に光を当てて見えてきたものがずいぶんあった」としている。

さて、いよいよ本丸に迫る。『存在と時間』の構成が本来いかなるものであったかが検討されるのだ。この構成の問題については、既に詳しく見ている（第一章第二節ほか）ので、ここでは木田の結論だけを確認しておく。「……、第二部の歴史的考察を最初に構想し、次いで第一部第三篇、最後に第一部第一、二篇という順序で構想したらしい。したがって『存在と時間』は発想の順序とは逆に話を組み立て、それに挫折したあと、『現象学の根本問題』では、発想の順序どおりに話を組み立てなおしたということになる」。
改めて整理するならば次のようになる。
⑴書かれた第一部第一、二篇――人間存在の歴史
⑵書かれなかった本論と第一部第三篇――存在一般の意味の究明
⑶やはり書かれなかった第二部――西洋存在論の歴史の解体作業
一九二七年夏学期の講義『現象学の根本問題』が、ハイデガーの発想の本来の順序を示しているであろうことは前章でも見たが、それを裏付ける証拠として「ナトルプ報告」があることも何回か検討してきた。
その前提として、一九二二年頃から、ハイデガーが近く「アリストテレスに関する基礎的研究」を発表するらしいとの噂が流れていた、という事実がある。が、それが実現しなかったのは周知のことだ。一方、ハイデガーは後年になって、「一九二三年の夏に私は『存在と時間』の最初の下書きをはじめた」と回想している。これまで、この「アリストテレス研究」と「『存在と時間』の下書き」の関係は、時間的には明らかに同時期であるのにもかかわらず、分らなかった。しかし、「ナトルプ報告」の発覚は、両者が同一のものであること、また『存在と時間』がどのように発想されたか、を明らかにしたのである。
改めて「ナトルプ報告」の構成を見ておこう。〔 〕内は木田の補足である。

「アリストテレスの現象学的解釈――解釈学的状況の提示」
〔序論〕 解釈学的状況の提示
〔本論一〕 『ニコマコス倫理学』第六巻

〔二〕『形而上学』第一巻第一章、第二章
〔三〕『自然学』第一巻、第二巻、第三巻第一―第三章

つまり、序論の「解釈学的状況の提示」が拡大されて『存在と時間』第一部に、そして本論が『存在と時間』第二部になった、というわけだ。ハイデガーは一九二三年七月のヤスパース宛の手紙で、「序論が一冊の本になってしまった」と書いている。という次第で木田は次のように書いた。

「ナトルプ報告」を読んでみても、ハイデガーが哲学史家としてアリストテレスのテキストをいわば舐めるように読み、そこにさらにもう一つの契機がくわわって、西洋哲学史――彼のいわゆる「伝統的存在論の歴史」――を根本から見なおし解体するための視座を獲得し、その見なおし作業、解体作業を具体的に遂行してみようという気になった――というのが、『存在と時間』の初発的発想であることが分かる。つまり、『存在と時間』は第二部から発想されたのである。その見なおしのための視座が〈存在と時間〉ないし〈時間と存在〉であり、その解明が「時間と存在」と題された第一部第三篇でおこなわれるはずであった。

右の引用の最初の文章に出てくる「もう一つの契機」とは、ニーチェによってハイデガーに与えられた示唆を意味する。それは、前節で詳しく見たフォアゾクラティカー以降の古代ギリシアにおける、〈存在とはなにか〉という問いをめぐる問題に対する壮大な展望を、ニーチェから得たということであった。

これ以降、第七回　存在了解・超越・世界内存在、第八回　存在と時間、第九回　存在論の歴史の解

体、第十回 哲学のはじまり、第十一回 自然的思索と形而上学的思考、第十二回 プラトンとアリストテレス、第十三回 本質存在と事実存在、第十四回 シェリングとキルケゴール、第十五回 形而上学の展開、第十六回 主観性の成立―カント、第十七回 カントからヘーゲルへ、第十八回〈力への意志〉の哲学―ニーチェ（1）、第十九回 真理と芸術―ニーチェ（2）、第二十回〈哲学〉と〈反哲学〉と続く。ご覧のとおり、これらは『反哲学史』や『ハイデガーの思想』、『哲学と反哲学』『ハイデガー』で全て論じられている。われわれはその殆んどを見てきた。

次章では、これら全てを集大成する形でまとめられた『ハイデガー『存在と時間』の構築』を検討する。それに先立って、今まで見てきたように、木田の議論では重要な問題がくりかえし論じられるという特異性があるが、そのことに触れておく必要があるだろう。木田の場合、この反復して論じるという姿勢が徹底しているのは、対象である問題に対して少しずつ視座を移動させながら論じることによって、対象のこれまで見えていなかった側面を明らかにしようという意図が込められている、と言えるのではないであろうか。それが木田の哲学的思索の方法なのだ、と私は思う。

『哲学以外』

この本（みすず書房、一九九七年）は、みすず書房編集部の守田省吾（現社長）の提案を承けて、さまざまな媒体に発表された木田のエッセイをまとめたものである。この本以後一五年ほどの間に、約一〇冊ものエッセイ集を出すことになる木田であったが、その最初の記念すべき一冊である。

というのは、木田の本領としての哲学については今迄見てきたが、木田が多くの読者から好まれるようになったのは、何といっても本書をはじめとする軽妙洒脱なエッセイによってだからである。しかし、いかにも木田らしいのは、こうしたエッセイ集にも哲学にまつわる話が必らず三分の一ほど入っていることだ。しかもそれらは、実は非常に重要なトピックスなのである。

例えば、本書に即して言うなら、第三部「少しは哲学めいた話も」の冒頭の三本のエッセイ、「世界になる前の世界」、「「自然」をめぐって」、「技術の正体」がその格好の例となる。「技術と正体」についてはすでに触れたが、「世界になる前の世界」はハイデガーやメルロ＝ポンティなどの晩年の思索の根底にあった、芸術創造の秘密と哲学との関わりについて述べられたものだ。二〇世紀を代表すると言っても過言ではない二人の大哲学者が必死に追究しようとしたテーマ、それはもちろん木田のそれでもあるのだが、について分り易く解説してくれているわけで、こんなにありがたいことはない。

という次第で、ここでは「「自然」をめぐって」というエッセイについて検討することにしたい。しかしその前に木田がどんなに多彩なエッセイを書いているかを示めすために、第一部「アンケートに答えて」、第二部「本と音楽と人の話」、第四部「追悼文」について、登場する人物の名前だけを左にあげておこう。

日夏耿之介《こうのすけ》、二葉亭四迷、クライスト、井伏鱒二、太宰治、山田風太郎、陳舜臣、半村良、泡坂妻夫、森詠、M・ルロイ、F・ジンネマン、W・ワイラー、J・デュヴィヴィエ、成瀬巳喜男、和田光利、川村二郎、鈴木博之、石山修武《おさむ》、倉田康男、坂口安吾、ハイデガー、ディオゲネス・ラエルティオス、E・カッシーラー、W・フォークナー、ショーペンハウアー、E・R・クルティウス、ドストエフスキー、キルケゴール、佐伯彰一、清水幾太郎、上山安敏、保坂和志、塚本康男、笠井潔、カフカ、アドルノ、モーツァルト、大塚博堂、斎藤信治、斎藤忍随、細谷貞雄、小野二郎、生松敬三。

さて「「自然」をめぐって」を見ることにしよう。これは雑誌『ビオス』一九九五年秋号に掲載された。当時この雑誌の編集長であった中野幹隆《みきたか》からの依頼に応えたエッセイである。ただし、中野は「自然について」の連載を求めたのに対して、まだ準備ができていないので、とりあえずという形でまとめたという。

このエッセイの最初に、木田はメルロ＝ポンティ最晩年の「自然の概念」という表題の講義について触れている。それはコレージュ・ドゥ・フランスにおける一九五六―六〇年の三学年連続の講義である。その内容については、既に、木田が滝浦とともに訳した『言語と自然―コレージュ・ドゥ・フランス講義要録』（みすず書房、一九七九年）収録の彼自身による要約によって知ることができた。しかし今回刊行された *La Nature*, Notes, Cours de Collège de France, Seuil, 1995 を読むと、予想以上に充実した内容であることが分った、と木田は言う。

既に見たように、メルロ＝ポンティの晩年の関心が自然に向けられていたことは、『眼と精神』や『見えるものと見えないもの』収録の「研究ノート」から分っていた。しかし実際にはそれ以上のものだった。「彼は初年度に、デカルト、カント、シェリング、ベルクソン、フッサール、ホワイトヘッドの自然概念を精細に検討し、さらに古典物理学と現代物理学の自然概念を追究する。次年度には、ヤーコプ・フォン・ユクスキュル、E・S・ラッセル、アドルフ・ポルトマン、コンラート・ローレンツらを中心とする現代生物学、ドリーシュ以来の発生学、ダーウィニズムの展開などに定位して自然概念の検討をおこない、最後の年には、やはり発生学、ネオ・ダーウィニズム、それに対立する観念論的形態学、さらにはフロイトやメラニー・クラインのリビドー的身体論などに即して自然の新たな概念を模索しており、この研究はなお数年続けられる予定であったらしい」。

右に出てくる思想家たちの他に、スピノザ、ライプニッツ、ヒューム、マルクス、ニーチェ、ウィトゲンシュタイン、そしてハイデガーとメルロ＝ポンティを含めて、「これらの思想家たちは、その思索のもっともクリティカルな時点で、〈自然〉概念の多層性、つまりそれまで〈自然〉だと思いこんでいたものの根底にもっと深い〈自然〉のあることに気づき、それに問いかけながら、結局はこの概念の深淵に呑みこまれてしまったように思われてならない」と木田は言う。そしてこの「もっと深い〈自然〉」とは、「たとえばデカルトのばあいなら、悟性という〈自然の光〉に照らしだされた自然の底に見られた、〈自然的傾向性〉としての自然がそれであり、カントのばあいなら、『純粋理性批判』で問題にされた〈対象的自然〉の底に（『判断力批判』において）垣間見られた世界の「内面」としての自然がそれである」。

このような序――エッセイとしては何と本格的で熟慮されたものであるか！　――に続けて、木田は〈自然〉が哲学的思索における最初の主題であり、同時に哲学の究極的主題でもあると書き出す。最初の主題ということについては、『反哲学史』のフォアゾクラティカーのところで確かめた。究極の主題ということについては、既に序の部分で述べられている。

ところで、序の部分に出てくる〈自然〉の底の知れなさに関わって、木田はハイデガーが一九三九年に行ったアリストテレスについての講義から次の一文を引用している。

西洋の歴史においては、時代の異なるに応じ、〈自然〉という言葉にそれぞれ異なる荷担力がもたらされてきたが、それがどれほどの荷担力であるにせよ、そのつどこの言葉には、存在者の全体についてのある解釈がふくまれており、この言葉が一見反対概念としてしか考えられていないように思われるばあいでさえも、そうなのである。〔自然と恩寵（超自然）、自然と技術、自然と歴史、自然と精神といった〕さまざまな区別のいずれにおいても、自然が相手がわに捉えられているというだけではない。つねに、そしてなによりもまず、この区別が自然に対してなされており、こうして、区別された当のものが自然のがわから規定されているのである以上、本質的に自然が先手をとっているのだ。

いかにもハイデガーらしい難解な文章であるが、右にあげられた対概念においても「本質的に自然が先手をとっている」ということは理解できる。「それは、上で挙げたようなさまざまな対立を担っているもの、その対立がそのうちで成立するその境域が、これまた〈自然〉にほかならないからだと、ハイデガーは言う」と木田は補足する。一応分ったことにして先に進む。

次に木田は、〈自然〉という言葉の多義性について、日本を中心にした東洋と、西洋の場合を考える。まず日本語では、〈自然〉とはほとんど英語の〈nature〉と同様に用いられている。これは〈自然科学〉という用法が典型的だが、〈自然科学の研究対象となるような存在者の特定領域〉を表わす言葉だ。このような意味で用いられるようになったのは、柳父章《やなぶあきら》によれば明治二二年、森鷗外によってだと言われている。（もっとも日本最初の蘭日辞典『波留麻和解《はるまわげ》』〔一七九六年〕などでは、オランダ語の〈natuur〉の訳語として〈自然〉が用いられている。）もちろんそれ以前にも〈自然〉という言葉はつかわれていた。中国から伝来し長いこと使われてきたが、それは人の手が加えられていない〈物ごとのおのずからあるありさま〉の意であった。

中国の文献で最も古いのは『老子』で、〈無為自然〉という考え方はよく知られている。『淮南子《えなんじ》』『論衡』『世説新語』でも同様な意味で用いられていた。それが日本に伝来された当初はそうした意味で使われていたという。空海、親鸞、朱子学派、安藤昌益などである。

ところで既に見たように、英語で言えば〈nature〉には〈自然〉という意味の他に、〈本性〉とでも訳すべき意味があった。『反哲学史』で詳しく見たように、ニーチェはフォアゾクラティカーが問題にしたのは、存在者の特定領域ではなく、万物の真の存在、存在とは何か、であったとした。ギリシア語の〈自然《フュシス》〉がその後どのように用いられてきたかについて、ここでくりかえすことはしない。

ただ結論的に、「〈形而上学的思考様式《メタフィジカル》〉の成立と、いわゆる〈物質的自然観《マテーリアル》〉とは緊密に連動している」ことを思い出すことにしたい。同時にそれが、西洋世界における機械論的自然観や近代的自然科学の形成につながったことも。

最後に木田は、次のようにこのエッセイを締めくくった。

だが、こうしたいわば物質的自然観も、あの生きた根源的な〈自然〉の概念を基盤にし、その変様として成立してきたものである。してみれば、形而上学的思考様式も、自然と関わる一つの特異な関わり方だということになろう。ハイデガーがアリストテレスの『形而上学《メタフュシカ》』は『自然学』だ、つまり〈自然《フュシス》〉と関わる一つの関わり方だというのも分からないではない。

先ほど挙げた思想家たちが、哲学的思索を徹底し、〈自然〉の概念を問い深めていったあげく、もっと深い〈自然《フュシス》〉に突きあたり、その〈哲学的〉思索に挫折したというのも、こういった事情によるのではあるまいか。

以上まことに粗雑な要約をしたのだが、このエッセイが通常の哲学論文以上に哲学的な思索そのものであることは、お分りいただけたと思う。私はかつて林達夫に教わった、フランス語の〝エッセイ〟は、この言葉の本来の「エセイエ essayer ＝苦労して模索する」という動詞から来ているという話を、思い出さずにはいられなかった。

第三章　二一世紀に入ってからの仕事

第一節　『ハイデガー『存在と時間』の構築』

この本（岩波現代文庫、二〇〇〇年）は一月一四日に書下しの形で刊行された。実質的には一九九〇年代最後の仕事である。しかし『存在と時間』の再構築というテーマは、早くも『ハイデガー』（一九八三年）で試みられたものである。木田はずうっとこの生涯のテーマを大切に温めてきたのであった。そして前章で見たように、『反哲学史』と『わたしの哲学入門』で小手調べを試み、橋頭堡を築いた。機は熟したのである。それをうまい具合にこの時点で現実化したのは、現代文庫編部の斎藤公孝であった。

さて全体の構成を見ると、序章『存在と時間』という本、第一章『存在と時間』既刊部の概要、第二章『存在と時間』本論の再構築、第三章『存在と時間』の第二部の再構築、終章『存在と時間』以後、である。

序章と第一章の内容については、われわれはその殆んどを既に見てきた。したがってここでは紹介しない。ただ序章の最後にある木田の以下の言葉を記憶しておきたい。「それにしても、ハイデガーがこれほどまで書き継ぐのをためらった未刊部を再構成するなどということができるものだろうか。いわゆる〈思索の転回〉を果たしたあとの二〇年後にハイデガーがそこに読みこんでいるようなややこしい意味、つまり「存在忘却という根本経験のうちにあってそれ〔『存在と時間』〕が経験された次元の所在」云々といったややこしい意味は別にして、彼が『存在と時間』を構想し執筆していた一九二六年から二七年にかけての時点で考えていたことのおおよその内容なら推測できないことはない。その大雑把なスケッチなら、『存在と時間』の「序論」で彼自身おこなっているし、その内容にかなり近いことを当時の講義のなかで語ってもいる。それらを手がかりに、この未刊部を再構成しようというのが、本書の当面の狙いである」（本節の引用は、断りのない限り、『ハイデガー『存在と時間』の構築』による）。

ところで右の引用中に〝ややこしい意味〟というのがあるが、それについてハイデガーが『ヒューマニズム書簡』（一九四七年）で述べているので、少し長くなるが引用しておこう。これはとても重要な指摘だと思うからだ。

『存在と時間』において〈企投〉と呼ばれていたものが、表象しつつ定立することだと解されるならば、企投は主観性のしわざだと受けとられ、〈存在了解〉が〈世界内存在〉の〈実存論的分析〉の領界内でもっぱら考えられうるようには、つまり存在の明るみへの脱自的な関係としては考えられないであろう。主観性を放棄するこうした別の思索を遂行しなおし、それを真に遂行するということは、たしかに『存在と時間』の公刊に際して第一部の第三篇「時間と存在」がとどめおかれたということによって困難になった……。ここで全体が転回するのである。問題の第三篇がとどめおかれたのは、思索がこの転回を思うように十分なかたちで語ることができず、こうして形而上学の用語の助けでは切りぬけられなかったからである。一九三〇年に思索もされ講じられもしたが、一九四三年になってはじめて刊行された『真理の本質について』という講演は、〈存在と時間〉から〈時間と存在〉への転回の思索へのある種の洞察を与えている。この転回は、『存在と時間』の立場の変更ではない。試みられた思索がこの転回のうちではじめて、『存在と時間』がそこから経験された次元、しかも存在忘却という根本経験のうちにあってそれが経験された次元の所在にゆきつくのである。

第二章『存在と時間』本論の再構築

これからいよいよ『存在と時間』未刊部分の再構築にとりかかるわけだが、右に述べたこの本の「序論」第五、六節の梗概は、問題の第一部第三篇の解明のためには役に立たない。それよりも一九二七年夏学期の講義『現象学の根本問題』（以下『根本問題』と略記）の方が重要である。それはハイデガー自身が一九二九年の『根拠の本質について』の欄外に次のように書き込んでいることからも分る。「この講義（『根本問題』）の全体は、『存在と時間』第一部第三篇「時間と存在」の一部をなす」。

木田は「実際に読んでみると、これは第一部第三篇だけではなく、『存在と時間』全体の書き直しとしか思われない」と言う。私たちは既に、『根本問題』の構成が『存在と時間』のそれと逆対応の関係にあることを見た（第一章第二節）。なぜハイデガーはこのように『根本問題』では『存在と時間』と逆の構成にしようとしたのか？「おそらく『存在と時間』上巻を刊行した時点で彼はその挫折を自覚し、その挫折の原因が話の組み立て方に、つまり序章でふれたような発想の順序にではなく、むしろその逆に話を組み立てたところにあったと思ったのではなかろうか。そこで『根本問題』においては、発想の順序どおりに全体を構成してみたということではないかと思う」と木田は考える。ただ挫折の原因はそんな単純なものではなく、もっと深遠なものであったろう、と言う。

この講義は第二部第一章で行われた。つまり『存在と時間』で言うなら、第一部第三篇に当る所まで講義されているわけで、当然「時間と存在」の篇の再構築の有力な手がかりとなる。そこでは何が問題にされているのか？　答えを言ってしまうと、〈存在のテンポラリテート〉の問題である。木田は次のように解説する。

つまり、「時間と存在」という表題のもとにハイデガーが考えようとしているのは、〈存在の意味〉を問う存在論の中心的な問題群が「時間」のうちに——といっても、「時間のうちに」あるとかないとかいったような通俗的に了解された「時間」ではなく、現存在が「おのれを時間化する」という根源的な現象としての「時間」のうちに——根をおろしているということ、そしてそれがどんなふうにかということである。もう少し言いかえれば、〈存在の意味〉がそこにこそ探しもとめられるべき〈存在了解〉と、現存在が「おのれを時間化する」仕方つまり〈時間性〉とのあいだに密接な連関があり、〈存在の意味〉は〈時間性〉の生起の仕方と緊密に連動していることを明らかにするのが、第一部第三篇の当面の課題だということになろう。

テンポラリテート（Temporalität）とは、ハイデガーが「時間」を意味するラテン語 Temps をひねって造語した概念で、訳すとすれば「時間性」とするほかない。しかしこの言葉は既にドイツ語の Zeitlichkeit の訳として用いられているので、カタカナ書きを使用するわけである。ハイデガーは〈現存在の存在構造の分析〉では Zeitlichkeit を、〈存在の意味〉を問う場合にはテンポラリテートを用いる、つまり使い分けをしている。

ところで『根本問題』の構成と『存在と時間』のそれが逆対応の関係にあるとすれば、『存在と時間』第一部第三篇に対応するのは、『根本問題』の第二部ということになる。第二部は「存在一般の意味についての基礎存在論的問い。存在の基本的諸構造と基本的概念」であるが、実際には第一章「存在論的差異の問題（存在と存在者との違い）」だけしか講義されなかった。そこから木田は、第二部全体の内容を推測しようと試みるのである。

第一章は次の四節から成る（節の番号は講義全体の通し番号である）。第一九節　時間と時間性、第二〇節　時間性とテンポラリテート、第二一節　テンポラリテートと存在、第二二節　存在と存在者、存在論的差異。

第一九節では、「現存在の統一的な存在構造、つまり「関心構造」を成り立たせているのが、時間性であること、そして……時計で測られる時間も、実は時間性というこの根源的現象から派生したものでしかないことを論証してみせる。そして、その時間性が「将来と既在と現在との脱自的統一体であること」もそこで明らかにされる」。

第二〇節では、テンポラリテートつまり時間性が存在了解の場として働くことを明らかにする。この節は左記の五つの小節に分かれている。

a　世界内存在の根本規定としての了解作用
b　実存的了解作用、存在の了解作用、存在の企投
c　実存的な本来的了解作用と非本来的了解作用の時間的解釈
d　趣向《ベヴァントニス》と趣向全体性（世界）の時間性
e　世界内存在、超越、時間性。脱自的時間性の地平の諸図式

aで言われる〈了解作用〉とは、認識の一様態としての了解ではない。そうではなくて、それは「現

存在の存在構造の構成分」なのである。存在了解も了解作用の一つである。ハイデガーは言う、「存在も、それがなにものかへ向けて企投されるかぎりでのみ了解される」と。その〝なにものか〟が「時間」だと彼は言いたいらしい。

dでハイデガーは次のように言う。

世界内存在という構造は、統一的ではあるが、やはり分節をもった構造である。この構造の分節化された全体を時間性から了解する必要があるのだが、ということは同時に、内存在という現象そのものと世界という現象をその時間的な仕組について解釈する必要があるということである。それとともにわれわれは、時間性と超越との連関に突き当たる。というのも、世界内存在とは、現存在がその本質からして〈おのれを越え出て〉いるということが根源的に露わになる現象だからである。この超越から出発してこそわれわれは、世界内部的存在者との交渉のうちにひそんでおり、この交渉を照明する存在了解の可能性を捉えることになる。このことは、存在了解と超越と時間性の関係についての問いにいきつく。そこから出発してわれわれは、時間性を存在了解の地平《ホリツオント》として特徴づけるべく試み、つまりはテンポラリテートの概念の規定を試みる。

この難解な文章を木田は次のように読み解く、「要するに、〈世界内存在〉と〈存在了解〉と〈超越〉という三つの概念は同じ一つの事態に結びつき、これらはすべて〈時間性〉によって可能になる、とハイデガーは言おうとしている」と。

ところで、こうした「時間性と世界内存在」ともいうべき問題を解明するに当って、木田は驚くべきことに動物行動学の成果を参照しようとする。それはもちろんメルロ＝ポンティの仕事に触発されてのことであるが、同時にユクスキュルなどの仕事を摂取したシェーラーの思索などを重視するからだ。既に第一章で詳しく見たように、シェーラーは動物のあり方を〈環境世界繋縛性〉と呼び、人間特有のあり方を〈世界開在性〉と呼んだのだった。こうした考え方がハイデガーの〈世界内存在〉という概念につながったことも、われわれは知っている。

木田はそれを次のように解説する。

> 一般に動物は、多少の幅はあるにしても、狭い現在を生きることしかできない。したがって動物にとっては、現在与えられている環境がすべてであり、そこに閉じこめられることになる。動物には過去も未来もないのである。ところが、神経系の分化がある閾を越えた人間にあっては、その現在――いわゆる〈生きいきとした現在〉――にあるズレ、ある差異化――デリダの〈差延(différance)〉という概念がぴったりする――が起こり、過去とか未来とか呼ばれる次元が開かれてくる。記憶とか予期とかいうのは、そうした次元への関わり方を言うのである。人間はそのようにして、おのれに時間の次元を開き、いわばおのれを時間化する。前にふれたように、ハイデガーは、このように〈おのれを時間化する《ジッヒ・ツァイティゲン》〉人間の独特のあり方、存在構造を〈時間性《ツァイトリッヒカイト》〉と呼ぶのである。

その結果、人間だけが環境構造を更に高度な構造へと構成することが可能になる。つまり〈構造の構造〉の構成である。この働きを動物行動学では〈シンボル機能〉と呼ぶ。メルロ＝ポンティはこうした動物行動学の成果を援用しながら、人間にだけ可能な行動形態を「行動の〈シンボル的形態〉あるいは〈シンボル行動〉」と呼んだ。

更に木田は〈シンボル〉と〈シグナル〉の関係に言及するのだが、この辺も既に第一章で見ているので省略する。ただ、こうした動物行動学を中心とする議論がハイデガーにどのように影響を与えたか、改めて次のようにまとめる。

……このような〈シンボル機能〉が時間性によって、つまりは現存在が〈おのれを時間化し《ジッヒ・ツァイティゲン》〉、過去－現在－未来という時間的次元を開くことによって可能になることは言うまでもない。ハイデガーは、この機能によって生物学的〈環境世界〉を越え出て〈世界〉へ開かれることを〈超越〉と呼ぶ。〈超越〉という概念は、哲学において、宗教的意味や認識論的意味やまったく異なった文脈とまったく異なった意味でさまざまに使われるが、ハイデガーはこの概念もあくまで存在論的意味で使う。現存在は〈環境世界〉を脱け出て〈世界〉へ超越するのである。

つまり、人間は誰もが超越しているということだ。とすれば〈世界内存在〉と〈超越〉とは、同一の事態を意味していることになる。また〈存在了解〉もそうであることは、先に見たことからも明らかであろう。

ハイデガーは『根本問題』第二〇節「時間性とテンポラリテート」で次のように言っている。

われわれが、現存在の実存的了解作用において存在が了解されていると言うとすれば、そして了解作用は一つの企投の働きだということに注意を向けるならば、存在の了解のうちにもまた一つの企投がふくまれていることになる。つまり、存在は、それがなにものかへ向けて企投されるかぎりでのみ了解されるのである。

とすれば、〈存在了解〉は〈存在企投〉だということになる。木田は言う。「だが、それは人間の意志を超えた出来事なのである。というより、まずそうした出来事が起こり、すべてのものが〈存在者〉として見られた上で、ふりかえっておのれ自身もそうした存在者の一つとして、つまり人間として意識されるという順序であろう」。「こうして、〈存在企投〉とは、現存在にとっては、たしかに自分のうちで起こった出来事ではあるが、自分が意図しておこなったわけではなく、自分を超えた何者かの力によって起こったとしか思われず、驚きの思い、いわば畏敬の念をいだかずにはいられない出来事である」。

これは既に見たプラトンやアリストテレスが、〈存在《ウーシア》〉とは何かを問うた時に感じた〈驚き《タウマツエイン》〉であり、ライプニッツもウィトゲンシュタインも同様に感じた驚きであるはずである。

しかしそうだとすれば、〈企投〉とか〈了解〉という能動的な作用を思わせる言葉は、適切ではないのではないか、ということが問題になる。これがハイデガーの『存在と時間』挫折の原因であったようで、後に彼は〈存在の生起《ゲシエーエン》〉とか〈出来事《エルアイグニス》〉と呼ぶようになる。

それはともかく、『根本問題』第二部第一章で、ハイデガーは更に話を進める。第二〇節「時間性とテンポラリテート」の末尾部分を、少し長くなるが引用しよう。

いかにして全体としてのこの世界内存在そのものが可能なのだろうか。もっとくわしく言えば、世界内存在そのものの初次的構造がなぜ超越を基礎づけているのか。われわれは〈内存在〉および〈世界〉という、別々に考察されたが、たがいに連関しあう二つの構造契機を考慮することによって、その答えを与えよう。〔たとえば〕おのれへ向かうこととしての、おのれを気にかけていることとしての内存在は将来を基礎としてのみ、言いかえれば、時間のこの構造契機がそれ自体において脱自的であるがゆえにのみ可能なのである。時間の脱自的性格が現存在に固有の超出性格つまり超越と、それとともに世界をも可能にするのだ。その際――そして、これとともにわれわれは世界と時間性の中心的規定にいきつくのだが――時間性の諸脱自態（将来・既在・現在）は単に……へ離脱することでもなければ、いわば無へと離脱していくことでもなく、それらは……へ離脱していくこととして、それらそれぞれの脱自的性格を基礎にして、離脱の様態によって、つまり将来・既在・現在という様態によって予示されてもいれば、それら脱自態そのものに属してもいる地平《ホリツォント》を有しているのである。

右の「地平」について、木田は言う。それはギリシア語のホリツォインが意味する如く、「包みこむもの」「とりかこむもの」すなわち場のようなものである。ハイデガーによれば、「それはおよそ〈存在する〉ものではなく、おのれを時間として生起せしめるものなのである。この地平は脱自態のうちで、脱自態とともにあらわれるのであり、……脱自態《エクスターゼ》の脱自場《エクステーマ》なのである。（中略）時間性の地平のこの脱自場の統一体こそ、世界を可能にし、その世界が本質的に超越に所属することを可能にしている時間的制約にほかならない」。

「脱自場」と言われてもぴんとこないが、木田はハイデガーの考えを次のように解読してみせる。「……現存在の時間性というものはけっして自己充足的、自己閉鎖的な意識の流れのようなものではなく、本質的にいわば外に開かれており、そのように開かれた地平の統一体が世界なのである」。「……、〈おのれを時間化する〉仕方の違い、つまり時間性の違いによって、〈世界内存在〉、つまり世界が組織される仕方も変わってくるし、ということは同時に〈存在了解〉、つまり存在という視点の設定のされ方も変わってくるということになろう。時間性が存在了解の地平として働くというのは、この意味である。時間性が変わることによって存在了解も変わる。存在という視点の設定の仕方も変わり、そうした視点としての〈存在〉を概念化した存在概念も変わってくることになる」。

いよいよ『根本問題』第二一節「テンポラリテートと存在」に入る。ここで問題にされる「テンポラリテートとしての〈時間〉と、それを地平にして企投される〈存在〉との連関」こそが、『存在と時間』第一部第三篇の主題だったと思われる。何はともあれ、ハイデガーの言葉を聞いてみよう。

> 現前は、それが瞬間という意味での本来的な現前であろうと非本来的なそれであろうと、おのれが現前するものを、つまりある現在において、またある現在の間に出会う可能性のあるものを、プレゼンツといったようなものへ向けて企投するのである。現在という脱自態がそのまま、ある特定の〈おのれを超え出ること〉の可能性の条件なのであり、超越なのであり、プレゼンツへの企投なのである。現在という脱自態は、〈おのれを超え出ること〉の可能性の条件として、それ自身のうちに、この〈おのれを超え出ること〉が目指す地平図式の下図を有しているのだ。脱自態のもつ離脱という性格をもとにして、その脱自態の彼方にあり、またその性格によって規定されて脱自態を超えたところにあるもの、もっとくわしく言うなら、〈おのれを超え出ること〉それ自体の目指す彼方一般を規定しているもの、それが地平としてのプレゼンツなのである。現在はそれ自体において、脱自的におのれをプレゼンツへ向けて企投する。〔したがって〕プレゼンツは現在と同じものではなく、それは現在というこの脱自態の地平図式の根本規定として、現在という完全な時間構造を共につくりなすものなのである。

きわめて難解な文章なので、少しずつときほぐしていこう。まず「プレゼンツ」について。ラテン語で「現在」の意であるが、では同様な時間を規定する言葉「今」「現前」「瞬間」「現在《ゲーゲンヴァルト》」とどう違うのか。ハイデガーによれば、「今」とは「時間内部性」の次元での規定の一つである。「現前」は非本来的時間性の脱自態の一つ。「瞬間」とは本来的時間性の脱自態の一つである。

「プレゼンツ」については第一章でも言及したが、その意味は判然とするものではなかった。それから二〇年近く経って、木田は右の引用に触発されて次のように解説する。「つまり、非本来的な時間性の現在である現前作用において世界内部的に出会ってくる存在者の存在は、その現前作用の地平図式であるプレゼンツへ向けて企投され、〈現前しているもの《アンウェーゼンデス》〉として了解されるのであり、これをもっと原理的に言えば、すべての存在者の存在はテンポラールに企投されているものだということである。つまり、「われわれは存在を、時間性の諸脱自態の根源的な地平図式から了解している」〔ハイデガー〕のである」。

ハイデガーは言う、「このように存在了解の可能性の条件としての時間性の地平図式へまず眼を向けて捉えられた時間性がテンポラリテートという普遍的概念の内容をなす」と。またテンポラリテートとは、「それに属する地平図式の統一体を顧慮して捉えられた時間性」だとも言う。

既に見たように、「時間性がおのれを時間化する仕方はけっして一通りではなく、その仕方が変わるのに応じて存在が企投される地平も変わり、したがって存在も異なって了解される、つまり存在の意味も変わってくる」（木田）のである。ここで木田は次のように言う、「言い方はさりげないが、ハイデガーはここできわめて重大なことを言い出しているように私には思われる」と。

その理由として、木田は次のように書く。「テンポラリテートの概念の解明にあたってハイデガーがモデルにしていたのは用具的存在者との交渉、つまり現前作用であった。そして、その現前作用にあっては、出会われるものの存在はプレゼンツへ企投され、存在は現前性《アンヴェーゼンハイト》として了解される、と言われていた。ここでは存在の意味はプレゼンツ、つまり、現にそこに現前している、眼の前にあるということだったのである。だが、……時間性の生起の仕方に応じて存在が企投されるテンポラールな地平の内的構造が変わり、他の存在了解も可能であることになる。つまり、存在はほかの意味もちうるのである。（中略）これは明らかに他の存在了解の可能性を示唆するものである」。

右の（中略）部分では、ハイデガーが一九三〇年夏学期に行った『人間的自由の本質について』という講義で、「われわれは存在と時間という問題設定にもとづいてはじめて、なぜ存在がさしあたって、またたいていのばあい、現在（現前性）という特殊な時間性格から理解されるのか、を問うこともできるのである」と言っていることが述べられている。

この〝他の存在了解の可能性〟については、次章の後半で検討されることになる。

第三章『存在と時間』第二部の再構築

未完に終った『存在と時間』の第二部は、「テンポラリテートの問題群を手引きとして存在論の歴史を現象学的に解体することの概要を示す」という表題であった。その内容は左の如くである（第一章で既述）。

第一篇　テンポラリテートの問題群の予備段階としてのカントの図式機能論および時間論

第二篇　デカルトの〈cogito sum《コーギト・スム》〔われ思う、われ在り〕〉の存在論的基礎と〈res cogitans《レース・コギタンス》〔思索するもの〕〉の問題群への中世存在論の継承

第三篇　古代存在論の現象的基盤とその限界の判定基準としてのアリストテレスの時間論

木田によれば、この第二部の再構成のために『存在と時間』の「序論」第六節が役に立つという。まず第二部全体の意図についてのハイデガーの文章を引用する。

> 存在への問いそのもののために存在への問い独自の歴史に透明な見通しをつけることがわれわれの課題なのであるから、硬化した伝統を解きほぐして、その伝統によって惹き起こされた隠蔽を解消することが必要になる。この課題をわれわれは、存在への問いを手引きにして古代存在論の伝承的形態を解体し、かつて存在についての最初の――そしてそれ以後主導的になった――諸規定がそこで得られた根源的経験へ引きもどす解体作業と解する。
>
> 解体作業そのものの意図は、過去を虚無のなかに葬り去ろうということにあるのではなく、それには積極的な狙いがある。したがって、解体作業の否定的な機能は、目立たず間接的なままにとどまる。

まずカントから始める。ハイデガーは、カントこそ、「テンポラリテートの次元へ向かう探究の道のりを一区間だけでも進んだ最初の人であり、ただひとりの人」であると言う。『純粋理性批判』の「超越的分析論」のなかの「純粋悟性の図式機能について」という章のことだ。木田によれば次のようになる。「図式機能とは、悟性の能力である純粋悟性概念（カテゴリー）が感性の形式である時間を限定する際に、超越論的構想力（想像力）の産物である図式が両者を媒介するその働きのことである。構想力によって知性と感情が媒介されるその機能の分析が、存在了解とその地平として働く時間性との連関を問題にする自分のテンポラリテートの問題群を予感するものであった、と言いたいのであろう」。

しかしカントはそれ以上進むことができなかった、とハイデガーは言う。なぜなら第一に、カントはデカルトの立場を安易に踏襲した結果、現存在の「主観の主観性をあらかじめ存在論的に分析する」ことをしなかったからであり、第二にカントの時間論が「時間という現象を主観のうちにとりこんだにもかかわらず、依然として伝統的通俗的な時間了解の線に沿っていた」からである。

続いて第二篇のデカルトについて。この辺の議論は既に第一章で見ているので、できるだけ簡単に検討することにしよう。デカルトに対するハイデガーの批判は、〈われ思う《コーギト》、われあり《スム》〉の〈われあり《スム》〉について、その存在論的追究が十分でないこと、またデカルトの考えが中世存在論の〈被造的存在者《エンス・クレアートゥム》〉という考え方に基づいて立論されていることにあった。

そして第三篇でアリストテレスの存在論が検討される。その結果「存在者についての古代人の解釈が、〈世界〉もしくはもっとも広い意味での〈自然〉を手引きにしている」こと、また「その解釈が実際にその存在の了解を〈時間〉から得ている」こと、「そこでは存在の意味が〈臨在《パルーシア》〉ないし〈現前《ウーシア》〉として規定されている」ことが明らかにされる。

ところが、この辺から話はおかしくなってくる、と木田は言う。どういうことかと言うと、ハイデガーはここに至って、カントやアリストテレスの存在概念をテンポラールに解明するのではなく、彼らの時間論を解釈し始めるからだ。木田は、ハイデガーはそれができなかったからだとは思わない。なぜなら『根本問題』では見事に彼らの存在概念のテンポラールな意味を解明しているからだし、既に早くも「ナトルプ報告」でもその解明はなされていたからである。

木田は以前からそれが気になっていた。しかし最近になって次のように考えるようになったと言う。つまり、『存在と時間』の執筆時点ではまだ無名の哲学徒でしかなかったハイデガーは、自らの抱いている大胆な構想にたじろいだのではないか、ということだ。もし第二部までが同時に公刊されるとしたら、そのカントやアリストテレスについての大胆な解釈は批判の嵐にさらされかねない——自らアリストテレス学者でもあったのでなおさらそう考えたのではないか。「その思索においては大胆不敵なハイデガーも、世渡りに関してはひどく用心深く、小心翼々といったところがある」と木田は書く。

さて『存在と時間』第二部の再構築に、『根本問題』第一部を手がかりにして取組むことにしよう。既に見たように、『存在と時間』の構成と『根本問題』のそれとは逆対応の関係にあり、『存在と時間』第二部は『根本問題』第一部に対応するものだった。改めて『根本問題』第一部の構成を見ておこう。

第一章　カントのテーゼ「存在はレアールな述語ではない」。

第二章　アリストテレスにまで遡る中世存在論のテーゼ「存在者の存在には本質存在《エッセンティア》と事実存在《エクシステンティア》が属する」。

第三章　近代存在論のテーゼ「存在の基本様態は自然の存在（延長するもの《レース・エクステンサ》）と精神の存在（思考するもの《レース・コギタンス》）である」。

第四章　論理学のテーゼ、「すべての存在者は、それらのそのつどの存在様態にかかわりなしに〈デアル〉によって語りかけられ論議される」。繋辞《コプラ》としての存在。

木田はこのうち第一章と第二章が『存在と時間』第二部の再構築に役立つという。第三章と第四章については、「このあたり、ハイデガーがなにをどう考えていたのか、私にも見当がつかない」。それで、とりあえず第一章と第二章について見ることにする。

第一章ではカントの存在概念について検討されているのだが、そのテーゼは「存在するということは事象内容《レアール》を示す述語ではない」というもので、『神の存在証明の唯一可能な証明根拠』（一七六二年）や『純粋理性批判』（一七八一年）の「弁証論」に見られるものだ。

木田が右に「事実内容を示す」と訳出した〈real《レアール》〉という形容詞は、通常〈実在的〉と訳される。その名詞は〈Realität《レアリテート》〉で〈実在性〉と訳される。とすると、カントのテーゼは「存在するということは実在的な述語ではない」となり、全く意味不明の文章になる。木田によれば日本では、『純粋理性批判』の邦訳ではずっとこのように訳されてきたし、現在でもそのままだと言う。〈Realität〉についても、有名な「カテゴリー表」の「質」のカテゴリーの一つであるこの概念も〈実在性〉とされてきた。そうなると「様相」のカテゴリーの「現実存在《ダーザイン》」（＝現実性《ヴィルクリヒカイト》）との違いが分らなくなってしまう。われわれはカントから一体何を学んできたのだろう。

ハイデガーは驚くべきことに、〈real〉という形容詞は、もともと〈物〉を意味するラテン語〈res《レース》〉に由来し、〈事物の事象内容に属する〉とか〈事物の事象内容に関わる〉を意味した、そして少くともカントの時代までは、そのようにしか用いられなかったということを、スコラ学者やデカルトの用例で実証したのだった。

ところでカントの右のテーゼは、『純粋理性批判』などで神の存在の「存在論的証明」を論駁する際に用いられた。その「存在論的証明」とは、木田の言葉を借りると、「〈神はもっとも完全な存在者である。もっとも完全な存在者とは、すべての肯定的な規定（「神は全能である」「神は無限である」……）をふくむ存在者のことである。ところで「存在する《ザイン》」ということも一つの肯定的な規定である。神は当然この規定もふくんでいる。したがって、神は存在する〉」というものである。

このテーゼは、一一世紀にアンセルムスが案出し、一三世紀にはトマス・アクィナスによって否定され、一七世紀にはデカルトが再興した。それをカントは、次のような理由によって否定するのである。例えば〈AハBデアル〉（犬は四つ足である）という命題において、〈Bデアル〉（四つ足である）という述語は、主語概念A（犬）のもつ事象内容を示す述語、すなわち〈real《レアール》〉な述語である。そしてこの場合には、Aが現実に存在するか否かは関係ない。

しかし〈Aガアル〉〈Aが存在する〉（ここに犬がいる）という命題における〈アル〉〈存在する〉は、主語概念の事象を示す〈real《レアール》〉な述語ではない。そうではなくて、主語概念（犬）について判断主体が行う定位作用《ポジツイオン》であり、対象と判断主体の認識作用の間の関係を示しているにすぎない。とするなら、完全な存在者たる神は全ての事象内容をそなえているとしても、〈存在する〉まで含めて〈ゆえに神は存在する〉と結論する証明は正しくない。

ハイデガーは更に、〈Realität《レアリテート》〉という言葉についても、カントが用いるこの概念と彼の〈objektive Realität《オブイエクティーヴエ レアリテート》〉とは区別して考える必要があると言う。後者はある事象内容が、「現実的なものとして経験されている対象《オブイエクト》・客観のもとで実現されている状態を言い、〈現実性《ヴイルクリヒカイト》〉とほとんど同義である」（木田）。先に見た〈Realität〉の〈実在性〉という用語は、この〈objektive Realität〉を誤解して短縮したもので、元来〈Realität〉にはそうした〈実在性〉という意味はなかった。

このような誤まった用法はデカルトにも見られる、とハイデガーは言う。そして細かい説明は省略せざるを得ないが、デカルトからカントに至る間に、〈Objekt《オブイエクト》〉と〈Subjekt《ズブイエクト》〉という言葉の意味が逆転してしまい、しかもそれらを対になるものとして、それぞれ〈客観〉と〈主観〉という現在われわれが使っている意味になったのである。その間の事情を木田は『岩波 哲学・思想辞典』（一九九八年）の「主観」という項目で見事に解明している。

それはともかく、カントが主張したのは、〈デアル〉（本質存在）に〈ガアル〉（事実存在）を還元することはできない、ということであった。カントは、〈ガアル〉という意味での〈存在する〉は、先に見たように、認識主観が対象に対しておこなう定立作用を表わす述語だと、考えた。更にハイデガーは、カントの場合、〈事実存在〉（＝〈現実性《ヴィルクリヒカイト》〉）を成立させる働きは、認識主観のおこなう〈知覚作用〉あるいは〈表象作用（Vorstellung）〉であることを明らかにする。そして、その論証過程は省略するが、それはカント自身も気づかないうちに、〈存在すること〉＝〈作られてあること（被制作性）〉という伝統的な存在概念の影響を受けているからだ、とした。

そして続けて彼は、「中世存在論の存在概念」「古代存在論の存在概念」の検討を通して、伝統的存在論の解体作業を行った。その作業については前章で見ているので省略する。ただその作業の内容について、木田は次のようにまとめている。「カントからデカルトへ、デカルトから中世のスコラ哲学へ、さらにプラトン／アリストテレスの古代ギリシア哲学へと遡行していき、そこに一貫して、（中略）〈存在＝現前性＝被制作性〉と見る特定の存在概念が、さまざまに歪曲され変様されながらも、承け継がれているということ、言いかえれば、西洋哲学はこうした特定の存在概念を基底として成立したものらしいということを確認しようとしているのである」。

その上で木田は、『根本問題』第二部第一章における議論、「テンポラリテートの概念を解明するにあたってモデルにしていたのは、用具的存在者との交渉、つまり現前作用であ」ること、その現前作用において存在がプレゼンツへと企投され、その存在は〈現前性〉として了解される、ということを思い出してほしいと言う。それは、そのような存在了解が非本来的なものであり、西洋哲学そのものがこのような非本来的な存在概念を基底にして形成されてきたこと、更に西洋近代においてはその結果文化のゆきづまりが生じている、とハイデガーが考えたことを知ってほしいからだ。

逆に言えば、右に述べたのとは違う本来的時間性を地平としておこなわれる存在了解があり得る、と考えられるわけだ。それは既に見た〈生成（Werden《ヴェルデン》）〉としての存在了解である。とすれば、ハイデガーは、〈存在＝現前性＝被投性〉と〈存在＝生成＝自然〉という二つの存在概念を考えていたことになる。

彼は一九二九年の『根拠の本質について』で次のように書いている。

自由によってのみ、現存在は一つの世界が存立し、世界として生起するようにさせることができるのである。世界は存在するのではなく、世界として生起するのである。

このようなハイデガーの〈存在了解〉から〈存在の生起〉への思索の転換が〈転回《ケーレ》〉を生み、これが『存在と時間』の挫折の理由でもあったであろうと、木田は言う。そしてその内実を「自然的思考と形而上学的思考」と「哲学史観の修正」で具体的に提示して終章「『存在と時間』以後」は終る。いずれも私たちは前章でこれらについて詳しく見ているので省略しよう。

こうして木田は、一八、九歳の頃から何とか読み解きたいと、五〇年以上も願ってきたハイデガー『存在と時間』を、その未完の理由や更に彼は何を書きたかったかの推測を含めて、可能な限り実際に行われた講義や論文に基づいて再構築したのであった。それは世界中の哲学者が誰一人として実現することのなかった壮挙である。

私は『現象学』以降、『ハイデガー』『メルロ＝ポンティの思想』『哲学と反哲学』『ハイデガーの思想』の出版を通して、木田の悪戦苦闘に立合ってきた。そしてこの『ハイデガー『存在と時間』の構築』に至って、哲学者としての木田の余人には不可能なすごさを実感したのだった（それは終章で詳述する）。

『ハイデガー『存在と時間』の構築』の刊行後しばらく経ってから、私は編集担当の斎藤公孝や翌年刊行されることになる岩波新書『偶然性と運命』の担当の小田野耕明とともに、一夕木田夫妻への慰労と御礼の会を開いた。二〇〇〇年五月一二日のことである。それに対して五月一五日に私のところへ木田からの葉書が届いた。そこには次のように書かれていた。「昨夜は家内まで一緒に厚いおもてなしをいただき、まことに有難うございました。本当に楽しい一夜で、若々しい大塚さんのお顔を見ながら、呑んでいると、すっかり昔の気分にかえり、うれしくて、ちょっと涙ぐみそうになったくらいです。あの頃は本当に楽しかったですね。いまも十分に楽しいけれど、もっと楽しかったなんて思いながら、帰ってまいりました」。

第二節　ハイデガー研究の延長上に——『偶然性と運命』『反哲学入門』など

右の葉書が届いてから一週間後、五月二〇日付の木田の手紙が私のところに来た。一部を引用する。「小田野君から電話もらい、六月に入ったら、プログラムを立ててみることにします。幾度も挫折した本なので、うまくいくかどうか、まずスタイルを（落ちのつかない）考えてみなければなりません。上田閑照《しずてる》さんの『私とは何か』のような、半分エッセイ風のスタイルなら、ムリに落ちをつけなくともすむかと思っています」。

「幾度も挫折した本」とは、かつて中公新書（担当編集者M）と岩波新書（担当はA）での不成功のことだ。MとAは、私もよく知っている優秀な編集者だが、それでも原稿は完成しなかった。その経緯を木田から私はよく聞いていたので、〝三回目の正直〟を実現するために小田野に編集を頼んだのである。上田閑照の岩波新書も私は出版に関与していたので、参考になればと思い木田に渡してあった。

小田野は本来は社会科学系の出身だが、今回の難題を見事にクリアー、木田に原稿を完成してもらうことに成功した。これからその内容を検討することにしよう。

『偶然性と運命』

この岩波新書は二〇〇一年四月に刊行された。右の引用から推察すると、半年足らずで脱稿したことになる。〈偶然性〉にしても〈運命〉にしても哲学上の大問題である。なぜそれが実現できたのかと考えると、それは木田が半世紀に亙って追究してきたハイデガー思想に基づいて本書を構想しているからだ、と私は思う。本書の構成を見ると、それはよく分る。Ⅰ めぐり逢いの現象学、Ⅱ 偶然性の概念、Ⅲ〈運命〉の思想史、Ⅳ 二つの出逢い、のうち前半のⅠとⅡは正にハイデガーの「テンポラリテート」の見事な解説であり、Ⅲにしても〝思想史〟と言う以上多数の哲学者の考えが紹介されるが、基本は〝生《レーベン》と運命〟〝実存の構造としての運命〟というハイデガー思想の分析に他ならないからである。

「Ⅰ めぐり逢いの現象学」から見ていこう。木田は、まずゲーテやプラトンをとりあげ、男女の恋愛とそこにおける「めぐり逢いの意識」について論じる。これはよく語られる例であるが、それに続けて木田は美学者ヴィルヘルム・ヴォリンガー(一八八一―一九六五、『現象と感情移入』〔一九〇八年、岩波文庫〕で著名）と哲学者ゲオルク・ジンメルとの偶然の出会いについて書く。それを木田は、亡き親友・生松敬三の『二十世紀思想渉猟』（岩波現代文庫）によって教えられた。

ヴォリンガーは研究旅行でパリに行った折に、トロカデロ美術館を訪れた。その時偶然にジンメルに会った、といっても会話を交したわけではない。ヴォリンガーはかつてベルリン大学でジンメルの講義を二時間盗聴したことがあった。ところが『抽象と感情移入』の新版に付した序文（『問いと反問—芸術論集』、法政大学出版局、一九七一年、所収）で彼は次のように言っているのだ。

私はこのような状況をなぜこんなに詳しく話すのか？……それはこういうこと、つまり、ただその時の雰囲気だけでジンメルと結ばれながら、私はそのあとなおトロカデロ美術館の部屋部屋で過した、その数時間のうちに、私の心のなかで雪崩《なだれ》のように急激な思想世界の誕生活動が成しとげられ、それがその後私の学位論文〔『抽象と感情移入』のこと〕に入りこみ、私の名を初めて公にしたということである。しかし、そのことだけではまだ不十分である！　私がこの偶然的な出逢いの体験をこんなに強調する本来の理由は、その体験の余波がその後もたらしたまぎれもない奇蹟である。そのことについてあらかじめ伝えておこう。数年経って……ある日のこと、私の思想の歩みを偶然読んでその驚きに自発的な呼びかけで応えてくれた最初の人は、まさにゲオルク・ジンメルその人だった！」（本項の引用は、断りのない限り、『偶然性と運命』による）。

ヴォリンガーは一九〇六年に学位論文を完成し、必要な部数だけ印刷してもらった。彼はその一冊を既知の作家パウル・エルンストに送った。エルンストは『芸術と芸術家』という雑誌に、これを賞讃した書評を書き、それをきっかけに『抽象と感情移入』は一九〇八年ミュンヘンの出版社から公刊されることになった。エルンストはそれに先立って学位論文を友人のジンメルに送ったところ、ジンメルは一読後その価値を認め、その旨ヴォリンガーに書き送っていたのだった。ヴォリンガーは先の「序文」で次のように書いている。

もしこの摂理にみちた偶然がなければ、私の全生涯はいまとは違ってどんな道をたどっていたことだろう? というのは、もしその偶然がなければ、私は、アカデミックな経歴をあえてたどろうとするほど自分の能力をまじめに考えたりはけっしてしなかったであろうと思われるからである。公にされた私の処女作の急速に現われはじめた成果が、はじめて私にその勇気を与えたのだ。

ヴォリンガー自身は、この偶然について「あの謎めいた運命の演出」とか「偶然という未知の神《デオ・イグノート》」を考えていたようだが、どう考えればよいのだろう。

木田は次のように考える。「私は、こうしためぐり逢いの意識やそれにともなう明証性だけなら、あえて「前世」とか「輪廻」といった神秘主義的な概念をもち出さなくとも、解き明かすことができるように思う。人との偶然の出逢いを「めぐり逢い」として、つまり運命的な出逢いとして意識するということは、この出逢いをきっかけにして、これまでの過去の体験がすべて整理しなおされ、いわば再構造化されて、あたかもすべてがこの出逢いを目指して必然的に進行してきたかのように意味を与えなおされたということ」に他ならないと。

ここで私が第二章で述べた「岩波現代選書」の一冊F・フェルマン著『現象学と表現主義』のことを思い出していただきたい。この本は、私がフランクフルトで毎年開催される国際書籍見本市で見つけたものだ。ドイツの地方出版社が共同で出しているスタンドの片隅に置かれている小冊子を、それこそ偶然に見つけ書名にひかれて、翻訳権の〝オプション〟を取得したのだった（国際書籍見本市や〝オプション〟については、拙著『理想の出版を求めて』前出、参照）。著者も出版社も知らなかった。それを持ち帰って、木田に翻訳に価するかどうか判定していただけませんか、と渡した。しばらく経って木田は、「著者も出版社も無名だけれど、内容は実に興味深い。ぼくが翻訳しましょう」と言ってくれた。

この小さな本にヴォリンガーのことが出てくる。ルカーチが「表現主義の観念論的世界観の代表者たちの一人」と評するヴォリンガーについて、フェルマンは「ヴォリンガーが抽象という操作を記述するその仕方を見てみれば、この操作がフッサールの還元の方法と構造的な同一性を有している」と言う。木田が共感を憶えたのは当然のことであった。思えば、生松、木田、ヴォリンガー、フェルマンというつながりもまた、「偶然性と運命」にみちた関係であったと言える。

それはともかく、このような〈めぐり逢い〉について、ベルクソンなら「回顧的錯覚」と呼びそうだ、と木田は言う。しかし木田は、ハイデガーならより適切に解明してくれるだろうとして、まずハイデガーの時間論について解説するのだが、それは前節でも詳しく見ているので省略する。その上で木田は、〈めぐり逢い〉という特権的瞬間について、ハイデガーの考え方を基礎にしながら、次のようにまとめた。

> たとえば、日ごろ非本来的な時間性を生きている私が偶然ある女性と出逢い、烈しい情動を味わうと、その瞬間が日常的な時間の系列から脱け出て、その系列のうちには場所《アトポン》をもたない瞬間、特権的な瞬間となる。そのときわれわれは本来的時間性に引きもどされ、ただくるであろう可能性をぼんやり期待するのではなく、この人と――ハイデガーにならって「死ぬまで」とは言わな

いままでも――これからずっといっしょに生きてゆきたいと、いわば自己を能動的に将来へ向けて企投するにちがいない。そのとき、過ぎ去ったものとして忘却され、時折その忘却のなかから思い出されるだけだった自分の過去の体験が、採りあげ直され（反復され）、すべてがこの特権的瞬間を目指して進行してきたかのように意味を与えなおされ再構造化される。そうすることによって、この偶然の出逢いが必然に転じ、運命を感じられるようになる。（中略）めぐり逢いの意識にともなう不思議なほど強烈な明証性、つまり確かだと思う意識は、過去の体験の再構造化が完了したことの反映にちがいない。

次に「Ⅱ 偶然性の概念」を検討する。「偶然性」とか「運命」といったテーマが問題にされ始めるのは、近代理性主義に対する懐疑が生じた一九世紀初頭以後のことだ。もちろんそれ以前にもライプニッツなどはいた。しかし、シェリング、ショーペンハウアー、キルケゴール、ニーチェ、ジンメルなど多数の哲学者がこの問題にとり組み始めたのはそんなに昔のことではない。

日本でも九鬼周造は、一九三五（昭和一〇）年に『偶然性の問題』を出版している。九鬼は一九二一―二九年（三三歳―四一歳）の間、足かけ八年間ヨーロッパに留学し、ベルクソンやハイデガーに直接学んだ哲学者で、『「いき」の構造』（一九三〇年）などのユニークな著作を持つ。

木田は九鬼の偶然性についての考え方を知るために、『偶然性の問題』よりも一九三〇年に行った『講義 偶然性』や、一九三六年の論文「偶然の諸相」（『人間と実存』所収）を手がかりに話を進めていく。

まず偶然性の対立概念である必然性について、九鬼は同一性ということを考える。そして必然性に、〈論理的必然性〉、〈経験的必然性〉、〈形而上的必然性〉の三つを区別する。とすれば偶然性に関しても、〈論理的偶然性〉、〈経験的偶然性〉、〈形而上的偶然性〉が考えられる。その結果、「論理的必然―偶然」、「経験的必然―偶然」「形而上的必然―偶然」という問題が生じてくる。

「論理的必然―偶然」については、まず〈概念〉が問題にされる。それは、「さまざまな表象に共通ななにか普遍的同一性を目撃することによって形成される。そのようにして、さまざまな表象に同一なものとして抽象された本質的徴表の全体がその概念の〈構成的内容〉をなす」ことになる。例えば〈三角形〉は〈三つの線で囲まれた面の一部〉である。その場合、三角形の頂角が鈍角であるか鋭角であるかは関係ない。そうした〈孤立的事実〉や〈個物〉の偶然性が、概念の一般性に対する〈論理的偶然性〉に他ならない。とすれば、ここでの問題の〈運命〉とはつながらないだろう。

「経験的必然―偶然」で必然とされるのは、ある出来事に一定の原因が認められる場合である。つまり因果的必然性＝経験的必然性なのだ。ここで九鬼は、「広義の因果性には、原因―結果という狭義の因果性と、目的―手段という目的性との両方がふくまれている。なぜなら、目的―手段の関係は原因―結果の関係を逆転させたものだからである」と言う。つまり経験的必然性は、因果的必然性と目的的必然性の両方を含む、ということだ。

とすれば、経験的偶然性も、因果的偶然性と目的的偶然性を含むことになる。因果的偶然性の例として、九鬼は屋根から瓦が落下し軒下の歩行者に当り怪我をさせた場合をあげる。一方、目的的偶然性では、植木屋が木を植えるために穴を掘ったら地中から札束が出てきた、という例をあげる。九鬼は、われわれの日常生活における〈偶然〉とは、その殆んどが目的的偶然だと言う。

ところで九鬼は、経験的偶然について深く考えることで、「形而上的必然―偶然」の問題にも光を当てた。経験的偶然は、独立の二つあるいはそれ以上の因果系列が交叉するところに生まれる。それは〈いま〉〈ここ〉で因果系列が交叉するところに生まれる。それは〈いま〉〈ここ〉で因果系列が交

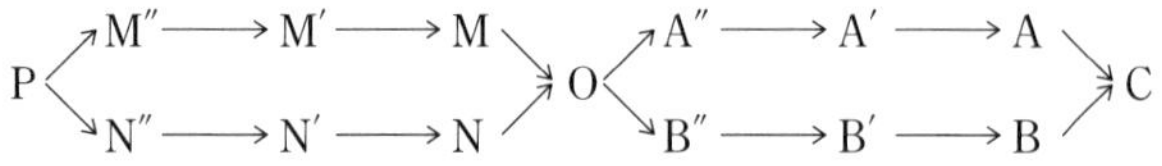

叉する時点における個物とか出来事について、〈偶然〉と呼ぶということだ。しかし九鬼は、よく考えるなら、それは偶然ではないかも知れないと言う。図を例に考える。AとBが交叉することで、偶然としか思えないCが生じたとする。ところがAはA′を、A′はA″を原因とする因果系列に属し、BはB′を、B′はB″をという因果系列に属していて、しかもOを共通の原因にしているかも知れない。とすればAとBの交叉は偶然とは言えなくなる。

ただ、OはMとNが交叉することで生じた偶然だという反論もありうる。しかしこの場合も、それぞれM、M′、M″とN、N′、N″という因果系列があり、M″とN″がPという共通の原因を持つと考えれば、Oは必然になってしまう。スピノザの言うように「物はわれわれの認識の不完全なるがためにのみ偶然と呼ばれる」のだとすれば、すべてを見透す神にとって偶然は存在しないことになる。「形而上的必然性とは、このような意味で神の眼に見える必然性、つまりわれわれがどう認識するかとは無関係に、事物それ自体のあいだに支配している必然性だということになる」。もし因果系列を無限に遡ることができるとすれば、究極の原因Xにゆきつけるだろう。シェリングはそれを〈原始偶然《ウアツーファル》〉と呼び、九鬼は〈形而上的偶然〉と呼んだ。

以上三つの「必然—偶然」関係について見てきたが、差し当ってわれわれにとって問題となるのは、〈経験的偶然〉の意味であろう。九鬼はそれについて次のように言っている。

……いずれにしても偶然は遭遇《そうぐう》または邂逅として定義される。偶然の〈偶〉は双、対、並、合の意である。〈過〉と同義で遇《あ》うことを意味している。偶数とは一と一とが遇って二となることを基礎とした数である。偶然の偶は偶坐〔対座〕の偶、配偶の偶である。偶然性の核心的意味は〈甲は甲である〉という同一律の必然性を否定する甲と乙との邂逅である。われわれは偶然性を定義して〈独立なる二元の邂逅〉ということができるであろう。

九鬼は右の〈邂逅〉についてアリストテレスやショーペンハウアーを援用しつつ、ギリシア語をはじめラテン語やヨーロッパ諸語において、いずれも接頭辞（例えばドイツ語ではZufall《ツーファル》）によって二元の接触を表わしていると言う。

その上で九鬼は、「偶然と運命」（『九鬼周造随筆集』所収）という講演で、偶然の三つの性質をあげる。㈠「何かあることもないこともできる」、㈡「何かと何かとが遇《あ》うこと」、㈢「何か稀《ま》れにしかないこと」。これらについて簡単に見ておこう。

㈠は、理由がなくて生じたもの、あるいは原因がなくて生じること、を偶然だとする考え方で、それが「ゆくりなく」とか「端なくも」という表現の打消しで表されていると言う。

㈡は、しかし㈠だけでは充分でなく、「何かが何かと遇《あ》う」瞬間に可能的なものが現実化されて偶然となる、ということである。九鬼は次のような例をあげている。病人の見舞いにいってその人に遇っても偶然ではないが、そこに同じように見舞いにきた人と思いかけずに遇ったとすれば、それは偶然である。

㈢は「稀れにしかない」ということだが、それは可能性が少ないことを意味する。不可能に近いようなことが実現されれば、その偶然性が認識され易い。九鬼は「偶然は必然の方へは背中を向け、不可能の方へ顔を向けている」と言う。

このような九鬼の考え方を知った上で、それでは「運命」について彼はどのように考えていたのだろう。「偶然な事柄であってそれが人間の生存にとって非常に大きい意味をもっているばあいに運命という」とする九鬼だが、「人間にあって生存全体を揺り動かすような力強いことは主として内面的なこと」だから、「運命とは偶然の内面化されたものである」ことになる。

この後木田は、九鬼が『偶然性の問題』の中でハイデガーの時間論を援用して〈偶然性の時間性格〉を論じていることを明らかにする。そしてその細部について九鬼の論理展開を批判するのだが、それは私たちにとっては必要ないことなので省略する。ただ木田は、九鬼の「偶然性の時間性は現在だ」とする考え方には同調している。

最後に木田は、九鬼が自分の「偶然性の哲学」とハイデガーの「可能性の哲学」を比較している文章（「ハイデッガーの哲学」『人間と実存』所収）を紹介しているので引用しておこう。

> ハイデッガーは時間性の特色の一つとして将来の優位を挙げている。このことは先駆的決意性を実存の核心と見る可能性の哲学の必然的帰結である。現存在が存在可能への存在である限り、時間性の一次的現象が将来であるのは当然である。しかしながら、時間性のほかに空間性の原本的意義を承認してくるならば、将来に対して現在が重みを増し、可能性に対して偶然性が力を得てくるであろう。偶然の「偶」は「遇」にほかならぬ。現存在が他の現存在に「出会」って「距離的」に企投するのは空間性の基礎の上に「現前」としての現在が時熟するからでなければならぬ。ハイデッガーにあっても「被投性」とか「運命」とかいう概念は必ずしも看過されてはいないが、空間性と共同存在性とが重量をもたぬに伴って偶然性の存在学的意義は視野の外に逸してしまっている。「〔…の〕もとに存在していること」が単に「頽落」としてのみ理解されていることとは十分の深みを欠いていると言わねばなるまい。「…のもとに存在している」今、出会う今が「永遠の今」としてつかまれる時に所に、被投性は企投へ勇躍し、運命の無力は超力へ奔騰するので

ある。

右の九鬼の考え方について、木田は九鬼なりにこの「偶然性の哲学」を、西洋哲学との対決の拠点としているのではないか、と言う。

「Ⅲ〈運命〉の思想史」に入る。

九鬼は、ヨーロッパは元より中国やインドなどにおける〈運命〉概念の多様性について調べた。その結果、全てを神の摂理と考える中世以降のキリスト教神学やその世俗化した形の近代の理性主義においては、そもそも〈偶然〉とか〈運命〉とかいった問題意識は成立しえない。だから九鬼は「純粋な偶然論はキリスト教と関係のないギリシア哲学や東洋の哲学の中に見出される」と言うのだ。

ところで木田は、「私の関心は、いったん近代の因果的思考を経過したあとで、十九世紀以降の欧米の思想家たちがこれらの概念をどう問題にしたかにある。それというのも、私には、〈偶然性〉や〈運命〉といった概念が話題にされる時期と、近代哲学の超克が日程にのぼる時期とが重なっているように思われるからである」と言う。そしてこの歴史を二つの系譜に分けて考える。つまり「〈運命〉の背後に無意識的な生の意志のようなものを想定しようとする思想の系譜」と「〈運命〉を体験の構造、ないしは実存の構造として見ようとする思想の系譜」である。

前者から始めよう。それはハイデガーが〈ドイツ形而上学〉の系譜という、ライプニッツ―カント―ショーペンハウアー―ニーチェとつながる思想の系譜のことである。これについては既に見たが、この系譜にあっては「つねに〈表象〉よりも〈欲求〉〈意志〉〈意欲〉〈生命衝動〉が根源的なものと見られている」。近代においても、これらの哲学者たちだけは〈偶然〉とか〈運命〉といった現象を問題にし、それが近代哲学の克服につながってくる。とすれば〈生《レーベン》〉と〈運命〉という二つの概念の間の関連を明らかにする必要がある。木田は言う、「生《レーベン》を根源的存在と見る〈ドイツ形而上学〉は、自然を生きて生成するものと見る。……この系譜に属する思想家たちは、どうやら機械論的因果関係とは異なる因果関係、あるいは機械論的必然性とは異なる必然性を〈運命〉と呼び、その背後に〈生《レーベン》〉の意志を見ているよう」だ、と。

ライプニッツはその著『モナドロジー』（一七一四年）で、究極の実在としての〈モナド〉について論じた。この概念はギリシア語の〈一〉を意味する言葉〈モナス〉に由来し、空間的広がりを持たない力の統一体である。「モナドの力とは非物質的な力、つまりは精神に似た力であり、表象する力」である。それは全宇宙をおのれのうちに映し出す力のことだ。それぞれのモナドは独立しているが、「窓がない」ので他のモナドから影響を受けることはない。しかし、神による〈予定調和〉によって、全体として調和している。

木田は、「それぞれのモナドが独立して内的展開をとげながら、そのあいだにたがいの〈出逢い〉の可能性を認めようとするライプニッツの思想には、私が立てている問題に通底するものがある」と言うが、「それを神による予定調和で片づけてしまうところに、西洋哲学の限界」を見る。九鬼もライプニッツや次のシェリングに触れながら、「西洋の哲学がキリスト教の影響の下に立っている限りは、純粋な偶然論、純粋な驚きの形而上学は出来て来ない」と書いている。

次にシェリングについて。「理性的なものは現実的であり、現実的なものは理性的である」としたヘーゲルに対して後期のシェリングは理性によっては説明も理解も不可能な悪とか悲惨な事実が存在することを認め、それに取組むことによって近代哲学の克服を試みた。

木田は言う、「つまりシェリングは、神（理性）を究極的なものと考えるのではなく、その神（理性）

がそこから立ち現われてくるもっと根源的な自然を想定し、それこそが究極的な存在だと考える」と。その自然は生きた自然であり、その生の衝動である意欲《ヴォレン》が根源的存在《ウアザイン》だと言うのだ。つまり、「理性を根源的なものだと考えるのではなく、生《レーベン》こそが根源的なものであり、理性はその一つの発現形態にすぎないという」わけである。シェリングはこの〈根源的な自然《ウアナトゥーア》〉を先に見たように〈原始偶然《ウアツーファル》〉と呼ぶ。

最後の著作『人間的自由の本質』（一八〇九年）で彼は、〈汎神論〉と〈自由〉とが両立可能かを問うた。そしてそこに〈自由の体系〉の構築を試みた。木田はそれを次のようにまとめている。「存在者全体（自然）の統一性は、理性主義の立場で考えれば、機械論的因果関係の全面的支配、つまり決定論ということになり、自由とは両立しえないことになる。だが〈生《レーベン》〉を根源的存在とみなす立場に立てば、その生の発現である存在者全体（自然）の統一性と、やはりその生の発現にほかならない自由とは両立しうることになろう。存在者全体の統一のうちに組みこまれてあること、つまり運命を自由と感じることも可能だということになる」。

ショーペンハウアーの場合はどうだったか。彼の「個人の運命に宿る意図らしきものについての超越的思弁」というエッセイ（『意志と表象としての世界』についての『余録と補遺』〔一八五一年〕所収）で、ショーペンハウアーは宿命論を〈論証可能な宿命論〉と〈超越的宿命論〉との二つに区別している。その前提として彼は、〈偶然〉について次のように考える。木田の言葉を借りる。「〈偶然的〉というのは、因果的に結びついていない事柄が時間のなかで出逢うことを意味するのだが、絶対的な意味で偶然的なものなどありえないのであって、もっとも偶然的な事柄でさえ、遠い道を通って近づいてきた必然的なものにほかならない。因果の連鎖の上位に位置する決定的な原因であるようなある力が、その事柄がまさにいま、つまり他の事柄と同時に生じなければならないというふうに、とうの昔に決定していたから、そうなるのである」。

その「ある力」とは、〈生への意志〉であるとショーペンハウアーは言う。つまり、この〈生への意志〉が客観的で因果的な自然過程を規定する一方、私個人の主観的な人生をも規定している。当然そこに交錯が生じる。彼は言う。

> いっさいは必然的に生ずるのであり、人が偶然とよぶ、因果的に関連しないものの同時性さえも、必然的な同時性である。否、現在同時的なるものは、すでに遠い過去における原因によって、そのようなものとして規定されていたのだ。

言ってみれば彼は二つの宿命論の背景に、より根源的な〈生への意志〉を推定することによって、問題の解決を計ったのであった。

続いてニーチェであるが、既に詳しく見ているので、要点だけを再確認する。彼は一八八〇年頃、ショーペンハウアーの影響から抜け出し、『ツァラトゥストラかく語りき』四部作（一八八三―八五年）を書いた。そして自分の哲学の主屋たる『力への意志』の構想と執筆にとりかかった。しかし一八八九年一月三日に発狂し、約一〇年後の一九〇〇年に死去した。

彼は、〈生《レーベン》〉のダイナミックな構造を表わすために〈力への意志〉という概念を創出し、〈ヨーロッパのニヒリズム〉の克服を企てた。同時に彼は〈等しきものの永劫回帰〉ということも言い出す。〈力への意志〉と〈等しきものの永劫回帰〉という両概念がどういう関係にあるかについては、様々な説がある。ここでは『ツァラトゥストラ』第三部「幻影と謎」で「永劫回帰思想」と自由の関係が論じられているので、それを手がかりとする。

ニーチェはまずここで、日光に照らされる門道に佇んで自問する自らの姿を描く。「われわれすべてが、かつてすでに存在したのではないか？」」。それに続く場面では一転して、一人の若い牧人が苦しみにのたうちまわっている姿が描かれる。「彼の口元からは一匹の黒く重い蛇が垂れていた」。木田は、この「黒く重い蛇」はまさに虚無的な回帰思想を示している、と言う。「〈頭を嚙み切れ！　嚙め！〉――という叫びがわたしの内部からほとばしり出た」。

牧人は蛇の頭を嚙み切った。「もはや牧人ではなかった。もはや人間ではなかった。――彼はひとりの変容せる者、光に包まれた者であった。そして笑った！　およそ地上で、ひとりの人間が、今彼が笑ったように、高らかに笑ったことはいまだなかった！」。

木田は右の場面について次のように解釈する。「回帰思想は認める。私が何をしようと、すべては一度起こっており、すべては決定されている。だが、それがどの出来事の繰りかえしであるかを決定するのは私である。私がこのまま坐っているか、ここで立ち上がって歩き出すか、私のその自由な決断によってこれからの世界の進行が、かつて起こったどの進行の繰りかえしになるかが決定されるのだ。こうして決定論が自由によって運命に転じるということなのであろう」。これはニーチェの「運命愛《アモール・ファティ》」という考えとほとんど同じだ。

とすればニーチェについては、〝二つの系譜〟の双方にまたがる、あるいは双方をつなぐもの、と考えることができる。

次にゲオルク・ジンメル（一八五八―一九一八）の考え方を検討する。彼は「運命の問題」（遺稿集『橋と扉』所収）で、〈運命〉概念の構造に関わる二つの契機について書いている。一つは「個体的主観」で、他の一つは「外的出来事」である。

たんに因果的に生起するにすぎない出来事に対して、主観は一つの意味を、事後的な合目的性を付与することができ、これによって出来事は運命になる、というのだ。だから動物と神には〈運命〉を認めることができない。また出来事は因果性に関わるが、主観は実践的意欲に関わる。〈運命〉とはこの二面の綜合なのだ、とジンメルは言う。そして「運命の閾値」という概念、「その一線を越えると、出来事がいわばわれわれの生の理念を促進したり阻止したりするようになる、そうした出来事のもつ意味の量」を提示する。

ジンメルはこれによって、「個人の運命における意図らしきもの」の説明が可能になる、と言う。木田は言う。ショーペンハウアーの「つまり、運命というものが、周辺的なものと中心的なもの、受動的なものと能動的なもの、単なる出来事と目的意識との先に述べられたような相関関係のうちで成立するものだとすれば、われわれにとって何が運命となり、何が運命とならないかその閾値を決定するのは、明らかにあの内的な生の流れがもつ方向性にほかならないことになる。この方向性が、われわれに接触してくるさまざまな出来事のなかでいわば選択をし、それらの出来事のうちでこの方向性に固有な振動に同調できるものだけがわれわれにとって運命となりうるのである」。

続いて木田は、この系譜に属する最後の思想家として、ヴィルヘルム・フォン・ショルツ（一八七四―一九六九）とC・G・ユング（一八七五―一九六一）をあげる。ショルツの『運命の先行形態としての偶然』（一九二四年）については、九鬼もユングも言及している。

ショルツは〈親和力〉という概念を用いて、われわれが実在的だと信じる出来事ですら、「われわれの知りえない、もっと大きなもっと包括的な意識」が見る夢にすぎないのかも知れない、と言う。つまり「われわれの夢見る夢ではなく、われわれが夢見られる」夢かも知れないと考えるのだ。とすればショルツは現象の背後に何らかの存在を想定することによって、運命とか偶然について考えていたことになる。

ユングの場合、〈共時性〉の概念が有名である。物理学者W・パウリ（一九〇〇—一九五八）と共著で『自然現象と心の構造—非因果的連関の原理』を出した。ユングは集合的無意識にひそむ〈元型〉という概念によって〈共時性〉の問題——つまり偶然性と運命に関わる一つの仮説——を提示したのだったが、よく知られていることなので、これ以上の説明は省略する。

これから二番目の系譜、「実存の構造としての運命」に入る。これまで見てきた一番目の系譜では、〈生《レーベン》〉の意志といった働きの下に〈偶然性〉や〈運命〉といった概念を考えることで、近代合理主義とは異なる立場をとる思想家たちを検討してきた。ここではそれと違って、それらを〈体験の構造〉とか〈実存の構造〉と捉える考え方を検討する。

まずハイデガーから。『存在と時間』の最後の方で、〈運命〉が問題にされている。第七四節の「歴史性の根本的構成」の中でだ。

> 本質上その存在において将来的であり、したがって自分の死へ開かれており、その死につきあたってくだけ散り、自分の事実的な現《ダー》へ投げかえされることのできる存在者だけが——つまり、将来的でありながら、それと同じくらい根源的に既在的でもある存在者だけが——、相続したもろもろの可能性を自分自身に伝えゆだねることによって自己の被投性を引き受けることができ、〈自分の時代〉を瞬間的に豁然と直視することができる。本来的であると同時に有限的でもある時間性だけが、運命といったようなものを、つまり本来的歴史性を可能にすることができるのである。

右の〈本来的歴史性〉について、木田は次のように言う。「人間が〈歴史〉のうちにあったり、〈歴史〉をもったり、〈歴史的〉であったりしうるようにする、つまり「実存を歴史的なものとして規定する」人間の動的な存在構造とでもいったものが彼の念頭にはあるらしい。人間がダイナミックに生起（Geschehen《ゲシエーエン》）するという存在構造をもっているから人間は歴史的（geschichtlich《ゲシヒトリツヒ》）でありうるという、ハイデガーお得意の言葉遊び《ヴオルトシユピール》もふくまれている。そして、ダイナミックに生起するという存在構造とは、言うまでもなく、おのれを時間として展開する人間存在の時間性にほかならない。その時間性の根源的構造、つまり本来的時間性に人間の歴史性も根ざしていると言いたいのである」。

実は右の引用の少し前に、ハイデガーは次のようなことを書いているのである。

> 死への先駆だけが、あらゆる偶然的で〈暫定的〉な可能性を排除する。死へ向かって自由に開かれてあることだけが、現存在に端的な目標を与えて、実存をおのれの有限性へ押しやる。みずからつかみとった実存の有限性が、さまざまに差し出される安楽さや気楽さや逃避などの身近な可能性の果てしない群がりから現存在を引き出し、それを自己の運命の単純さへ導き入れる。ここで運命というのは、本来的覚悟性のうちにひそんでいる現存在の根源的な生起《ゲシエーエン》の仕方のことであり、その生起のうちで現存在は、死に自由に開かれてありながら、相続したものではあってもやはり自分で選びとったものでもある可能性のうちに置かれている自分自身におのれをゆだねるのである。

これについても木田の解説を見ておこう。「自分の究極の可能性である死へ自分を賭けてみると、自分の生きてきた既在に投げかえされ、それがまったく違った眼で見なおされる。つまり、自分をとりまく事実的可能性のなかから、どうでもいいものは排除され、同じように偶然過去から承け継いだ可能性であっても本当に自分を支え、自分のうちで生きている可能性だけがそれとして見えてきて、それが自分をゆだねるべき一種の必然に転換する。ハイデガーは、この転換の構造を〈運命〉と呼び、これこそが過ぎ去ったものを現在に生かすこと、つまり歴史を可能にする人間存在の構造、〈歴史性〉なのだと言うのである。彼は、「現存在がさまざまな運命の打撃に襲われることがあるのも、現存在がその存在の根拠において、いま述べたような意味で運命として存在しているからである」と言い、〈運命〉を徹底して人間の存在構造、実存の構造として捉えようとしている」。

　しかし木田は、ハイデガーの哲学には〈出逢い〉というカテゴリーがない、と言う。

　次はカール・ヤスパース（一八八三―一九六九）。彼は精神医学から哲学に転じたことで知られる実存哲学の第一人者である。主著の『哲学』全三巻（一九三二年）の第二巻第七章「限界状況」で〈偶然性〉と〈運命〉を論じている。

　彼はハイデガーの友人であり、〈現存在《ダーザイン》〉〈実存《エクシステンツ》〉などハイデガーと同じ言葉を用いる。しかしその概念の内容は少し違っている。ヤスパースの〈現存在〉は生命体としての人間を指すが、あくまで経験的・現実的な存在を意味する。〈実存〉は〈現存在〉を超え出て、ありうるあるいは存在すべき可能的存在のことだ。ヤスパースの〈実存〉概念は、単独者として神に直面するというキルケゴールの概念の継承だと言われている。〈現存在〉としての人間に、〈実存〉としての自覚を持たせるのが〈限界状況〉であり、木田によれば「そこには、われわれが現存在としてつねに一定の状況に存在しなければならないこと、この状況が歴史的に規定された個別的・偶然的なものであること、そして〈死〉〈苦悩〉〈争い〉〈罪責〉という四つの個別的状況、さらに存在の定めない〈動揺〉という状況が数え上げられている」。

ヤスパースは〈偶然という限界状況〉について次のように言う。

限界状況の開く明るみのうちではじめて、可能的実存はその現存在の有限な配慮の圏域を脱け出て別の意識に歩み入ることができる。つまり、限界状況のうちにあった歴史的規定性が単なる偶然であることをやめ、私の悟性には捉えられないが、時間のうちなる永遠であることを私が確信できるような存在の現われになるのだ。（中略）私が私自身であるのは、あくまで私がそれでありうるもの〔私の実存〕の現象する身体として捉えられた状況のうちにおいてでしかない。すべての理解可能な思想を越え出てこそ、私は自分が限界状況のうちで震撼されていることを経験し、その上で、私が自分のものとしてつかみとった偶然と一つになっていることを経験するのである。

更に彼は次のように言う。「ありありと思い浮かべられた限界状況の意識は神話のかたちでおのれを語り出す」と。つまり、実存開明にとっては神話的な語り方が本質的なのだ、と。「そういったものなのであってみれば、幸運とか運命といった概念は、根拠をもち出して論証されうるようなものではなく、わがものとして受け容れるか拒否するかしかないものである」。〈幸運〉とは、現存在のレベルにおける運命の概念である。それに対してヤスパースは実存のレベルにおける運命の概念として〈運命愛《アモール・ファティ》〉ということを考える。先に見たように彼は、限界状況の明るみのなかで偶然が内的に同化され、自我と外的な事態との裂け目が廃棄されて呼応しあうようになる、と言う。

……私は運命を単に外的なものとして捉えるのではなく、運命愛というかたちで私のものとして捉えるのだ。私は自分を愛するように、運命を愛する。というのも、私の運命のうちでのみ、自分が実存であることを自覚するからである。

木田は、ヤスパースの運命とは内的に同化された偶然だという主張には強い説得力がある、と言う。ただし彼の場合でも、偶然の〈出逢い〉が実存に対してもつ衝撃力についての評価は十分ではないとする。

最後にメルロ＝ポンティが取り上げられる。彼については第一章で詳述しているので、ここではその〈偶然性〉と〈意味〉あるいは〈合理性〉についての考え方を検討する。

メルロ＝ポンティは論文「人間と逆行性」（『シーニュ』所収）の中で、「現代は、おそらくは他のいかなる時代にも増して偶然性を経験してきたし、今なお経験している」と書いている。その意味をこれから明らかにするわけだが、その前に論文のタイトルにある〈逆行性（adversité）〉について説明しておこう。この言葉はガストン・バシュラール（一八八四―一九六二）が使った〈逆行率（coefficient d'adversité《コエフィシャン・ダドヴェルシテ》）〉——例えば道具を使用する際に物が示す抵抗——を援用してメルロ＝ポンティが造語したもので、木田によれば「物のもつ力、物の示す抵抗・惰性といったような意味である」。「もともとadversité《アドヴェルシテ》という言葉は〈逆境〉〈試練〉〈不運〉といった意味なのである」。

メルロ＝ポンティは次のように言っている。

……人間はさまざまな種類の動物と絶対的に区別されるものであるが、しかしそれは、人間が先天的な装備をまったくそなえておらず、……人間が偶然の場であるというまさにその点によってなのである。現代は人間を、それ以下のものによってもそれ以上のものによっても説明しようとはしない。しかも、同じ一つの理由からである。モナ・リザをレオナルド・ダ・ヴィンチの性的経歴によって説明するのも、レオナルド・ダ・ヴィンチがその手先であったなんらかの神的力だの、美の能力をもつなんらかの人間的本性だのによって説明するのも、いずれも回顧的錯覚に屈して、効力をもつものをあらかじめ存在していたかのようにみなし、そこに存するすぐれて人間的な契機――偶然的な出来事によって編みあげられている生が自己をふりかえり、自己をとらえなおし、自己を表現するという契機――を見落すことになるであろう。

つまりメルロ＝ポンティは、人間とは〈偶然の場〉であると見ているのだ。とするなら、どのようにして〈意味〉とか、〈合理性〉が生じてくるのだろう。

メルロ＝ポンティは早くも『知覚の現象学』の「序文」で次のように書いている。

現象学的世界とは、なにか純粋存在といったようなものではなくて、私の諸経験の交叉点で、また私の経験と他者の経験との交叉点で、それらの経験のからみ合いによってあらわれてくる意味なのである。したがって、それは主観性ならびに相互主観性と切り離すことのできないものであって、この主観性と相互主観性とは、私の過去の経験を私の現在の経験のなかで捉えなおし、また他者の経験を私の経験のなかで捉えなおすことによって、その統一を形成するものである。

右の「私の過去の経験を私の現在の経験のなかで捉えなおす」ことが可能なのは、「私」が時間だからだ、と木田は言う。この考えはハイデガーの時間論に基づいている。メルロ＝ポンティは『存在と時間』の一節「時間が生起するということは、脱自《エクスターゼ》が継起することではない。将来は既在よりも後にくるわけではないし、既在は現在よりも先にあるわけではない。時間性は、〈既在し―現前させつつある―将来〉としておのれを時間化するのだ」を引用した上で、次のように書いた（『知覚の現象学』）。

> それゆえ、過去は過ぎ去ってしまっているわけではないし、未来は未だ来ないでいるわけではない。過去と未来は、主観性が即自存在の充実を打ち砕き、そこに遠近法的展望を浮かび上らせ、非存在を導入するときにのみ存在する。過去と未来は、私がそれらへ向かって自己を押し拡げるときに湧出するのである。（中略）現在から他の現在への移行を、私は思考したり傍観したりするのではなく、遂行するのであり、……私自身が時間なのである。
>
> もし私が現在をなお生きいきとした姿で、それが含蓄するすべてと共に捉えなおすなら、その現在の〈なか〉には、未来と過去とへ向かう脱自があり、これが時間の諸次元を、敵対的なものとしてではなく、不可分なものとして出現せしめるのだ。

更にメルロ＝ポンティは、「主観性とは自己との不動の同一性のことではない。主観性であるためには〈他〉へ開かれ、自己から離れるということが、時間にとってと同様に主観性にとっても本質的なことなのであ」り、だからこそ、「他者の経験を私の経験のなかで捉えなおし、その統一を形成する」こともできるのだと言う。

最後に木田は次のように書いた。「〈運命〉もまた、こうして立ちあらわれてくる、ある意味では相互主観的な、一つの強い〈意味〉だとは考えられないであろうか。そして〈出逢い〉こそ、「〈他〉へ開かれ、自己から離れる」ことによって真の自己となり、「他者の経験を私の経験のなかで捉えなおす」

ことによって自他の真の統一を形成する具体的場面と言えないであろうか」。

「Ⅳ　二つの出逢い」では、木田は「偶然の出逢いがどのようにして運命に転ずるか、そのときその人の内面でなにが起こるかを見」るために、ドストエフスキーの小説から二つのケースを取り上げる。一つは『悪霊』におけるスタヴローギンと少女マトリョーシカの不幸な出逢いであり、他の一つは『カラマーゾフの兄弟』における二人の少年コーリャ・クラソートンとイリューシャの出逢いである。残念ながら具体的に紹介する余裕がない。木田は二つのケースから次のような結論を引き出してきたので、それを紹介することにしよう。

〈出逢い〉とは、他者が激しい情動的体験によってこの自己閉鎖を打ち破り、〈自己―自己〉の構造を打ちこわして、ふたたび〈自己―他者〉の構造が、つまり〈他者と共にある〉本来的な存在が回復されることだと考えられないだろうか。だからこそ、この出逢いを機縁として時間性の再構造化も起こりうるのであろう。

他の誰によっても代わってもらうことのできない自分自身の〈死〉に、人間存在の〈本来性〉の基準をもとめるハイデガーでさえ、時間化作用の脱自的構造を元に、世界へ開かれていること、世界への開在性、つまり〈世界内存在〉を人間の基本的存在構造と認めている。世界へ開かれているということは、他者に開かれ、その他者と協同して世界の構成をおこなうということだと考えてよい。主観性とは根源的には相互主観性なのである。

本書を終えるに当って木田は、「自分の言葉で書くのは少し気恥かしい」と弁解しつつ、森有正の「コーリャ・クラソートン」（『ドストエーフスキー覚書』所収）の言葉を引用する。

邂逅！　それのみが真実を開示する。人間の新生も、死よりの復活も、偉大なる邂逅として以外には絶対に把握されない。ドストエーフスキーの全作品に充ち満つる人間の苦悩は、人類を救う偉大なる現実の邂逅へ、終末的に、指向されているのである。かれは絶望している。しかも絶望していない。

以上、『偶然性と運命』についてできるだけ詳しく検討した。それは本書が、木田のこれ迄の哲学者としての仕事の成果の上に執筆されたものであるとともに、哲学者になるはるか以前の青年時代の多読・耽読と煩悶の日々を色濃く反映しているからである。つまり、ハイデガーとメルロ＝ポンティについての半世紀に及ぶ研究がなければ、本書は成立しえなかったということだ。この事実がとりも直さず、これ迄木田がくり返し執筆に挑み、挫折した経緯を説明してくれることになる。換言すれば、木田は長い間ハイデガーとメルロ＝ポンティの思想に取り組んできた、しかし本書の一年前に完成された『ハイデガー『存在と時間』の構築』を書くことができて、初めて木田は右の二大哲学者の仕事に対して納得することが可能になり、本書を自由にまとめることができた、ということであろう。

その意味で私は、本書を木田の最高の作品の一つだと思う。

『ハイデガー拾い読み』と『反哲学入門』

『ハイデガー拾い読み』（新書館、二〇〇四年。後に新潮文庫、二〇一二年）は『大航海』第四三―第五二号（二〇〇二年七月―二〇〇四年一〇月）の一〇回の連載をまとめたものである。内容はハイデガーの講義録の面白さについて存分に語られていて、実に興味深い。個々の記述については、殆んどこれまで見てきたことと重なるので、紹介することはしない。

ただ第八回「「世界内存在」再考」の最後にある「〈世界内存在〉異聞」について、講義録の読解という本筋からは離れるが触れておきたい。

「世界内存在（In-der-Welt-sein）」というハイデガーの有名な用語について、木田はユクスキュルの〈環境世界論〉やこの講義録読解で明らかにされたアリストテレスの独特な生態学的発想が影響していると見ていることは、既に述べた。そして一般には、これはハイデガーが造語したものだと考えられてきた。

しかし、今道友信『知の光を求めて――一哲学者の歩んだ道』（中央公論新社、二〇〇〇年）によれば、ハイデガーが「世界内存在」という用語を案出した経緯には、次のような事情があったというのだ。すなわち、今道の恩師の伊藤吉之助が一九一八年にドイツに留学した折に、ハイデガーを家庭教師としてやとっていた。当時、第一次大戦の敗戦国として極端なインフレに見舞われていたドイツでは、連合国側の日本からの留学生は余裕があったのである。伊藤は一九一九年に帰国する際、御礼に岡倉天心『茶の本』のドイツ語訳 *Das Buch uom Tee*（シュタインドルフ訳、一九一八年刊）をハイデガーに手渡した。天心は一九世紀末のロンドンで、*The Book of Tea* を書いたのだが、その時に荘子の「処世」という言葉を「Being in The World」と訳して用いた。シュタインドルフは更にそれを〈Sein in der Welt〉と訳したのだろう、と木田は言う。ハイデガーはそれを見ていて、一九二七年刊の『存在と時間』で〈In-der-Welt-sein〉として使ったというわけだ。

伊藤は一九四五年に弟子の今道に右の経緯を話し、「いやあ、世話にはなったんだが、やっつければよかっただなあ」と庄内弁で述懐した、と今道は言っている。

ここから先は〝異聞〟に対する更なる私の蛇足である。一九九六年の春、先代の岩波書店社長であった安江良介が急病で倒れたのに伴って、私は急遽社長代行をつとめることになった。それまで編集担当のヒラ取（締役）ではあったが、社名を背負って社外の著名人と接することはなかった。しかし立場上、銀行をはじめ関連する業界の代表者たちに挨拶回りをしなければならない。そのうちの一人に読売新聞社の会長・主筆である渡邉恒雄がいた。

その渡邉が、最初に会った時に私に言った。「ハイデガーの『存在と時間』の中に出てくるIn-der-Welt-sein は、九鬼周造がドイツに留学中ハイデガーを家庭教師にしていたが、その九鬼が彼に教えた言葉なんですよ」。九鬼は京大の講義に居続けしている祇園から通ったような哲学者だから、彼は「浮き世」（憂き世でもある）という言葉を教え、その結果、In-der-Welt-sein という概念が生まれた、と言うのだ。

ちなみに渡邉は今道と東大文学部哲学科の同級生である。どこから九鬼が出てきたのは不明だが、ハイデガーと九鬼が互いに高く評価していたこともあるので、ありそうな話ではある。しかし言うまでもなく、伊藤―今道にしろ渡邉にしろ、それはあくまでも異聞にしかすぎないが。

『反哲学入門』（新潮社、二〇〇七年。後に新潮文庫、二〇一〇年）は、新潮社のPR誌『波』に二〇〇六年六月号から二〇〇七年八月号まで一五回連載された。二〇〇五年、七七歳の時に、人間ドックで胃ガンが見つかった木田は、胃を半分切除する大手術を受けた。その後に連載された本書は、平易な文章で綴られているが、内容的にはこれ迄の木田の哲学者としての仕事のエッセンスが盛られた素晴しい本である。最後の第六章は「ハイデガーの二十世紀」で、木田はここでハイデガーの人と思想について、これ以上平易には語れないだろうと思わせるほど、その本質を明らかにしている。

ここでは「まえがき」から次の一文を引用しておきたい。

わたしは「哲学」を勉強し、大学でも「哲学」を教えてきたわけですが、以前から自分のやっている思考作業は、「西洋」という文化圏で伝統的に「哲学《フィロソフィ》」と呼ばれてきたものの考え方とは、決定的に違うところがあると思っていました。よく日本には哲学はなかったと言われますが、わたしもそう思いますし、哲学がなかったということを別に恥ずかしいことだとは思いません。「哲学」というのは、やはり西洋という文化圏に特有の不自然なものの考え方だと思うからです。

ですから、自分のやっていることは、強いて言えば、そうした「哲学」を批判し、そうしたものの考え方を乗り越えようとする作業ではないかと思い、それを「反哲学」などと呼ぶようになりました。

この一文に、木田の哲学者としての生涯の姿勢を読み取ることができる。それは木田の仕事が、西洋の哲学者の仕事を祖述するのではないこと、また数多くのエッセイで語る一見哲学とは関係のないさまざまな事柄が彼の思考作業の一部であること、を鮮明に表わしていると私は思う。

第三節　世紀末思想への関心と「反哲学者」としての多様な顔

木田の一九世紀末思想史、特にウィーンを中心にしたそれへの関心は、既に『哲学と反哲学』で明らかにされていた（第二章第二節参照）。木田は、二〇世紀の世紀末に、改めてその関心を顕在化させていくことになる。

一つは、中央大学の停年退職に際して開催された同大学人文科学研究所における最終講演「哲学と文学—エルンスト・マッハをめぐって」である。この講演は『最終講義』（作品社、二〇〇〇年。後に『木田元の最終講義—反哲学としての哲学』と改題して角川ソフィア文庫、二〇〇八年）に収められている。もう一つは『マッハとニーチェ—世紀転換期思想史』（新書館、二〇〇二年）である。この本は『大航海』第二〇号—第四〇号（一九九八年一二月—二〇〇一年一〇月）に連載された「世紀転換期思想史」を基につくられた。

木田は『マッハとニーチェ』の「あとがき」で次のように書いている。

私が哲学の勉強をはじめた一九五〇年ころにはもうすっかり忘れられていたが、世紀転換期のヨーロッパには、マッハとニーチェを二つの焦点にして、アヴェナリウス、フッサール、ホーフマンスタール、ムージル、ヴァレリー、さらにアインシュタインとその若き日の親友フリードリッヒ・アードラー、レーニンとトロツキー、ボグダーノフやルナチャルスキー、バザーロフ、ヴァレンティノフといったロシア・マッハ主義者たち、エーレンフェルス、マイノングの率いるグラーツ学派、ベルリン大学のシュトゥムプフ、その教え子のヴェルトハイマー、コフカ、ケーラーらベルリン学派のゲシュタルト心理学者たち、ウィトゲンシュタインとシュリックをとりまくウィーン学団の人たち……、こういった哲学者や文学者が複雑に交錯しあいながら形づくる壮大な知的空間が開かれていた。

そして「この世紀の思想の展開を理解するには、その原風景とも言うべきこの知的空間をもう一度復原してみる必要があると思」ったとしている。

具体的に紹介する余裕がないのは残念であるが、木田の意図が、二〇世紀思想の巨人たち、フッサール、ハイデガー、カッシーラー、そしてウィトゲンシュタインの思想形成の場であった世紀転換期の知的空間のありようを再検討することを通して、彼らの思想そのものに新たな光を当てようとしていたのは明らかだと思う。大学退職後の、木田のこの壮大な挑戦には脱帽せざるをえない。

「反哲学者」としての多様な顔を見るためには、木田の数多くのエッセイ集を読むのが一番の早道だ。『哲学の余白』（新書館、二〇〇〇年）、『哲学の横町』（晶文社、二〇〇四年）、『ピアノを弾くニーチェ』（新書館、二〇〇九年）、『哲学散歩』（文藝春秋、二〇一四年、後に文春文庫、二〇一七年）である。既に『哲学以外』については第二章で言及したが、哲学の「余白」「横町」「散歩」と続けば、木田のたくらみは明白である。つまり、本命ではないところから哲学を眺めて見ようということだ。最後の『哲学散歩』は哲学者をめぐるエピソード集と言えるものだが、その他の本には実にさまざまな話題が登場する。それらは哲学とは関係しているとは思えないのだが、木田の頭の中ではどうも結がっているようだ。この辺りに木田のエッセイの面白さがあるのだと思う。

自伝的な色彩を混じえたエッセイには『闇屋になりそこねた哲学者』（晶文社、二〇〇三年。後にちくま文庫、二〇一〇年）と『猿飛佐助からハイデガーへ』（岩波書店、二〇〇三年。後に『私の読書遍歴——猿飛佐助からハイデガーへ』と改題して岩波現代文庫、二〇一〇年）がある。この二冊は木田の生涯について、ふんだんにユニークなエピソードを含めて語られていて興味は尽きないが、ここでは『猿飛佐助』の方から、いくつか紹介してみたい。

右に木田のエッセイ集について私見を述べたが、木田は山田風太郎の『警視庁草紙』についての章の中で次のように言っている。

私は哲学を幾何学で言われる、補助線のようなものではないかと思っている。補助線は与えられた図形のうちに現実に存在するわけではなく虚構的《フィクティヴ》なものであるが、それが引かれることによって、その図形の隠された構造が浮かびあがってくる。哲学も、同じような意味で世界や社会や歴史の外に引かれる補助線のようなものではないのか、と。それはともかく、哲学にかぎらずほかの学問でも、一つの問題に取組んでそれを読み解く道筋には謎解きのようなところがあるのではなかろうか。せいぜいミステリを読んで推理力を鍛えておくと案外役に立つかもしれないよ。

ところで私は第二章で〝ペテンカバン〟について書き、そこから後年の木田の多彩な文筆活動が展開されたのではと推測した。それに関わって、『猿飛佐助』の「はじめに」から引用する。

『猿飛佐助からハイデガーへ』といういかにもふざけた表題をつけてしまったが、これについても一言。戦後二〇年ほどしてから、新京時代の中学校の卒業以来はじめての同級会が東京で開かれた。その席上で、小学校、中学校ずっと一緒だった同級生に会うと、「いまなにをしている？」

と訊く。「大学の教師」と答えると、「なにを教えているんだ?」と畳みかけて訊いてくる。「哲学」と答えると、うっと息を呑んだ気配がし、しばらくまじまじと私の顔を見ていたが、その上で言うことには、「そういえばお前、子どものころから忍術が好きだったよな」。これにはまいった。そのときを思い出してつけた題である。

やはり、ペテンカバンから忍術まで、哲学者・木田元はある特異な性格と芸をもっているかの如くに見せる点で、一貫していたのだ。

それはさておき、木田の文名を高からしめたものに、哲学以外のテーマで執筆された新書類がある。『詩歌遍歴』(平凡社新書、二〇〇二年)、『新人生論ノート』(集英社新書、二〇〇五年)、『なにもかも小林秀雄に教わった』(文春新書、二〇〇八年)などである。

『詩歌遍歴』は、当時平凡社にいた坂下裕明(第一章の『メルロ=ポンティの思想』のところで言及した)が、平凡社のPR誌『月刊百科』に連載された木田の原稿をまとめたものである。私はこの本が大好きなのだが、それは哲学者以前の木田の人間性そのものを如実に表していると思うからだ。「あとがき」の次の一文を引用しておきたい。

詩なんか読んで、いったいなにになるんだとおっしゃる方も多いだろう。たしかに、なんにもなりはしない。だが、こういうことは言えそうだ。私たちは、日ごろひどく振幅のせまい感情生活を送っている。喜びであれ悲しみであれ、よくよく浅いところでしか感じていない。ところが、詩を読み味わい感動することによって、喜こびや悲しみを深く感じることができるようになる。ものごとを深く感じるためにも、それなりの訓練が必要である。小説を読むとか音楽を聴くとか、人それぞれにその訓練は違うだろうが、私にとっては、詩を読むということがそのための最良の訓練になったような気がする。

ここで私は、大岡信のコレージュ・ドゥ・フランスでの講演『日本の詩歌—その骨組みと素肌』（講談社、一九九五年。後に岩波現代文庫、二〇〇五年。岩波文庫、二〇一七年）から、紀貫之の有名な『古今和歌集』仮名序の冒頭部分についての大岡の言葉を引用したいという思いを、抑えられなくなる。

貫之はここで、まず和歌の種子は「人の心」にあると言っています。そして心は、自然界の風景や事物が変化するのに合わせて、千変万化する言葉、すなわち歌となって現れ出るのです。さらに、彼は花に鳴く鶯や水辺で鳴く蛙に代表されるすべての生き物が、同じように歌を詠む詩人なのだと言っています。このことは、日本の詩の一つの特性と言ってもいい高度に洗練されたアニミズムの、極めて早い時期に表明された理論として注目されます。

そして貫之は、さらに興味深い主張を展開します。彼は和歌というものは、「力をもいれずして」天地を感動でゆり動かし、また死者の霊魂をも感謝させると言うのです。言い換えると、超自然的な存在をさえ揺り動かす力が、この甚だちっぽけな言葉の構造体にはあるのだと言うのです。

つまり木田は、日本の詩歌に日本特有のアニミズムのあり方を見ていたのではないだろうか。『新人生論ノート』からも次の文章を引く。

私は自分では気の小さい男だと思っているが、ひとの眼には気が強そうに見えるらしい。また、自分ではズボラな怠け者だと思っているが、勤勉なリチギ者に見えることもあるらしい。どっちがホントなのか。どっちもホントなのだろう。

人間は多面的で多様な可能性をもっている。それをどれか一つに限定することは、ほかの可能性を殺すことだし、多様な可能性をもつ自分を否定することだ。それに気づいたとき、ハハァ、スピノザの言う『限定は否定である』というのはそういう意味か、と妙に納得した。

以来私は、自分は○○だとか、○○の専門家だとか自己限定しないことにした。そうしたら、とても自由になれた。読みたいものは何でも読む。書きたいことは何でも書く。

その他、編著『太宰治滑稽小説』(みすず書房、二〇〇三年)や『一日一文―英知のことば』(岩波書店、二〇〇四年。後に岩波文庫別冊、二〇一八年)という編書、『哲学は人生の役に立つのか』(PHP新書、二〇〇八年)などがある。また、共著やハイデガーについての啓蒙的な編集本も少なからずある。

終章　哲学者・木田元

これまで木田の膨大な仕事について見てきた。さらに二〇〇〇年には『ハイデガー『存在と時間』の構築』を、その翌年には『偶然性と運命』を書いてもらった。二〇〇三年五月末に私は岩波書店を退いたので、それ以降岩波書店での木田の本の出版には関与していない。

『現象学』『ハイデガー』『メルロ＝ポンティの思想』『哲学と反哲学』『ハイデガーの思想』『ハイデガー『存在と時間』の構築』『偶然性と運命』――これらが私が関わった木田の著作である。本文で詳述しているので改めて言う必要はないのかも知れないが、右のラインアップは木田がメルロ＝ポンティとハイデガーの思想について、日本で初めて体系的に再構成した仕事の数々である。とりわけハイデガーについては、その哲学の本質を捉えるために、右の書目においてくり返し挑戦し、肉迫したと言えるだろう。

例えば、一九八三年刊の『ハイデガー』で既に、当時世界中の哲学者が誰一人考えもしなかったであろう『存在と時間』の再構築に、木田は取り組んでいるのだ。最終的に『ハイデガー『存在と時間』の構築』でその挑戦は見事に完成したのであるが、その間次々と公刊されたハイデガーの講義録の克明な読解が、またメルロ＝ポンティをはじめユクスキュルやシェーラー、カッシーラーなどについての一見迂遠とも思われる研究があったことは確認しておく必要がある。そして、ある意味ではくり返しのように見える再構築の試みが、一作毎に精緻なものになっているのは、驚嘆すべきことだ。編集の過程で私が垣間見た、そのささやかな例をお目にかけたい。

それは『存在と時間』第二部における「存在論の歴史の解体」に関わる議論についての表現の変化

である。『ハイデガー』（一九八三年）では次のように書かれていた（一五一頁）。

　では、その際、ハイデガーがこの壮大な否定的作業の拠点としているのは何であろうか。私にはそれは、本来的な時間性として時熟する存在了解だとしか思えない。〔傍点は大塚、以下同様〕

次に『ハイデガーの思想』（一九九三年）では左の如くである（九四―九五頁）。

　このように、おのれを〈時間化〉する仕方に応じて〈存在〉の意味が変わるというところから、「時間と存在」（第一部第三篇の表題）という主題が生じてくる。ハイデガーは第二部において、この視点から西洋の伝統的存在論が根底に据えてきた〈存在概念〉を検討してみようというのである。

そして、『ハイデガー『存在と時間』の構築』（二〇〇〇年）では次のようになる（六九―七〇頁）。

　ハイデガーの考えでは、時間というものは根源的には「存在する」ものではなく、sich《ジッヒ》・zeitigen《ツァイティゲン》するものである。この言葉は、『存在と時間』のほとんどすべての邦訳で「時熟する」と訳されているが、私はこれは誤訳だと思う。（中略）つまり、〔ハイデガーは〕めったに使われることのないこの言葉を拾い出し、その造りに即して「おのれを時間化する」という意味に使おうというつもりなのだろう。「時間性は存在するのではなく、おのれを時間化する（sich zeitigen）というのもおかしな言い方だが、時間性は存在者のように存在するものではなく、おのれを時間化する、おのれを時間として生起させる働きとしてあるものだと言いたいのである。

私は木田の揚げ足を取ろうとしているのではない。そうではなくて、木田ほどの哲学者でも一九八三年の段階では「時熟する」という言葉を使わざるをえなかったのだ。それがほぼ二〇年後に「おのれを時間化する、おのれを時間として生起させる」というところまで的確な訳語を当てることが可能になったということだ。これによってわれわれのハイデガー理解がどれほど当をえたものになったかは、計り知れない。

ついでのことに、二〇〇三年刊の『猿飛佐助からハイデガーへ』から次の一文を引用しておこう。そこには木田の自戒の念も描かれていると思うからだ。

> こう考えれば、〈世界内存在〉と〈存在了解〉と〈超越〉が同じ一つの事態だということの意味も分かってくる。では、これらすべてが〈時間性〉にもとづいて可能になるというのはどういうことであろうか。〈時間性〉というのは〈sich zeitigen《ジッヒ・ツァイティゲン》〉というかたちで存在する人間特有の存在の仕方である。ところが、日本では従来この〈sich zeitigen《ジッヒ・ツァイティゲン》〉に〈時熟する〉という曖昧な訳語を当ててきた。九鬼周造さんのつくった訳語で、九鬼さんの言うことなら間違いないだろうと、誰もかれもがこれを踏襲したのである。だが、いくら九鬼さんのつくった訳語でも、これではなんのことだかさっぱり分からない。これは文字どおり〈おのれを時間化する〉ということなのである。

ところで、このような哲学者としての木田の方法は、どのようにして鍛えられたのだろう。私がまずあげたいのは、翻訳の多さしかも重厚な書物の翻訳の多さである。今、私の机の横には次のような木田の翻訳の成果（共訳のものも多い）が積み上げられている。

メルロ＝ポンティ――『ヒューマニズムとテロル』を除いた全著作。更には講義録や遺稿も。
ハイデガー――『シェリング講義』『現象学の根本問題』『アーレント＝ハイデガー往復書簡』
フッサール――『ヨーロッパ諸学の危機と超越論的現象学』
アドルノ――『否定弁証法』
カッシーラー――『シンボル形式の哲学』㈠〜㈣、岩波文庫）
パノフスキー――『〈象徴形式〉としての遠近法』

以上はカッシーラーを除いて全てA５判の部厚い本だ。その他個別の単行本では、F・ジャンソン、ルカーチ、ティリエット、ショーペンハウアー、クリストフ、ドゥルーズ、フェルマン、M・ジェイ、A・C＝スポンヴィル、S・ブラックバーン、など英・独・仏語の本の翻訳がある。

しかも木田の翻訳は、日本語として平易に読めることを条件としているので、内容についての徹底的な理解が先行している。そのためには多数の詳細な訳注が必要となる。つまり、木田にとって、翻訳作業は思考訓練に他ならないのである。若い共訳者との翻訳が少なからずあるのは、そうした意味合いからだろう。

メルロ＝ポンティやハイデガーの場合、このような翻訳の作業が持つ意味は決定的である。大哲学者たちが何を考え、何を伝えようとしているのか、しかもその内容を日本語としていかに定着させるか、木田はその翻訳という営為を通してメルロ＝ポンティやハイデガーの思想の本質に肉迫していいったのだ、と思う。

カッシーラーやパノフスキーの場合にしても、彼らの仕事を徹底的に理解し日本語として定着させる作業を通して、木田はハイデガーやメルロ＝ポンティの新たな理解に多大の貢献をしている。

このような木田にとっての翻訳の意味を見てくると、二〇世紀の末に一九世紀の世紀末の思想史を研究しようとした木田の意図が推察できる。つまり、世紀転換期の思想家たちの思想をあたかも翻訳するかのように細かく研究することによって、一方ではニーチェやマッハに、他方ではハイデガーやウィトゲンシュタイン、そしてメルロ＝ポンティやカッシーラーなどの哲学に、新たな光を当てようと目論んでいたことが。

研究ノートや講義録の翻訳の持つ意味については言うまでもない。『ハイデガー拾い読み』などには、その面白さと重要な意味についてふんだんに語られている。ハイデガーやメルロ＝ポンティの著作や講義録を徹底的に読解し、それを日本語に定着させるという作業こそ、木田の哲学的営為の根底をなすと私は確信している。

このような木田の仕事は、同世代の日本の哲学者の場合とは少し異っているのではないだろうか。まず、木田の親友・生松を高く評価していた梅原猛から見てみよう。〝梅原日本学〟とでも称すべきユニークな、歴史、神話、宗教、文学にわたる体系を築き上げた梅原が晩年に公刊したのは、『人類哲学序説』（岩波新書、二〇一三年）であった。一九九七年春に岩波書店の社長に就任した私は、当時国際日本文化研究センターの所長であった梅原のところへ挨拶に出かけた。三〇年ぶりに再会した梅原は、その頃歌舞伎の世界でも戯曲「ヤマトタケル」などで評判になっていたのだが、意外なことに次のように私に言った。〝生涯の最後に、私の思想の根底を形づくったニーチェとハイデガーについて、新書を一冊書かせてほしい。彼らの哲学は、人類の今後を考える時に最も重要なものだ。自然に対する彼らの思想は広い意味のアニミズムに通じる。日本の場合、それは草木国土悉皆成仏ということだ。二一世紀の地球を救うにはこの思想以外にはない〟と。梅原は約束を守った。デカルトの理性主義に対するニーチェとハイデガーの考えを、梅原は「森の思想」ととらえ、それに基づく人類再生の方途を訴えたのだった。

梅原が言っているのはその通りだろう。ただ、アニミズムにしても「森の思想」にしてもあまりに茫漠としている。おまけに梅原自身が冗談半分によく言っていたように〝京大哲学科の落ちこぼれ〟(?)だけあって、デカルト、ニーチェ、ハイデガーの捉え方が非常に説得力に富んでいるというわけでもない。

それでは京大哲学科の優等生と誰もが一目置く藤沢令夫の場合はどうだろう。藤沢はプラトンやアリストテレスの研究で知られる碩学なので、ハイデガーに対しても一言あるはずだ。藤沢には「新岩波講座・哲学」の編集委員会の中核になってもらった。この講座に発表された三本の論文(「哲学の基本的課題と現実的課題」「実践と観想―その主題化の歴史と、問題の基本的節目」「現代哲学についての考察と反省」)をまとめて『哲学の課題』(一九八九年)として出版したことは既に述べた。

また、一九八九年六月に出発した『講座・転換期における人間』(全一〇巻、別巻一)の編集委員を、宇沢弘文、河合隼雄、渡辺慧とともに、つとめてもらった。経済学・臨床心理学・理論物理学の第一人者たちと、哲学を代表する形で藤沢が参加していることになる。二一世紀に向けて、1 生命とは、2 自然とは、3 心とは、4 都市とは、5 国家とは、6 科学とは、7 技術とは、8 倫理とは、9 宗教とは、10 文化とは、別巻 教育の課題、というラインアップで構成されたこの講座は、自然科学・社会科学・人文科学の第一線の研究者に登場願ったこともあって、よく読まれた。この講座の「2 自然とは」、「7 技術とは」、「8 倫理とは」、の三つの巻の巻頭論文と、序論に当る一九八九年四月の藤沢の京都大学停年退官講演「世界解釈の基本問題─三つのパラドックスをめぐって」を収めた『世界観と哲学の基本問題』（一九九三年）も私が編集した。

こうした仕事に先行する学術書として、藤沢には『イデアと世界─哲学の基本問題』（一九八〇年）もまとめてもらっていた。プラトンとアリストテレスについての詳細な研究を本領とする藤沢が、ハイデガーのアリストテレス研究について直接言及することは無かったようだが、ハイデガーの影響を受けた現代の哲学者──例えばR・ローティやJ・デリダなど──については、右の『哲学の課題』の中で、ハイデガーのプラトンやアリストテレスについての独特な解釈をそのままうのみにしている、と強く批判している。

とすれば、木田の仕事に関しても藤沢は批判的だったと思われる。しかし、私は藤沢と酒席を共にすることが多かった（前掲『理想の出版を求めて』参照）が、一度たりとも木田に対する批判を聞いたことがない。むしろ、木田が海軍兵学校から放り出されて、池袋の闇市でテキヤまがいの仕事に短期間ではあったがついていたことを私が話した時には、〝実は僕も敗戦後ヤミ屋まがいのことをして生活の糧を得ていた〟と藤沢は述懐したのだった。

既に見たように、梅原が若い頃に評価していた関東の哲学者には、生松と中村がいた。木田は生松とは親友になったが、中村雄二郎に対しては特に関心を抱いた様子がなかった。後年、拙著『哲学者・中村雄二郎の仕事─〈道化的モラリスト〉の生き方と冒険』（トランスビュー、二〇〇八年）を木田に贈呈した折の返事は、「拝読しながら、同業者の常で、中村さんの本をあまりキチンと読まないでしまったことに気づかされ、後悔しています。その埋め合わせにも、このご本、心して読ませていただきます」（二〇〇八年九月二五日付消印葉書）という木田流の気配りに満ちたものであった。中村の方も、『哲学の現在』、『共通感覚論』などのベストセラーを含む多数の著作を書いたが、ハイデガーに対する関心が前面に出ることはなく、最終的には、〝哲学はリズムだ〟という結論にまで到達していた（詳しくは右の『哲学者・中村雄二郎の仕事』参照）。

このように見てくると、木田の仕事の特徴がはっきりと分る。つまり、メルロ＝ポンティとハイデガーの思想にこれ以上できないほど肉迫し、その上で自らの「反哲学」を構築したのだ。とするならば、欧米の反哲学者たちの思想をうけ売りする、あるいは欧米の時々の思想的流行の波に乗る文筆家たちとは全くの別物である、と言うことができる。もっともそう言う私自身、J・カラーの『ディコンストラクション』をはじめ数多くのその手の翻訳書を出版していることを考えると、何とも複雑な思いに囚われるのであるが。

更に木田の「反哲学」は、通常の意味での哲学の範囲に止まらず、文学や批評あるいはエッセイの領域にまで触手を拡げたものであった。こうした木田の仕事に対しては、批判が出てくるのも当然である。その代表的存在として三島憲一がいる。三島はハイデゲリアンとしての木田を非常に高く評価している。その三島が木田の哲学に対して、真正面から三点にわたる批判を展開しているのだ（「正真正銘のハイデゲリアン」『木田元―軽妙洒脱な反哲学』河出書房新社、二〇一四年、所収）。

第一、西欧哲学の歴史は、ソクラテス以来今日に至るまで「文化哲学」であると同時に政治論、社会論であった。しかし「そうした政治と社会とは無縁の（あるいは無縁であるかのような）議論に哲学を閉じ込めようとしたのが、ハイデガーだった。もちろん、成功しなかったことは、「学長演説」や最近刊行された「黒ノート」からもわかる。このことを木田元は意識的に無視した。この無視はまちがいだった気がする」。

第二、「あれだけ正確にそして丁寧にヨーロッパ思想の襞に分け入り、その亀裂に目を凝らし、その複雑さを犠牲にせずに、大きく刺激的な見取り図を作る研究をしながら、そしてその芳醇さを味わいながら、それに割合と簡単に「日本」を対置させてしまったことである。それには下敷きがある。まずは、古代の理性が形而上学の伝統となり、そこから技術が発生し、それが二〇世紀の悲惨を必然的にもたらしたとするハイデガーの意外と簡単な図式が、そのまま意外と簡単にさらっと継承されていることである」。例えば、「西洋」のもっとも始源における古代ギリシア人たちがピュシス（自然）と呼んだものを、日本人の抱く自然観（例えば『古事記』に見られるような）と近いとする考え方だ。

第三、「西欧哲学に対する透徹した理解にもかかわらず、学ばなかったのは、私的閲歴と思想的妥当性の区別である。西欧の哲学者たちは「思想の事柄」（ハイデガー）は語るが、自分については語らなかったことである。自分の人生を回顧して冒険談や手柄話をしている哲学者は近代哲学の代表的な存在にはいないようだ。（中略）しかし、木田元はそれに耽った。日本の私小説の伝統は、それほど強かったようだ。これはおそらく先の二点と密接に絡んでいることと思われる」。

三島の批判はまことに厳しい。しかし三島の批判が説得力を持っていることは、素人の私でも認めざるをえない。私は三島の批判が厳しいのは、三島が木田の哲学者としての仕事に敬愛の気持を抱いているからに他ならない、と確信している。もし木田が、このような三島の批判に応えて新たな思想を展開していたら、更に素晴しい哲学者になったに違いない。とは言え、限りある生をいきる一人の人間にとって、それは無いものねだりではないだろうか。私は、三島の言う「日本の私小説の伝統」が木田の大きな仕事に瑕疵を残すものであったとしても、木田の哲学者としての歩みに賛嘆を禁じえないのである。

最後に、木田と私との〝私小説的な〟エピソードを記すことをお許しいただければと思う。二〇〇三年五月末、私は岩波書店の社長を退いた。それに際して多くの方から慰労の会の申し出を受けた。そうしたご好意に対し、深謝しつつも〝全て辞退させていただいておりますので〟と断わっていた。

しかし結果として、断わり切れなかった二つの事例があった。一つは東大駒場のさまざまな分野の研究者たちとの私的な研究会であり、他の一つが木田の場合であった。

木田は、私の退社前から連絡をくれていた。が私が辞退したので改めて、七月二日付の手紙でご夫妻で私たち夫妻を招待したいと言ってきた。七月六日には、日中文化交流協会の依頼で九月末から一〇月初旬にかけて中国に行くが、その後に連絡するので一夕つきあってほしいという葉書をくれた。帰国後木田は、一〇月一五日付の手紙で一一月半ばではどうだろうかと問い合せてきた。その手紙には次のような一文があった。「とても言い尽くせないほどお世話になったお礼を申し上げたいというのが表向きの理由ですが、なにか口実をもうけてお会いしたいのです。奥様にもぜひ一度お目にかかりたいし」。

このような木田の心配りに接しては、降参する他ない。一一月五日付の手紙で、一一月一二日の夜、目白の椿山荘内の「錦水」に部屋をとったので来てほしいと言ってきた。椿山荘が拙宅から近いことを知っての上での木田の配慮である。木田の家がある船橋から目白までは大分遠い。

当夜の心の込ったもてなしに対する私の礼状に対して、一二月二〇付の木田の返事が届いた。その中から一文を引用する。「原則を曲げてお付き合いいただいて、とてもうれしく存じました。ある歳になってから考えるようになったのですが、私たちのような地味な学問をやっている者にとっては、大塚さんのように親身になってお世話くださる編集者の方にめぐりあえるかどうかで、一生の生き方がまるで変わります。その意味では、私は本当に幸運だったと思います、大塚さんにお会いできて。有難うございました。あまりご静謐をさまたげるつもりはありませんが、たまにはお顔を見たいもの、どうぞお付き合いください」。

私は本書で、木田の本を担当した編集者の実名を意図的にあげてきた。三浦雅士、坂下裕明、守田

省吾、中野幹隆、斎藤公孝、小田野耕明などである。それは木田が編集者たちとどのように接してきたかを示したかったからに他ならない。

私は退職後、お世話になった著者の方々についてあるいは興味を持ったテーマについて、何冊もの本を書いてきた。それらを木田に送ると、必らず詳しい批評を送ってきて、励ましてくれた。〝どちらが編集者だか分らないな〟と、その都度私は感じたものだ。

本書を終えるに当って、一枚の写真を見ていただければと思う。二〇〇九年三月八日に池袋ジュンク堂書店で開催された、木田に関わるイヴェントの折に、書店の人が撮ってくれた写真である。最初に出会ってから丁度四〇年目のことだ。木田と私は心から楽しそうに笑っている。

私の木田に対する感謝の思いは尽きない。

あとがき

ようやく、私の編集者時代にお付き合いいただいた著者の、主要な方々に対する感謝の思いを形にすることができた。これまで山口昌男（文化人類学）、中村雄二郎（哲学）、河合隼雄（臨床心理学）、松下圭一（政治学）、宇沢弘文（経済学）の諸氏についての評伝を出版してきた。しかし、書物ということで言えば、私の最初の著者であり、以降半世紀にわたって親しくしていただいた木田元先生について、このようにまとめることが可能になるとは夢にも思わなかった。

その理由は何と言っても、氏の仕事のとてつもない壮大さと緻密さにあった。二〇世紀を代表する思想家であるメルロ＝ポンティとハイデガーの業績の輪郭を知ることですら容易でないのに、木田先生は何とハイデガーが挫折した当の『存在と時間』の、本来の構想の再構築まで試み、成功なさっていたのだ。

私は木田先生のご苦労の程をよくよく知っていたので（普段は全くその素振りすら見せない快活な氏であったが）、まさか私が氏の仕事の全体像を描くことになるとは考えたことがなかった。とはいえ、八〇歳の大台を越え、生涯の残り時間も少なくなった時に、残された最後の仕事として浮上してきたのは、やはり木田元論でしかありえなかった。

言うまでもないことだが、私は哲学の研究者ではない。専門家から見れば穴だらけの仕事かも知れない。が、編集者にしか知りえない氏の苦闘の足跡から見えてくるものもある、と確信している。勿論、その確信が本書の出来栄えを保証するものでないことは、自覚しているが。

木田美代子夫人には格別のご配慮をいただいた。夫人とは昔から度々先生と一緒に会食したり、時には拙宅までお越し下さったこともある。今回、私が意を決して木田論に挑戦したいと申し上げると、大変喜んで下さった。そしてご著作からの大量の引用（その中には、メルロ＝ポンティの芸術論について、先生の文章だけで構成するという異例すら含まれている）、先生の私への私信からの度々の引用、写真の掲載などを快諾して下さった。衷心より御礼申し上げる。

本書の出版に際して、多くの方々にお世話になった。元トランスビュー社代表の中嶋廣さん、『宇沢弘文のメッセージ』やその他の拙著の編集者である集英社の落合勝人さん――お二人には私の手書きの大部の原稿を読んで多くの貴重なご批判をいただいた。そして増子信一さんをはじめとする作品社の皆さんには、コロナ禍の非常事態下にもかかわらず、前著『長谷川利行の絵―芸術家と時代』に続いて、大変お世話になった。また私の評伝の殆んどを手がけて下さった高麗隆彦さんに本書の装幀を、また装画を桂川潤さんにお願いできたのは幸いなことであった。以上の皆様に深く感謝する。

二〇二一年三月

大塚信一

人名索引

［ら］

［わ］

大塚信一

（おおつか・のぶかず）

1939年生まれ。63年、岩波書店に入社。「思想」や岩波新書、その他の叢書や講座シリーズの編集を担当。「へるめす」編集長を経て、97〜2003年まで代表取締役社長。著書に『理想の出版を求めて』『山口昌男の手紙』『哲学者・中村雄二郎の仕事』『河合隼雄 心理療法家の誕生』『河合隼雄 物語を生きる』『松下圭一日本を変える 市民自治と分権の思想』（以上、トランスビュー）『火の神話学』（平凡社）『顔を考える』『宇沢弘文のメッセージ』『〈ヴィジュアル版〉反抗と祈りの日本画 中村正義の世界』（以上、集英社新書）『長谷川利行の絵 芸術家と時代』（作品社）など。

哲学者・木田元
——編集者が見た稀有な軌跡

2021年6月20日　初版第1刷印刷
2021年6月25日　初版第1刷発行

著者
大塚信一

発行者
和田肇

発行所
株式会社作品社
〒102-0072 東京都千代田区飯田橋2-7-4
TEL03-3262-9753／FAX03-3262-9757
振替口座 00160-3-27183
https://www.sakuhinsha.com

本文組版
有限会社一企画

印刷・製本
シナノ印刷株式会社

ISBN978-4-86182-854-6 C0010 Printed in Japan
©Nobukazu OTSUKA

落丁・乱丁本はお取り替えいたします。
定価はカヴァーに表示してあります。

長谷川利行の絵

芸術家と時代

Otsuka Nobukazu

大塚信一

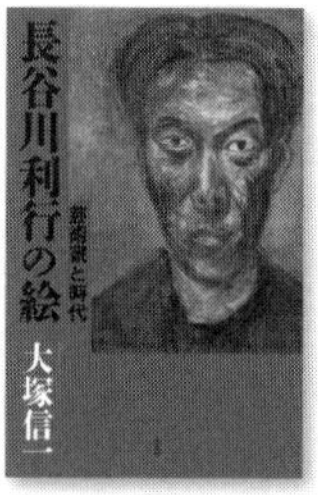

従来の「伝説」を排し、〝日本のゴッホ〟長谷川利行の本質に迫る、画期的評伝！

暗く、不安に満ちた時代に、明るく美しい絵を描いた、殆ど唯一の芸術家は、どのように生まれたのか？その秘密を探る。

現象学の根本問題

M・ハイデガー　木田元 監訳・解説

未完の主著『存在と時間』の欠落を補う最重要の講義録。アリストテレス、カント、ヘーゲルと主要存在論を検証しつつ時間性に基づく現存在の根源的存在構造を解き明かす。

存在と時間

M・ハイデガー　高田珠樹 訳

存在の意味を問い直し、固有の可能性としての死に先駆ける事で、良心と歴史に添った本来的な生を提示する西洋哲学の金字塔。傾倒40年、熟成の訳業！［附］用語・訳語解説／詳細事項索引

現象学の理念

E・フッサール　長谷川宏 訳

「現象学」とは何か。現代思想に絶大な影響を与えるその要諦をフッサールが自から解きあかす必読の基本的入門書。明快な新訳。

第１回ドイツ連邦政府翻訳賞受賞!

精神現象学

G・W・F・ヘーゲル　長谷川宏 訳

日常的な意識としての感覚的確信から出発して絶対知に至る意識の経験の旅。理性への信頼と明晰な論理で綴られる壮大な精神のドラマ。

ヘーゲル初期論文集成

G・W・F・ヘーゲル　村岡晋一／吉田達 訳

処女作『差異論文』からキリスト教論、自然法論、ドイツ体制批判まで。哲学・宗教・歴史・政治分野の主要初期論文を全て新訳で収録。『精神現象学』に先立つ若きヘーゲルの業績。

ヘーゲルと国家

F・ローゼンツヴァイク　村岡晋一／橋本由美子 訳

国民にとって国家とは何か？　ルソーとフランス革命の影響下で、「国家に対する自由」を志向した青年期から、理想と現実の習合に苦闘する晩年まで。国民国家の形成に伴う国家哲学の変生を重層的に究明する。

否定弁証法

T・W・アドルノ
木田元・徳永恂・渡辺祐邦・三島憲一・須田朗・宮武昭 訳

仮借なき理性批判を通して最もラディカルに現代社会と切り結び、哲学の限界を超える「批判理論」の金字塔。アドルノの待望の主著。

社会学講義

T・W・アドルノ　細見和之ほか訳

1968年、学生反乱の騒乱のなかで行われた最終講義。ポパーとの実証主義論争を背景にフランクフルト学派批判理論を自ら明確に解説。

アドルノ伝

S・ミュラー＝ドーム　徳永恂[監訳]

伝記的事実を丹念に辿り批判理論の頂点＝「否定弁証法」に至る精神の軌跡を描く決定版伝記[付]フォト・アルバム、年譜、文献目録ほか。

《改訂版》

ベートーヴェン

音楽の哲学

T・W・アドルノ　大久保健治訳

青年期から晩年まで、不断に探究されたベートーヴェン論の全貌。細部は全体のためにあり、全体は真理であるとする両者との対決の中に、概念として語りえぬ音楽を哲学として表現する畢生のライフワーク。

ヴァーグナー試論

T・W・アドルノ　高橋順一訳

愛と死と陶酔の形而上学。社会的性格・動機・音色楽劇など10の視点から多角的に考察。いかがわしさと崇高さを併せ持つ天才の全貌を明らかにする。附：「ヴァーグナーのアクチュアリティ」

カント三批判書個人完訳
熊野純彦 訳

純粋理性批判

理性の働きとその限界を明確にし、近代哲学の源泉となったカントの主著。厳密な校訂とわかりやすさを両立する待望の新訳。

実践理性批判

付：倫理の形而上学の基礎づけ

倫理・道徳の哲学的基盤。自由な意志と道徳性を規範的に結合し、道徳法則の存在根拠を人間理性に基礎づけた近代道徳哲学の原典。

判断力批判

美と崇高なもの、道徳的実践を人間理性に基礎づける西欧近代哲学の最高傑作。カント批判哲学を概説する「第一序論」も収録。